高等职业教育汽车运用技术专业规划教材

Qiche Zhuanye Ziliao Jiansuo
汽车专业资料检索
（第二版）

交通职业教育教学指导委员会　组织编写
张琴友　吴志军　王洪涛　编　著

人民交通出版社股份有限公司
China Communications Press Co.,Ltd.

内 容 提 要

本书是高等职业教育汽车运用技术专业规划教材。主要介绍汽车专业相关资料检索方法，内容包括绪论、文献检索预备知识、图书馆的科学利用、专利文献的查询、标准文献的查询、英文文献的获取、普通网络资源的应用、高职毕业论文写作、综合训练。

本书可供高等职业院校汽车运用技术专业教学使用，也可作为汽车企业工作人员的参考用书。

图书在版编目(CIP)数据

汽车专业资料检索 / 张琴友,吴志军,王洪涛编著.
—2 版. —北京:人民交通出版社股份有限公司,2017.7
ISBN 978-7-114-13916-1

Ⅰ.①汽… Ⅱ.①张…②吴…③王… Ⅲ.①汽车工程—信息检索—高等职业教育—教材 Ⅳ.①G254.97

中国版本图书馆 CIP 数据核字(2017)第 142084 号

书　　名：	汽车专业资料检索(第二版)
著 作 者：	张琴友　吴志军　王洪涛
责任编辑：	时　旭
出版发行：	人民交通出版社股份有限公司
地　　址：	(100011)北京市朝阳区安定门外外馆斜街 3 号
网　　址：	http://www.ccpress.com.cn
销售电话：	(010)59757973
总 经 销：	人民交通出版社股份有限公司发行部
经　　销：	各地新华书店
印　　刷：	北京市密东印刷有限公司
开　　本：	787×1092　1/16
印　　张：	14
字　　数：	332 千
版　　次：	2006 年 7 月　第 1 版 2017 年 7 月　第 2 版
印　　次：	2017 年 7 月　第 2 版　第 1 次印刷　总第 7 次印刷
书　　号：	ISBN 978-7-114-13916-1
定　　价：	32.00 元

(有印刷、装订质量问题的图书由本公司负责调换)

交通职业教育教学指导委员会
汽车运用与维修专业指导委员会

主 任 委 员：魏庆曜
副主任委员：张尔利　汤定国　马伯夷
委　　　员：王凯明　王晋文　刘　锐　刘振楼
　　　　　　刘越琪　许立新　吴宗保　张京伟
　　　　　　李富仓　杨维和　陈文华　陈贞健
　　　　　　周建平　周柄权　金朝勇　唐　好
　　　　　　屠卫星　崔选盟　黄晓敏　彭运均
　　　　　　舒　展　韩　梅　解福泉　詹红红
　　　　　　裴志浩　魏俊强　魏荣庆
秘　　　书：秦兴顺

第二版前言

"汽车专业资料检索"是汽车运用技术专业课程之一,该课程的教材《汽车专业资料检索》第一版出版至今已逾十年。由于信息科技的飞速发展,信息资料检索的相关方式方法也随之发生了巨大改变,为了满足这些新的变化以适应教学需求,本教材启动了修订工作。

本次修订对全书进行了重新编写。通过介绍信息文献查找的基本知识和治学入门的必备知识,旨在培养学生的信息意识和信息查找能力,掌握检索理论、检索语言、检索策略、检索服务等基本知识,使其在最短的时间内获得最多的所需信息,综合提升学生的信息素质。通过综合的、各种传统的和网络文献资源的介绍,鼓励学生将文献资源运用于学习,通过实例分析与实践操作,提高学生综合获取和利用文献信息的能力。

该课程应采用课堂教学和实践教学相结合的教学方法,强调培养学生实际查找信息资源的能力,其不要求硬背各种检索工具的具体细节,但要求掌握各种检索工具的共性和个性,能触类旁通、举一及三。课堂讲授和实践教学同步进行,让学生通过具体的上机操作进一步理解科技文献检索的理论,并真正掌握科技文献的检索方法、检索步骤。

本书由浙江交通职业技术学院张琴友、吴志军和王洪涛编著。其中预备知识由张琴友编写,项目一、二、三由吴志军编写,项目四、五、六由王洪涛编写。

限于编者水平,书中难免有疏漏和错误之处,恳请广大读者提出宝贵建议,以便进一步修改和完善。

编 者
2017 年 3 月

目 录

绪论 ··· 1

预备知识 ·· 5

项目一　图书馆的科学利用 ··· 27
　　任务一　利用图书馆查找指定图书 ·· 27
　　任务二　利用图书馆电子资源检索特定作者发表的期刊论文 ············· 58
　　任务三　利用图书馆电子资源查找"废旧电池的回收和利用"的相关文献 ····· 91

项目二　专利文献的查询 ·· 99
　　任务一　查找特定研究主题和特定发明人的专利文献 ························ 99
　　任务二　通过申请人、申请日途径查询发明专利 ······························ 112

项目三　标准文献的查询 ·· 117
　　任务一　检索"汽车排放"相关的标准 ··· 117
　　任务二　查找 GB 7258—2012 的内容及与国际标准 ISO 相关的标准 ····· 130

项目四　英文文献的获取 ·· 137
　　任务　利用检索工具查找"虚拟现实技术在汽车中的应用"相关英文文献 ····· 137

项目五　普通网络资源的应用 ··· 148
　　任务一　通过普通网络资源查询指定毕业专题的文献 ······················ 148
　　任务二　利用网络资源查询就业信息 ·· 163

项目六　高职毕业论文写作 ··· 167
　　任务　毕业论文写作与答辩 ··· 167

综合训练　围绕一个研究课题（毕业专题）展开检索并形成开题报告 ······· 197

参考文献 ·· 215

绪　　论

当你在学习、生活、工作中遇到困难和问题时,你是去求助别人还是尽量自己解决?你有自己解决问题的方法和习惯吗?检索技术到底能帮助我们做些什么?学完这本书,相信你就会找到答案。

中国古代哲学家庄子曾经慨叹:"吾生也有涯,而知也无涯;以有涯随无涯,殆矣!"人类进入计算机网络普及、知识爆炸的年代,每一个人都要面对海量知识造成的这个经典困境。不得不承认,即使人类拥有再高的智商,再多的大脑容量,再充足的生命时间,也不能满足理解和储存全部人类知识的要求——何况人类的知识正以几何级数量迅速增长。同时,也必须承认,对于个人而言,人类生产的许多知识对于个体来说往往是用处不大的。因此,必须在海量知识中快速地搜索出对自己有用的知识,以完成工作生活的各项任务。于是,如何快捷、成功地获取有效知识就成了这个时代人们最为关心的问题。

客观地说,这门课是直接为科学研究、毕业专题服务的,学好这门课,不仅可以满足今后你完成毕业专题、进行各种研究的需要,更可以为你今后的学习、生活、工作带来无尽的方便,让你受益终身。

这门课的关键,就是要培养大家的检索意识,文献检索也可以扩展为信息检索。将检索意识再提高一个层次,就可以用另外一个词来表示,即"搜商",这就是现在流行的,与"智商""情商"并列为"三商"。所谓"搜商"就是人类在浩瀚的数据海洋中用最短的时间找到最多有用信息的能力。可以说,"搜商"的高低,已经开始影响一个人生活、学习、工作的质量。下面简单地举几个例子。

一、省钱、旅游

【绪示例1】 17909、17951、12593 三种打长途电话的方式,选择哪种最便宜

这个问题不难,关键在于用什么样的思路去解决,可以问身边的同学;可以分别打客服电话询问;可以每个都打一遍然后看扣费情况;也可以在网上搜一搜,说不定答案就在网上……每一种解决问题的方法的效率、准确性都不一样。但是,大多数情况下,在网上搜找答案,速度是最快的。

【绪示例2】 到杭州西湖自助游

无论到哪个城市自助游,提前做好功课是必不可少的。现在提前做功课的最好工具无疑是网络。通过网络,可以找到杭州的公交线路图、城市地图、卫星图。比如,通过百度地图,可以查到杭州火车东站的具体位置,如绪图1所示。在绪图2全景模式下,它能告诉你杭州火车东站的样貌,以便于你即使是第一次来也能处境不惊。随身携带一个手机,百度地图APP带你从杭州火车东站到西湖边,也能方便你临时调整行程,如绪图3所示。这就避免了你到处询问、到站台看公交线路图的麻烦。

绪图1　杭州火车东站位置

绪图2　全景模式下杭州火车东站2F铁路出发(北1)

二、亲人生病怎么办

看似是一个和学工科的学生无关的问题,但有了文献(信息)检索技术后,医学离我们并不遥远,我们有很多事可以去做。当然,我们首先要知道:"超星数字图书馆"中有丰富的医学藏书,你可以对该疾病有一个全面的了解;"中国期刊网"有各种医学杂志,其中有权威专家关于该疾病最新治疗方法的介绍;网络上有很多权威专家治疗该疾病的信息和联系方式。"看病""检索"两个看似毫无关联的词,就有了千丝万缕的联系。

除了以上这些例子,文献(信息)检索技术,还可以渗透到你生活、工作的方方面面。比如,你要查上海浦东机场班车的时间;出国去加拿大,免费行李质量和尺寸的限制;寻找科研成果的转化对象;寻找实验所需仪器设备和原料的生产厂家;大众高尔夫 1.6L 发动机机油滤清器型号等。通过这门课程学习,这些检索的技术及技巧你将能全部掌握。

绪图 3　百度地图 APP 行程路线查询

简单地说,文献检索的意义就是通过检索,"我不仅能知道我需要知道的东西,而且能知道我不知道的东西,并能发现我不知道自己不知道的东西"。对于研究而言,这项技术贯穿于一个课题研究的始终:选题→方案制定→材料获取→理论分析→论文撰写→科研成果推广应用。文献检索最大的好处就是能帮助你继承和借鉴前人的研究成果,避免重复研究或少走弯路。

请思考,一个善于创新的人,善于做科学研究的人,最重要的能力是什么? 答案是信息检索与阅读能力。绪表 1 是一个科研人员的业务时间分配,从这个表中,我们可以看到,检索和阅读文献的时间超过了整个研究时间的一半,可以说,信息检索与文献阅读是一切科学研究的入口! 要想站在前人的肩膀上,做一件前无古人的具有创新意义的事情,前提条件是,你得先了解前人到底做了些什么事情。很难想象,如果你连前人做了哪些事情都不清楚,你又怎么可能会创新。

一个科研人员的业务时间分配   绪表1

项目	检索和阅读文献	实验	报告论文	计划与思考
时间分配比例	51%	32%	9%	8%

在这里提一个重要而严肃的问题,借鉴与创新是什么关系?我们很多人忽视了这个问题,文献检索这项技术也是一把双刃剑,用不好就会让人陷入借鉴,乃至抄袭的深潭,最后甚至导致学术腐败,所以,我们一开始就得把这个问题讲清楚。科学研究是"站在前人肩上"的事业,而创新又是科学研究的灵魂,即要求"前无古人"。做一件"前无古人"的事情不难,尤其是在当今网络、信息如此发达的社会,真正难的是有意义的创新,是做一件"后无来者"的事情。不管是"前无古人"还是"后无来者",都是建立在对已发生事实做大量研究基础上的,科学研究不是空中楼阁,理所当然地要有所借鉴,但所有借鉴都得师出有名,不能把前人的东西偷梁换柱变成自己的,这是违背最起码的学术道德的。因此,我们鼓励学生,在自己的研究中恰如其分地引用别人的劳动成果,但要给予原创者足够的尊重,只有这样,自己才能做出真正的研究、真正的创新。

预备知识

> **学习目标**
> 1. 掌握文献的基本知识(定义、等级、类型)。
> 2. 掌握文献检索的方法及步骤。
> 3. 了解文献检索的语言、工具及途径。
> 4. 了解文献检索的效果评价。

信息技术的飞速发展和信息交流方式的革命性进步使得信息资源的容量和载体都发生了翻天覆地的变化,不仅数量庞大,类型也越来越细。不同研究方向的人员对信息需求的侧重点各不相同。如汽车产品研发人员需要的是技术和市场信息,而汽车行业及市场研究人员则更多地从新闻、行业报告、企业统计年报等信息源中获得所需的市场信息。因此如何有效利用各种信息资源不仅取决于企业对信息的重视程度,在很大程度上还依赖于企业员工对文献信息的利用能力。由于知识结构和专业素质的差异,人们对有用信息的认知和辨别能力是各不相同的,特别是对汽车制造与维修业来讲,涉及的学科领域非常广泛,产业全球化步伐越来越快。从产品的研究开发到市场开拓都离不开技术、市场、环境等各种情报信息的支持,但正是由于相关人员信息利用能力的局限,不能准确掌握汽车技术发展方向或市场变化的趋势,从而造成产品开发或经营决策的失误。本书通过指导信息需求者迅速、准确地检索所需信息,对各种类型和载体的汽车类信息加以归类,并分别介绍其来源和检索途径,从而帮助信息需求者准确利用所需信息,提高经营决策和产品开发的科学性和前瞻性,建立起企业自己的竞争优势。

一、基本概念

我们所处的时代,是一个高新科技迅猛发展,在前所未有的层次上不断产生、传递和利用信息情报的时代,信息已成为现代社会赖以生存和发展的三大支柱(信息、物质、能源)之一。因此,有人称当今的时代为信息时代,那么,究竟什么是信息、知识,什么是情报,它们与文献有着什么关系,这是首先需要了解的问题。

1. 信息

信息是一种十分广泛的概念,它在自然界、人类社会以及人类思维活动中普遍存在。不同事物有着不同的特征,这些特征通过一定的物质形式(如声波、电磁波、图像等)给人带来某种信息。例如,人的大脑通过感觉器官所接收到的有关外界及其变化的消息,就是一种信息。因此,信息可以定义为:生物以及具有自动控制功能的系统,通过感觉器官和相应的设备与外界进行交换的一切内容。

2. 知识

知识是人类社会实践经验和认识的总结，是人的主观世界对于客观世界的概括和如实反映。知识是人类通过信息对自然界、人类社会以及思维方式与运动规律的认识，是人的大脑通过思维加工、重新组合的系统化信息的集合。因此，人类不仅要通过信息感知世界、认识和改造世界，而且要将所获得的部分信息升华为知识，可见知识是信息的一部分。

3. 情报

关于情报的定义，国内外学术界众说纷纭，至今还没有定论，但大家的基本共识为情报是指传递着有特定效用的知识。因此，情报的三个基本属性是知识性、传递性和效用性。

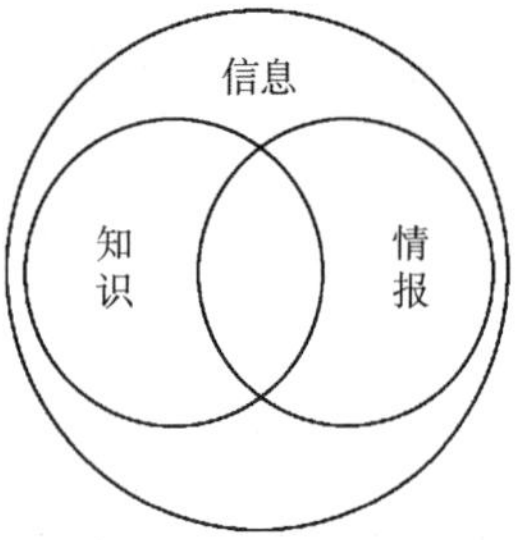

4. 文献

文献是用文字、图形、符号、声频、视频等技术手段记录人类知识的一种载体。因此，根据不同载体形式和读取方式，文献大体可分为印刷型、缩微型、机读型和视听型四种主要形式。

由上述可见，信息、知识、情报的关系如图 0-1 所示，文献是知识的一种载体。文献不仅是情报传递的主要物质形式，也是吸收利用情报的主要手段。

5. 资料

资料指人或事物相关的多类信息、情报。在本书中，相关概念不作严格区分。

图 0-1 知识、情报和信息的关系

二、文献的级别及主要类型

(一) 文献的定义

我们可以把文献的定义简要归纳为：文献是记录在一定载体上的知识信息。由上述定义可以看出，知识、载体和记录是构成文献的三个要素。它具有存储知识、传递和交流信息的功能。文献中的知识主要有观察到的事实，实验得到的数据和结果，对规律的认识（假说、定义、理论）和解决问题的思想、观点、方法、手段、经验、教训。信息的载体随着时代的进步不断地发生着变化，例如在人类社会的早期有竹简、钟鼎、碑石、布帛等，到目前主要有纸张、光、电、声、磁等记录工具。

17 世纪末期，许多科学协会相继成立，促进了会员之间的学术交流活动。为了能在较大范围内了解和推广新的知识信息，于是就出现了科技杂志。由于工业生产的发展，各资本主义国家在 17 世纪末期和 18 世纪初期相继成立了专利局，审理创造发明专利，于是就出现了专利文献。世界上最早出版的科技杂志是 1665 年创刊的《英国皇家学会哲学汇刊》，同年在法国出版了《学者杂志》。1785 年产生了世界上最早的报纸《每日天下纪闻》，该报纸于 1788 年更名为《泰晤士报》。19 世纪中叶，陆续出版由学会创办的会志。

由于文献的种类繁多、各具特色，不同类型文献所记载的信息内容也各有侧重，因此，首先了解文献的级别、类型等知识，对进一步做好文献检索工作将有很大的帮助。

(二) 文献的级别

依据文献传递知识、信息的质和量的不同以及加工层次的不同，人们将文献分为四个等级，分别称为零次文献、一次文献、二次文献和三次文献。

1. 零次文献

这是一种特殊形式的情报信息源,主要包括两个方面的内容:一是形成一次文献以前的知识信息,即未经记录、未形成文字材料,是人们的"出你之口,入我之耳"的口头交谈,是直接作用于人的感觉器官的非文献型的情报信息;二是未公开于社会,即未经正式发表的原始的文献,或没正式出版的各种书刊资料,如书信、手稿、记录、笔记,还包括一些内部使用通过公开正式的订购途径所不能获得的书刊资料。

零次文献一般是通过交谈、参观展览、参加报告会等途径获取,不仅在内容上有一定的价值,而且能弥补一般公开文献从信息的客观形成到公开传播之间费时甚多的弊病。

2. 一次文献

这是人们直接以自己的生产、科研、社会活动等实践经验为依据生产出来的文献,也常被称为原始文献(或称一级文献),其所记载的知识、信息比较新颖、具体、详尽。一次文献在整个文献中是数量最大、种类最多、使用最广、影响最大的文献,如期刊论文、专利文献、科技报告、会议录、学位论文等,这些文献具有创新性、实用性和学术性等明显特征,是科技查新工作中进行文献对比分析的主要依据。

3. 二次文献

二次文献也称二级文献,它是将大量分散、零乱、无序的一次文献进行整理、浓缩、提炼,并按照一定的逻辑顺序和科学体系加以编排存储,使之系统化,以便于检索利用。按照著录格式可以将二次文献划分为目录、题录、文摘、索引四类,如《中文科技资料目录》《中国科技期刊数据库》等。二次文献具有明显的汇集性、系统性和可检索性,它汇集的不是一次文献本身,而是某个特定范围的一次文献线索。它的重要性在于使查找一次文献所花时间大大减少,二次文献是查新工作中检索文献所利用的主要工具。

4. 三次文献

三次文献也称三级文献,是选用大量有关的文献,经过综合、分析、研究而编写出来的文献。它通常是围绕某个专题,利用二次文献检索搜集大量相关文献,对其内容进行深度加工而成。属于这类文献的有综述、评论、评述、进展、动态等,这些对现有成果加以评论综述并预测其发展趋势的文献,具有较高的实用价值。在查新工作中,可以充分利用反映某一领域研究动态的综述类文献,在短时间内了解其研究历史、发展动态、水平等,以便能更准确地掌握待查项目的技术背景,把握查新点。

总之,从零次文献、一次文献、二次文献到三次文献,是一个由分散到集中,由无序到有序,由博到精地对知识信息进行不同层面的加工过程。它们所含信息的质和量是不同的,对于改善人们的知识结构所起到的作用也不同。零次文献和一次文献是最基本的信息源,是文献信息检索和利用的主要对象;二次文献是一次文献的集中提炼和有序化,它是文献信息检索的工具;三次文献是把分散的零次文献、一次文献、二次文献,按照专题或知识的门类进行综合分析加工编辑而成的成果,是高度浓缩的文献信息,它既是文献信息检索和利用的对象,又可作为检索文献信息的工具。

(三)文献的主要类型

文献的类型有很多,分类方法也多种多样。根据信息载体形式分为印刷型文献、缩微型文献、声像型文献、电子数字型文献等;根据出版形式分为期刊、图书、会议文献、专利文献、科技报告、学位论文、标准文献、产品资料、政府出版物等;根据介质的可识别性分为人可读型文献、机器可读型文献;根据记录信息所采取的形式分为文字型、代码型、视频型、声型。集上述多种形式于一体的称为综合型文献。这里主要介绍以下两种文献类型。

1. 按照信息载体形式划分

(1) 印刷型文献。印刷型文献是以纸质材料为载体,以印刷为记录手段而形成的文献形式,是目前整个文献中的主体,也是有着悠久历史的传统文献形式。它的特点是不需要特殊设备,可以随身携带,随处随时阅读。但存储密度小,体积大,占据空间大,不便于保存。

(2) 缩微型文献。缩微型文献是以感光材料为载体,以照相为记录手段而形成的一种文献形式,包括缩微胶卷、缩微平片、缩微卡片等。缩微型文献的优点是体积小、便于收藏和保存、价格便宜等,但阅读需要有较复杂的阅读设备来支持。目前在整个文献中,所占数量较少,在一般的图书馆入藏亦较少。

(3) 声像型文献。声像型文献是以磁性和感光材料为介质记录声音、图像等信息的一种文献形式。其优点是存取快捷、可闻其声、见其形、易理解。如唱片、录音磁带、电影片、录像磁带等。

(4) 电子数字型文献。电子数字型文献是以计算机处理技术为核心记录信息的一种文献形式。这种文献存储容量大,检索速度快捷、灵活,使用方便。随着计算机技术特别是网络技术的迅猛发展和普及,深受人们的重视。它包括计算机用磁带、盘、磁卡等。

2. 按照出版形式划分

印刷型文献的出版类型是针对一次文献所含内容的特点和出版方式进行区分的文献类型。学会识别判断一次文献的出版类型,是获取印刷型原文的首要环节。一次文献的出版类型通常分为十大类,分别为期刊、图书、会议文献、专利文献、科技报告、学位论文、标准文献、产品资料、政府出版物、其他。

1) 期刊

期刊是指有固定名称、统一出版形式和一定出版规律的定期或不定期的连续出版物。期刊出版周期短、报道速度快、信息量大、内容新颖、发行面广,能及时传递科技信息,是交流学术思想最基本的文献形式。据估计,期刊信息占整个信息源的60%~70%,因此,受到科技工作者的高度重视。大多数检索工具也以期刊论文作为报道的主要对象。对某一问题需要深入了解时,较普遍的办法是查阅期刊论文。

期刊按其内容性质可分为学术性期刊、通报性期刊、技术性期刊、科普性期刊、动态性期刊、综述与述评性期刊和检索性期刊等类型。其中,学术性期刊、技术性期刊和综述与述评性期刊对科研生产的直接参考价值较大,而通报性期刊、动态性期刊、检索性期刊则出版周期较短,对掌握发展概况和查找信息有较大作用。

20世纪30年代,英国化学家和文献计量学家布拉德福(B. C. Bradford)经过长期的统计分析后,提出了文献分布的规律。认为在某一特定学科领域中,大部分高水平文献集中在较少量的期刊中,而其余少部分则分散在大量的边缘学科或其他学科的文献中,这一规律被称为"布拉德福定律"。根据这一定律,提出了"核心期刊"的概念,应该说,各学科"核心期刊"代表了该领域较高的学术水平。例如《汽车工程》《内燃机工程》《内燃机学报》就是中文汽车类重要的核心期刊。

2）图书

图书是指论述或介绍某一学科或领域知识的出版物。图书往往是作者对已经发表的科研成果及其知识体系进行概括和总结,即具有独立的内容体系、相当篇幅和完整装帧形式的文献。其特点是内容比较成熟,所提供的知识系统全面,出版形式也较固定,是系统掌握各学科知识的基本资料。但出版周期较长,传递报道速度较慢。

3）会议文献

会议文献是指在国际和国内重要的学术或专业性会议上宣读发表的论文、报告。会议文献学术性强,内容新颖,质量较高,往往能代表某一领域的最新的研究成果及水平,从中可了解国内外科技发展趋势,有较大的参考价值,是重要的信息来源之一。会议文献可以会议录的形式出版,也有不少会议文献在期刊上发表。

会议文献的特点是传递情报比较及时,内容新颖,专业性和针对性强,种类繁多,出版形式多样。它是科技文献的重要组成部分,一般是经过挑选的,质量较高,能及时反映科学技术中的新发现、新成果、新成就以及学科发展趋向,是一种重要的情报源。

会议文献可分为会前、会中和会后三种。

(1) 会前文献包括征文启事、会议通知书、会议日程表、预印本和会前论文摘要等。其中预印本是在会前几个月内发至与会者或公开出售的会议资料,比会后正式出版的会议录要早1~2年,但内容完备性和准确性不及会议录。有些会议因不再出版会议录,故预印本就显得更加重要。

(2) 会议期间的文献(即会中文献),包括开幕词、讲话或报告、讨论记录、会议决议和闭幕词等。

(3) 会后文献,包括会议录、汇编、论文集、报告、学术讨论会报告、会议专刊等。其中会议录是会后将论文、报告及讨论记录整理编辑而公开出版或发表的文献。

4）专利文献

专利文献主要由专利说明书构成。所谓专利说明书是指专利申请人向专利局递交的有关发明目的、构成和效果的技术性法律文件。它经专利局审核后,向全世界出版发行。专利说明书的内容比较具体,有的还有附图,通过它可以了解该项专利的主要技术内容。

全世界大约有150个国家设立有专利机构,70多个国家出版专利资料。

5）科技报告

科技报告是在科研活动的各阶段,由科技人员按照有关规定和格式撰写的,以积累、传播和交流为目的,能完整而真实地反映其所从事科研活动的技术内容和经验的特种文献。它具有内容广泛、翔实、具体、完整、技术含量高、实用意义大、便于交流、时效性好等其他文献类型所无法相比的特点和优势。做好科技报告工作可以提高科研起点,大量减少科研工作的重复劳动,节省科研投入,加速科学技术转化为生产力。

严格说,科技报告都是一次文献。内容比较专深,大致可以分为基础理论和生产技术两种类型。由于它是研究的记录和成果,代表了一个国家和某一专业的科技水平,因而可以对科研工作起到直接的借鉴作用。许多最新的研究课题与尖端学科的资料往往会反映在科技报告中。

6）学位论文

学位论文是指作者为取得专业资格称号而撰写的介绍本人研究成果的文献。论文格式等方面有严格要求,学位论文是学术论文的一种形式。

学位论文根据所申请的学位不同,可分为学士论文、硕士论文、博士论文三种。按照研究方法不同,学位论文可分为理论型、实验型、描述型三类。理论型论文是运用理论证明、理论分析、数学推理等研究方法来获得科研成果;实验型论文是运用实验方法,进行实验研究获得科研成果;描述型论文是运用描述、比较、说明的方法,对新发现的事物或现象进行研究而获得科研成果。而按照研究领域不同,学位论文又可分为人文科学学术论文、自然科学学术论文与工程技术学术论文三大类,这三类论文的文本结构具有共性,而且均具有长期使用和参考的价值。

7)标准文献

标准文献是经过公认的权威当局批准的标准化工作成果,是人们在从事科学研究、工程设计、生产建设、技术转让、国际贸易、商品检验中对工农业产品和工程建设质量、规格及其检验方法等方面所做的技术规定,是从事生产、组织管理时需共同遵守的具有法律约束性的技术依据和技术文件。一个国家的标准文献反映该国的生产工艺水平和技术经济政策,而国际现行标准则代表了当前世界水平。国际标准和工业先进国家的标准常是科研生产活动的重要依据和信息来源。

8)产品资料

产品资料一般是指国内外厂商为推销产品而印发的商业宣传品,代表已投产产品成熟可靠。大体有产品目录、产品说明书、产品数据手册等类型。这是对定型产品的性能、构造原理、用途、使用方法和操作规程、产品规格等所做的具体说明。

9)政府出版物

政府出版物由政府机关负责编辑印制,并通过各种渠道发送或出售的文字、图书资料以及磁带、软件等,是政府用以发布政令和体现其思想、意志、行为的物质载体,同时也是产生社会效应的主要传播媒介。

政府出版物大致可分为两类:一类是行政性文件,包括会议记录、司法资料、条约、决议、规章制度以及调查统计资料等;另一类是科技性文献,包括研究报告、科普资料、技术政策文件等。政府出版物数量巨大,内容广泛,出版迅速,资料可靠,是重要的信息源。政府出版物在出版前后,往往用其他形式发表,内容有时与其他类型的文献(如科技报告)有所重复。

10)其他

其他类型,如广播电视、科技电影、技术档案、报纸等。

三、文献检索语言

(一)文献检索语言的含义

文献检索语言是应文献信息的加工、存储和检索的共同需要而编制的专门语言,是一种表达一系列概括文献信息内容和检索课题内容的概念及其相互关系的概念标识系统。简而言之,文献检索语言是用来描述信息源特征和进行检索的人工语言。它是在自然语言基础上发展完善的,在文献检索过程中用来描述文献的内部和外部特征,从而形成检索提问标识。

检索语言要求接近自然语言,便于检索人员理解和掌握。检索语言必须是单义性语言,一个词只应表达一个概念,一个概念只应用一个词来表示。检索语言的单义性,保证了表达概念的唯一性,这就为文献标引和检索提问提供了使用共同语言的基础。一方面,自然语言是人类在社会生活的交流过程中长期形成的习惯语言,随着时代的发展而不断变化,其含义具有较强的失控性,难以做到语言的专指性和单义性,必须经过处理后才能应用于文献检索系统。例如,番茄、西红柿、洋柿子等指的是同一种果实,benzene、phene 在英文中都是指苯。如果采用特定的一些规范词,能够比较好地对同义词、近义词、相关词、多义词及缩略词等进行规范,如英语中的"飞机"在其词汇中存在有多个同义词,如 plane、airplane、aeroplane、aircraft 等词汇。若对其规范后统一使用 aircraft 来表示全部"飞机"的概念,那么使用 aircraft 一词的检索结果可以包括全部飞机概念的文献,而不管这些文献记录中是否出现过 aircraft 这个词,不至于漏检。

另一方面,情报的存储和检索这两个紧密联系的过程,涉及文献的著者、文献引者、情报检索者和情报用户四个方面的人员,这些人员的专业知识、工作经历、地区或行业的语言习惯都存在很大差异,如果不采取有效的措施,克服专业水平和语言习惯上的差异,就没有共同语言,必然给情报工作带来不便。为了使情报的存储和检索能够规范化,使标引人员有章可循,使检索人员有据可查,就必须使文献著者和情报用户的习惯语言得以纯化,制定一定数量的规范化的检索语言。检索语言在文献检索过程中可以保证不同标引人对文献内容表达的最大一致性,保证文献加工语言和检索提问语言的最大一致性。

(二)文献检索语言的功能

检索语言在信息检索中起着极其重要的作用,它是沟通信息存储与信息检索两个过程的桥梁。在信息存储过程中,用它来描述信息的内容和外部特征,从而形成检索标识;在检索过程中,用它来描述检索提问,从而形成提问标识;当提问标识与检索标识完全匹配或部分匹配时,结果即为命中文献。

检索语言的主要作用如下:

(1)标引文献信息内容及其外部特征,保证不同标引人员表征文献的一致性。

(2)对内容相同及相关的文献信息加以集中或揭示其相关性。

(3)使文献信息的存储集中化、系统化、组织化,便于检索者按照一定的排列次序进行有序化检索。

(4)便于将标引用语和检索用语进行相符性比较,保证不同检索人员表述相同文献内容一致性,以及检索人员与标引人员对相同文献内容表述的一致性。

(5)保证检索者按不同需要检索文献时,都能获得最高查全率和查准率。

(三)文献检索语言的类型

检索语言的种类很多,表达文献外部特征的检索语言比较简单,主要是题名(常见的有书名或刊名)、著者姓名、文献号码(代码或序号)和出版事项等。这类检索语言检索速度快,容易检索,不易造成误检或漏检。但是,它只适合于核查类型的检索,判断某文献的有或无、是或非,而不能提供相关文献的线索。除此之外,还有表达文献内部特征的检索语言,如分类语言、主题语言和代码语言等,这里主要介绍这三类检索语言。

1. 分类语言

分类语言是按照学科范畴划分而构成的一种语言体系,它集中体现出学科的系统性。反映事物的从属、派生关系,从上而下,从总体到局部层层划分、展开,是一种等级体系。由类目

(语言文字)或其相对应的类号(字母、数字或它们的组合)来表述各种概念,构成一个完整的分类类目表。

1)分类语言检索特征

(1)分类目录浏览有助于无经验用户充分利用等级体系分类表的长处,从学科专业角度获取所需文献信息。

(2)能按用户所需扩大或缩小检索范围,并可将检索提问限定在某一类目下,提高查准率。

(3)能检出检索词的上下文内容,消除同形异义词。

(4)可进行多语种查询(因分类表采用不依赖语种的标识符号,即使用不同语种编制的分类表索引,通过分类系统的中介转换可实现多语种检索)。

(5)促进跨库浏览和检索。

(6)可分成若干专业表进行学科专业文献信息组织与检索。

2)分类语言的种类

分类语言主要有三类:体系分类语言、组配分类语言、混合分类语言。

(1)体系分类语言。按照学科、专业集中文献,并从知识分类角度揭示文献在内容上的区别和联系。按照学科知识的逻辑次序,从总到分,从上到下,层层划分,形成一个严格有序的等级结构体系,提供从学科分类检索文献情报的途径,是一种直接体现分类等级概念的标识系统。典型的有《中国图书馆图书分类法》《国际专利分类法》等。

(2)组配分类语言。基于概念的可分析性和可综合性,用科技术语进行组配的方式来描述文献内容的语言。标引文献时,根据文献内容选择相应的术语,把这些术语的号码组配起来,构成表达这一文献内容的分类号。一个复杂的文献主题概念可以用若干个单概念标识的组配来表达。例如:

17201   47   11

综合参考类   书目 文献出版社出版该类书籍的数量。

17201·47 的组配即为曾经使用的全国图书统一编号的书号,17 表示图书分类号,201 为书目文献出版社编书,该书是刘湘生编著的《主题法的理论与标引》。

(3)混合分类语言。即组配分类语言和体系分类语言的结合,两者侧重点不同,形成了体系—组配分类语言和组配—体系分类语言,国际十进制分类法即为此类。

3)常见分类语言

(1)国际十进制分类法。《国际十进制分类法》(Universal Decimal Classification,UDC),1927—1929 年第一次以法文出版,以后陆续翻译成英、德、日、西班牙、意、俄等文字出版,1958 年中文版出版。UDC 是以美国《杜威十进分类法》(DDC)为基础编制而成的,又称为通用十进制分类法,是世界上规模最大、用户最多、影响最广泛的一部文献资料分类法。原由比利时人 P. M. G. 奥特莱和 H. M. 拉封丹在《杜威十进制分类法》第 6 版的基础上编成。1899 年起陆续以分册形式出版法文本(第一册为《物理科学卡片目录手册》),1905 年汇编成《世界书目手册》,1927 年的法文增订版改名《国际十进分类法》。后由国际文献联合会(FID)统一主持对它的修订工作。近百年来,UDC 已被世界上几十个国家的 10 多万个图书馆和情报机构采用。UDC 目前已成为名副其实的国际通用文献分类法,被广泛应用于科学论文的分类。

《国际十进制分类法》分类级别为:类—部—科(·)细科,每级别中均分为10级。科与细科用"·"分开,"·"后的第二位乃至第三位数字表示更细的分类。如6为应用科学、医学、科技类,620为该部中的工程和技术科学类,629为该类的交通工程,629.3为该科的陆上交通工具(铁路交通除外,包括自行车、摩托车、机动车辆、汽车工程总论、汽车)。《国际十进制分类法》简表见表0-1。具体查询可到UDS官网(http://www.udcc.org/),在"Resources"选择"UDC Summary",语言转换成"Chinese(中文)",如图0-2。

《国际十进制分类法》简表　　　　　　　　　　　　　　　　　　　　表0-1

类号	类名	类号	类名	类号	类名
000	总论	31	建筑业、材料科学	590	动物学
100	哲学、心理学	32	机械零件及材料	610	医学
200	宗教、神学	33	机床及加工	620	工程和技术科学
300	社会科学	38	电子学	621	机械和电气工程
400	语言、文字学	39	通信工程	622	采矿工程
500	自然科学	621.22	水力机械	623	军事工程
600	应用科学	621.4	内燃机工程	624	土木工程
700	艺术、文体	621.6	泵、管道工程	625	道路工程
800	文学	510	数学	626	水利工程
900	历史、地理	520	天文学、地质学	627	河道、港湾、海洋工程
25	农业	530	物理学、力学	628	卫生工程
26	家政	540	化学、晶体学、矿物学	629	交通工程
27	商业管理、交通	550	地质学、气象学	621.1	蒸汽动力工程
28	化学工业	560	古生物学	621.3	电气工程
29	制造业	570	生物学人类学	621.5	气动机械与制冷工程
30	特种行业、仪表、手工业	580	植物学	621.7	弹、塑性成形及加工

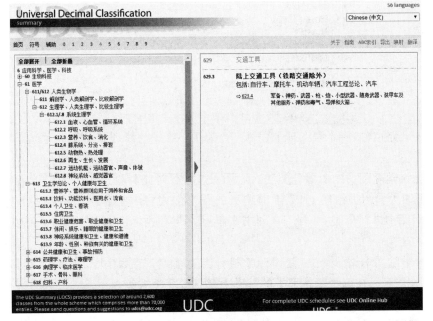

图0-2　UDC查询界面

(2)中国图书馆图书分类法。《中国图书馆图书分类法》(Chinese Library Classification),简称《中图法》(CLC),是我国新中国成立后编制出版的一部具有代表性的大型综合性分类法,是当今国内图书馆使用最广泛的分类法体系。《中图法》将所有图书分为五大部分共22大类,分别以汉语拼音字母表示,以下以数字分别表示二级到五级类目。该分类法应用广泛,在各种图书馆的借阅大厅里一般都有按照《中图法》分类检索工具。《中图法》基本部、类的分类见表0-2。具体查询可到中国图书馆图书分类法官网(http://www.ztflh.com/),如图0-3所示。

《中国图书馆图书分类法》基本部、类的分类　　　　表0-2

部　　类	大　　类
马列主义、毛泽东思想	A 马克思主义、列宁主义、毛泽东思想、邓小平理论
哲学	B 哲学、宗教
社会科学	C 社会科学总论;D 政治、法律;E 军事;F 经济;G 文化、科学、教育、体育;H 语言、文字;I 文学;J 艺术;K 历史、地理
自然科学	N 自然科学总论;O 数理科学和化学;P 天文学、地球科学;Q 生物科学;R 医药、卫生;S 农业科学;T 工业技术;U 交通运输;V 航空、航天;X 环境科学、劳动保护科学(安全科学)
综合性图书	Z 综合性图书

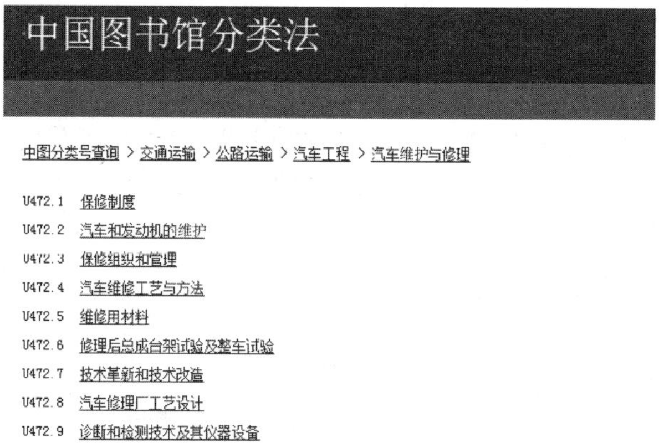

图0-3　中国图书馆图书分类法查询界面

如U4为公路运输,U46为汽车工程,U472为汽车维护与修理,U472.4为汽车维修工艺与方法。

(3)中国科学院图书馆图书分类法。对图书进行分类是整理图书以方便读者检索的重要方法,西南石油大学图书馆在1997年前购买的图书使用《中国科学院图书馆分类法》(简称《科图法》)对图书进行分类。因此,在图书文献检索与利用之前,首先需要了解《中国科学院图书馆分类法》。

《中国科学院图书馆分类法》是按照学科分类为基础,结合图书资料的内容和特点,分门别类组成的分类表。在五个基本部类的基础上,组成25个大类。

2.主题语言

分类语言存在不足之处,例如一本图书只能分入一个类别,规定一个类号,若书中涉及多方面内容时,则反映不出来。即使是内容单一的图书,由于分类法本身原因和编目人员的理解和掌握不同,同样内容的不同图书也有可能被分入不同的类目中,从而影响文献检索效果。而使用主题语言则可以在很大程度上克服它的不足。主题语言是指以自然语言的字符为字符,以名词术语为基本词汇,用一组名词术语作为检索标识的一类检索语言。以主题语言来描述和表达信息内容的信息处理方法称为主题法。主题语言又可分为标题词、元词、叙词、关键词。

主题语言有两大特点:其一,直接用能表达、描述文献内容特征的名词性术语作为标识来揭示文献的内容特征;其二,把这些标识按字顺排列成主题词表,以此作为标引、检索文献的工具。

(1)主题语言的特点。主题语言具有以下主要特点。

①直观性强。主题词来源于自然语言,用主题词作为标识比较直观,符合人们的辨识习惯。主题词在词表中按字顺排列,易于利用。如要查找发动机方面的文献,就可以直接按"发动机"这个词的字顺在主题目录中查找这个标题,而不必像分类法那样,在检索之前先要把需要查找的主题范围转换成相应的或特定的标记代码或分类号,然后再按照分类号的顺序查找文献。

②专指性强。用作主题词的词语标识一般都经过规范化处理,一个标识对应一个概念,使主题词对概念描述具有专指性。

③灵活性强。通过主题词之间的概念组配来揭示形形色色的主题,这是主题词语言的主要优点。尤其是后组式主题词语言,便于人们按照检索需要,自由组配检索概念,具有很大灵活性。

④集中性强。能够按照需要研究的对象来集中资料,将属于同一主题的各种性质不同的文献资料集中在同一主题下,从而使不同科学领域中论述和研究同一问题或同一事物的文献资料得到集中反映,利于读者从专题角度查找所需文献。

(2)主题语言的类型。常见的主题语言有标题词语言、单元词语言、关键词语言和叙词语言。

①标题词。标题词是指从自然语言中选取并经过规范化处理,表示事物概念的词、词组或短语。标题词是主题语言系统中最早的一种类型,它通过主标题词和副标题词固定组配来构成检索标识,只能选用"定型"标题词进行标引和检索,反映的文献主题概念必然受到限制,不适应时代发展的需要,目前已较少使用。

②单元词。单元词又称元词,是指能够用以描述信息所论及主题的最小、最基本的词汇单位。经过规范化的能表达信息主题的元词集合构成元词语言。元词法是通过若干单元词组配来表达复杂的主题概念的方法。元词语言多用于机械检索,适于用简单的标识和检索手段(如穿孔卡片等)来标识信息。

③叙词。叙词是指以概念为基础、经过规范化和优选处理的、具有组配功能并能显示词间语义关系的动态性的词或词组。一般来讲,选做的叙词具有概念性、描述性、组配性。经过规范化处理后,还具有语义的关联性、动态性、直观性。叙词法综合了多种信息检索语言的原理和方法,具有多种优越性,适用于计算机和手工检索系统,是目前应用较广的一种语言。CA、EI等著名检索工具都采用了叙词法进行编排。

④关键词。关键词是指出现在文献标题、文摘、正文中,对表征文献主题内容具有实质意

义的语词,对揭示和描述文献主题内容是重要的、关键性的语词。

3. 代码语言

代码语言是指对事物的某方面特征,用某种代码系统(字母、符号、数字、图形等)来表示和排列事物概念,从而提供检索的检索语言。本书重点介绍以下几种。

(1)中国标准书号根据 GB/T 5795—2006(ISO 2108:2005),采用国际标准书号(International Standard Book Number,ISBN)作为中国标准书号(China Standard Book Number,CSBN)。国际标准书号由前缀号、组号、出版者号、书序号、校验码组成。各部分用"－"或空格隔开。各部分的顺序为:ISBN 前缀号 - 组号 - 出版者号 - 书序号 - 校验码。

①前缀号:国际物品编码协会提供给国际 ISBN 中心使用的编码。目前使用的前缀号为978。

②组号:代表一个语言或地理区域,国家或集团的代码,由国际标准书号中心分配。取值范围为:0~7,80~94,950~995,9960~9989,99900~99999,共 199 个,按出版量越大,组号越短的原则分配。由国际 ISBN 中心分配我国大陆为7,香港地区为962,澳门地区为972,台湾地区为957。

③出版者号:代表一个组区或国家 ISBN 中心分配和设置,标识具体的出版者(出版社),长度2~6位数字。

④书序号:一个图书一个号码,由出版社自行分配。书名号的长度取决于组号和出版者号的长度。

⑤校验码:其数值由中国标准书号的第4~12位数字按照一定的计算式得到,功能在对中国标准书号的正确与否进行检验。

(2)中国标准连续出版物号根据 GB 9999—2001(ISO 3297:1998),由国际标准连续出版物号(International Standard Serial Numbering,ISSN)和国内统一标准连续出物号两部分组成。

①范围。本标准规定了中国标准连续出版物号的结构、内容、印刷格式与位置及其分配原则。本标准适用于经国家出版管理部门正式许可出版的任何载体的连续出版物。连续出版物包括期刊、报纸、年度出版物等。

②引用标准。下列标准所包含的条文,通过在本标准中引用而构成为本标准的条文。本标准出版时,所示版本均为有效。所有标准都会被修订,使用本标准的各方应探讨使用下列标准最新版本的可能性。

GB/T 2260—2007《中华人民共和国行政区划代码》。

GB/T 2659—2000《世界各国和地区名称代码》(eqv ISO 3166 - 1:1997)。

③中国标准连续出版物号的结构。中国标准连续出版物号由一个国际标准连续出版物号和一个国内统一连续出版物号两部分组成。中华人民共和国国家质量监督检验检疫总局2001-11-14 批准 2002-06-01 实施 GB/T 9999—2001,其结构格式为:

$$\frac{\text{ISSN XXXX - XXXX}}{\text{CN XX - XXXX/YY}}$$

④国际标准连续出版物号。国际标准连续出版物号由前缀 ISSN 和 8 位数字组成。ISSN 与 8 位数字之间空半个汉字空。8 位数字分为两段,每段 4 位数字,中间用半字线"－"隔开。8 位数字的最后一位是校验码。国际标准连续出版物号不反映连续出版物的语种、国别或出

版者。如 ISSN 1234-5678,其中前 7 位为单纯的数字符号,无任何特殊含义,最后一位为计算机校验位,其数值根据前 7 位数字按照一定的计算公式求出。

⑤国内统一连续出版物号。国内统一连续出版物号以 GB 2659—2000 所规定的中国国别代码"CN"为识别标志,由报刊登记号和分类号两部分组成。前者为国内统一刊号的主体,后者为补充成分,其间以斜线"/"隔开,结构形式为 CN 报刊登记号/分类号。报刊登记号由前缀 CN 和 6 位数字组成。6 位数字由国家出版管理部门负责分配给连续出版物。CN 与 6 位数字之间空半个汉字空。6 位数字由地区号(2 位数字)和序号(4 位数字)两部分组成,其间以连字符"-"相接。

序号由报刊登记所在的省、自治区、直辖市新闻出版管理部门分配,各地区的连续出版物号范围一律为 0001~9999,其中 0001~0999 为报纸的序号,1000~5999 为印刷版连续出版物的序号,6000~8999 为网络连续出版物的序号,9000~9999 为有形的电子连续出版物(如光盘等)的序号。

分类号作为国内统一连续出版物号的补充成分用以说明报刊的主要学科范畴,以便于分类统计、订阅、陈列和检索,一种期刊只能给定一个分类号。报纸暂不加分类号。

(3)条码与条码技术。条码是一种利用光电扫描阅读设备识读并实现数据输入计算机的特殊代码。它是由一组粗细不同、黑白相间的规则排列的条与空及其对应的代码字符组成的标记,以标识一定的信息。条码是随着计算机技术而发展起来的一种高速、准确的电子计算机数据输入手段,它们的实用性和经济性远高于键盘输入、光学字符等的自动识别系统。

条码作为一种可印刷的计算机语言,被未来学家称之为"计算机文化"。20 世纪 90 年的国际商品流通领域将条码誉为商品进入国际超级市场的"身份证"。它在信息传输过程起着重要作用,如果条码出问题,物品信息的通信将被中断。因此必须对条码质量进行有效控制,确保条码符号在供应链上能够被正确识读。

①条码的研究与条码标准化。条码的研究始于美国。1949 年美国 N. Jwod IANDA 发明了条码,并申请了专利。1960 年美国 Syivania 又发明了铁路车厢条码符号。1967 年美国《控制工作杂志》刊登了条码技术。20 世纪 60 年代后期由于自动化、光电技术和信息技术的发展,1970 年美国食品委员会首先将条码应用于食品零售业中,将光电扫描和现金收款有机结合起来,提高了工作效率,减少了人员,使结账避免了差错,并取得了成功。1973 年美国食品杂货业协会发起成立了美国统一代码委员会(Uniform Product Code Council,UCC),它的主要任务是控制代码的发放,提供信息并协调会员的工作,同时它还确定了通用产品代码(Universal Product Code,UPC)作为条码标准在美国和加拿大普遍应用。1973 年法国、德国、英国、丹麦、挪威、比利时等 12 国的生产厂举行代表会议,成立了有关负责条码技术方面的工作组。经过了四年探讨和协商,在吸收 UPC 条码经验的基础上,欧洲 12 国于 1977 年 2 月 3 日正式签署了"欧洲物品编码协议备忘录"和"物品符号标准通用规范",宣告了欧洲物品编码协会(European Article Number Association,EAN)正式成立,EAN 条码技术的推广应用正式开始。EAN 编制的条码标准,不久就取得了国际标准的地位,许多欧洲以外的国家纷纷加入 EAN,EAN 的国际地位于 1981 年获得了正式承认,并改名为国际物品编码协会(International Article Numbering Association),保留 EAN 的简称。国际物品编码协会是负责开发、建立和推动全球性的物品编码及符号标识标准化的机构。

EAN 自正式成立以来,成员已遍及六大洲,截至 1994 年,采用国际通用物品标识的生产厂达 35 万家,采用 EAN 条码标识系统的自动扫描商店达 50 万家,并且以每年 20% 的速度递增,条码技术涉及的领域也越来越宽。近几年来,POS 系统已在 EAN 成员中得到了广泛的普及。目前 EAN 标识系统已扩展到了工业、交通运输、邮电、仓储、医疗卫生、图书文献、票证、电子数据交换等领域。EAN 条码技术做到了同 UPC 条码技术单向兼容,即 EAN 条码识别系统可以识别 UPC 条码。

②条码编制遵循的原则。

a. 唯一性原则:是指同一商品项目的商品必须分配相同的商品标识代码(即一个商品项目只有一个代码,商品项目代码一旦确定,永不改变);不同商品项目的商品必须分配不同的商品标识代码。

b. 无含义性原则:是指商品标识代码中的每一位数字一般不表示任何与商品有关的特定信息。

c. 稳定性原则:是指商品标识代码一旦分配,若商品的基本特征没有发生变化,就应持标识代码终身不变。当此种商品不再生产时,其对应的代码只能搁置起来,不得重复启用再分配给其他商品。

③常用条码介绍。商品条码主要有 EAN-13 代码、UPC 条码、店内码。下面对 EAN-13 条码做简单介绍。

标准型的 EAN-13 代码结构(图 0-4)由 13 位数字组成,不同国家(或地区)的条码组织对 13 位条码的结构有不同的划分。在我国,这种条码结构由以下几部分组成。

图 0-4 EAN-13 商品条码的符号结构

a. 前缀码:3 位,用于标识国家或地区的编码,由国际物品编码协会总部赋予,如中国 690~695。由于前缀码是由国际物品编码协会总部赋予并统一分配注册的,因此确保了商品前缀码在国际范围内的唯一,不重复。

b. 企业代码:4 位,用于标识商品生产(或批发)企业的独有代码,由国家或地区的物品编码中心赋予。我国由中国物品编码中心赋予。由于制造厂商代码是由中国物品编码中心统一分配注册,因此确保了制造厂商代码在我国范围内的唯一,不重复。

c. 商品项目条码:5 位,用于标识商品的唯一固定代码,由企业自己分配。

d. 校验码:1 位,为校验条码使用过程中的扫描正误而设置的特殊代码,其值由前三种代码数值计算而得。

标准型的 EAN-13 代码也可用作有国际标准书号的图书和国际标准连续出版物号的杂志的商品条码。

④条码技术在我国的应用。条码出现短短四十几年的时间内,它已经广泛应用于交通运输业、商业贸易、生产制造业、医疗卫生、仓储业、银行、公共安全、国防、政府管理、办公室自动化等领域。条码技术已经不仅仅是简单的符号技术和自动识别技术了,也不再仅仅限于某行业的应用,在仓管、生产线自动化、图书、商业行业有广泛的应用前景。由于二维条码技术的兴起,使条码技术迎来崭新的发展空间。条码作为重要的符号技术,将在 EDI、供应链等跨行业的信息流物流过程中起着十分重要的作用。以下以生产企业条码应用为主介绍条码的主要应用和设计。

条码仓库管理是条码技术广泛应用比较成熟的传统领域,不仅适用于商业商品库存管理,同样适用于工厂产品和原料库存管理。只有仓库管理(盘存)电子化的实现,才能使产品、原料信息资源得到充分利用。仓库管理是动态变化的,通过仓库管理(盘存)电子化系统的建立,管理者可以随时了解每种产品或原料当前货架上和仓库中的数量及其动态变化,并且定量地分析出各种产品或原料库存、销售、生产情况等信息。管理者通过它来及时进货或减少进货、调整生产,保持最优库存量,改善库存结构,加速资金周转,实现产品和原料的全面控制和管理,更新管理方式。

四、文献检索工具

(一)检索工具的含义

检索工具是指用以报道、存储和查找文献线索的一种工具。它是附有检索标识的某一范围文献条目的集合,是二次文献。它的作用主要有三个:一是起到报道作用,可以揭示出某一时期、某一范围文献的发展状况,通过检索工具对文献的报道,可以用来揭示文献的基本内容,了解整个科学技术的历史、新的概貌和水平,某门学科的沿革、新的动向和成就;二是可以起到存储的作用,即把有关文献的特征著录下来成为一条条文献线索,并将其系统排列组成检索系统,永世留存。检索工具的正文实际上是文献线索的集合体;三是检索功能,人们按一定的检索方法,随时从相关资料中检索出所需的文献线索,以便于进一步获取文献原文。

一般来说,检索工具应具备以下五个条件:

(1)明确的收录范围。

(2)有完整明了的文献特征标识。

(3)每条文献条目中必须包含有多个具检索意义的文献特征标识,并标明供检索用的标识。

(4)全部条目科学地、按照一定规则组织成为一个有机整体。

(5)有索引部分,提供多种必要的检索途径。

(二)检索工具的类型

目前可供人们使用的检索工具有很多,不同的检索工具各有特点,可以满足不同信息检索的需求。检索工具有不同的分类方法,按加工文献和处理信息的手段不同可分为手工检索工具和机械检索工具。按照载体形式不同可分为书本式检索工具,磁带式检索工具,卡片式、缩微式、胶卷式检索工具。

按照著录格式的不同可将检索工具分为以下四种类型。

1. 目录型检索工具

目录型检索工具是记录具体出版单位、收藏单位及其他外部特征的工具。它以一个完整出版或收藏单位为著录单元,一般包括著录文献的名称、著者、文献出处等。目录的种类很多,对于文献检索来说,国家书目、联合目录、馆藏目录等尤为重要。如《北京图书馆善本目》《国家书目》、馆藏书目、专题文献目录、联合目录、出版社与书商目录等。

2. 题录型检索工具

题录型检索工具是以单篇文献为基本著录单位来描述文献外部特征(如文献题名、著者、文献出处等),无内容摘要,是快速报道文献信息的一类检索工具。它与目录的主要区别是著录的对象不同。目录著录的对象是单位出版物,题录的著录对象是单篇文献。如《中文科技资料目录》《中国报刊索引》等。

3. 文摘型检索工具

文摘型检索工具是将大量分散的文献,选择重要的部分,以简练的形式做成摘要,并按一定的方法组织排列起来的检索工具。按照文摘的编写人,可分为著者文摘和非著者文摘。著者文摘是指按原文著者编写的文摘;而非著者文摘是指由专门的熟悉本专业的文摘人员编写而成。就其摘要的详简程度,可分为指示性文摘和报道性文摘两种。指示性文摘以最简短的语言写明文献题目、内容范围、研究目的和出处,实际上是题目的补充说明,一般在100字左右;报道性文摘以揭示原文论述的主题实质为宗旨,基本上反映了原文内容,讨论的范畴和目的,采取的研究手段和方法,所得的结果或结论,同时也包括有关数据、公式,一般500字左右,重要文章可多达千字。

4. 索引型检索工具

索引型检索工具是根据一定的需要,把特定范围内的某些重要文献中的有关款目或知识单元,如书名、刊名、人名、地名、语词等,按照一定的方法编排,并指明出处,为用户提供文献线索的一种检索工具。

索引的类型是多种多样的,在检索工具中,常用的索引类型有:分类索引、主题索引、关键词索引、著者索引等。

按照文献自身类型分类如下。

(1) 书目检索:数据库内存储的是书目、索引、文摘等二次文献。用户检索到的是某主题的一系列文献条目(有文献题名、出处、收藏机构),据此再查找原文。

(2) 数据检索:对数据库进行数据或数字资料检索,如科研数据、统计数字等。

(3) 事实检索(或称事项检索):查找专门的事实材料,如人名、机构名称、产品等。

(4) 全文检索:对原始文献检索,用检索词在全文数据中进行对应扫描和查找。

(5) 图像检索:以图像、图形或图文信息为检索内容的信息查询。

(6) 多媒体检索:以文字、图像、声音等多媒体信息为检索内容的信息查询。通过此检索,各种信息实时集成和处理,使检索界面有声有色、交互友好,检索结果图文并茂、丰富多彩。

五、文献检索途径

确定检索途径,就是根据文献的外部特征或内部特征选择检索入口。检索途径的作用各有不同,所产生的检索效果和检索结果也不相同。因此,不同的检索途径具有各不相同的特点,对于不同检索课题、不同的文献类型及检索者自身的不同条件和水平,具有不同的适应性,检索者要根据各方面实际情况细心斟酌,恰当选择。一般的检索途径主要有著者途径、题名(书名、刊名等)途径、学科分类途径、主题途径、引文途径、序号途径、代码途径、专门项目途径8种。

1. 著者途径

许多检索系统备有著者索引、机构(机构著者或著者所在机构)索引,专利文献检索系统有专利权人索引,利用这些索引从著者、编者、译者、专利权人的姓名或机关团体名称进行检索的途径统称为著者途径。

2. 题名(书名、刊名等)途径

一些检索系统中提供按题名字顺检索的途径,如书名目录和刊名目录。

3. 学科分类途径

按学科分类体系来检索文献。这一途径是以知识体系为中心分类排检的,因此,比较能体现学科系统性,反映学科与事物的隶属、派生与平行的关系,便于人们从学科所属范围来查找文献资料,并且可以起到"触类旁通"的作用。从分类途径检索文献资料,主要是利用分类目录和分类索引。

4. 主题途径

通过反映文献资料内容的主题词来检索文献。由于主题法能集中反映一个主题的各方面文献资料,因而便于读者对某一问题、某一事物和对象做全面系统的专题性研究。人们通过主题目录或索引,即可查到同一主题的各方面文献资料。

5. 引文途径

文献所附参考文献或引用文献,是文献的外部特征之一。利用这种引文而编制的索引系统,称为引文索引系统,它提供从被引论文去检索引用论文的一种途径,称为引文途径。

6. 序号途径

有些文献有特定的序号,如专利号、报告号、合同号、标准号、国际标准书号和刊号等。文献序号对于识别一定的文献,具有明确、简短、唯一性特点。依此编成的各种序号检索途径。

7. 代码途径

利用事物的某种代码编成的索引,可以从特定代码顺序进行检索。

8. 专门项目途径

从文献信息所包含的或有关的名词术语、地名、人名、机构名、商品名、生物属名、年代等的特定顺序进行检索,可以解决某些特别的问题。

六、文献检索方法

1. 直接法

直接法又称常用法,是指直接利用检索系统(工具)检索文献信息的方法。它又分为顺查法、倒查法和抽查法。

1) 顺查法

顺查法是指按照时间的顺序,由远及近地利用检索系统进行文献信息检索的方法。这种方法能收集到某一课题的系统文献,它适用于较大课题的文献检索。例如,已知某课题的起始年代,现在需要了解其发展的全过程,就可以用顺查法从最初的年代开始,逐渐向近期查找。

2)倒查法

倒查法是由近及远,从新到旧,逆着时间的顺序利用检索工具进行文献检索的方法。此法的重点是放在近期文献上。使用这种方法可以最快地获得最新资料。

3)抽查法

抽查法是指针对项目的特点,选择有关该项目的文献信息最可能出现或最多出现的时间段,利用检索工具进行重点检索的方法。

2. 追溯法

追溯法是指不利用一般的检索系统,而是利用文献后面所列的参考文献,逐一追查原文被引用文献,然后再从这些原文后所列的参考文献目录逐一扩大文献信息范围,一环扣一环地追查下去的方法。它可以像滚雪球一样,依据文献间的引用关系,获得更好的检索结果。

3. 循环法

循环法又称分段法或综合法。它是交替使用直接法和追溯法,以期取长补短,相互配合,获得更好的检索结果。

七、文献检索步骤

文献检索是一项实践性很强的活动,它要求人们善于思考,并通过经常性的实践,逐步掌握文献检索的规律,从而迅速、准确地获得所需文献。文献检索步骤是对查找文献全过程的程序划分,一般包括分析课题、选用检索工具或数据库、确定检索途径与方法、检索实践效果评估等系列过程。

(一)分析研究课题,明确检索要求

首先分析检索目的是什么,是深入研究还是一时学习解难析疑之需;其次分析检索内容范围的广度及其所需文献的时间跨度有多长等。例如,查词语解释或成语典故的出处,与查有关事实、数据及相关参考文献这两种不同层次的课题,其所需文献及所用工具书刊是有很大区别的。

弄清课题研究的目的性和重要性,掌握与课题有关的专业知识,明确课题的检索范围的要求,然后再确定检索范围。检索的范围要考虑以下几个方面。

(1)专业范围。课题所属学科与专业,与该专业相邻的学科是哪些,它们的性质特点和已知发展水平等。

(2)时间范围。目的是想获得最新资料,还是想了解历史发展,可能出现在哪类出版物中和时间范围区间,综合已有情报,寻找新的情报线索。

(3)国家范围。需要了解哪些国家的文献资料,国内哪些检索工具中有这些资料。

(4)文献类型。需要查找有关的全部文献还是部分文献,需要查找哪些类型的文献(专利、期刊论文、标准或其他)。

(5)检索角度。需要检索的文献信息是侧重于理论方面,还是应用方面。

在充分分析的基础上,选取最恰当的检索标识或检索词。

(二)选用检索工具或数据库

检索工具的类型很多,每一种检索工具都有其独自的特点,因此在使用检索工具时应有所选择,主要是根据检索课题的内容、性质以及检索的文献类型进行选择。在选择时应注意以下几点:

(1)根据检索目的选择检索工具。
(2)根据需求的专业、学科、专题范围选择检索工具。
(3)根据检索文献类型选择检索工具,这也是选择检索工具的重要原则。
(4)根据客观条件选择检索工具。

(三)确定检索途径和检索方法

1. 选择检索途径

检索途径也称检索入口,文献的特征标识是存储文献的依据,也是检索文献的依据,因此文献特征标识便构成了检索途径。

(1)外部途径以文献需求外部特征标识作为检索入口,包括篇名(书名)途径、著者途径、序号途径。

(2)内容途径以文献内容特征标识作为检索入口。

①分类途径:以分类标识作为检索文献资料的途径。

特点:系统性强、查全率高。

使用范围:系统检索某一方面文献资料时采用这一途径。

②主题途径:以检索课题的主题词(叙词、关键词)作为检索文献资料的途径。

特点:专指性强、查准率高。

使用范围:特性检索即检索课题的专指性较强时采用这一途径。

(3)选择检索途径时应注意的问题。

①从掌握的线索入手,确定检索途径。

②按检索工具提供的"入口"。

2. 选择检索方法

检索的方法主要有直接法、追溯法和循环法。

(1)如果检索工具不全或根本没有,检索课题涉及面又不大,对查全率不做较高要求,可采用由近及远追溯法。

(2)如果检索工具齐全,检索课题涉及面大,则采用常用法或综合法。

(3)如果检索课题属于新兴学科或知识更新快的学科,可采用倒查法。

(4)如果检索课题对查全率做特别要求,如开题查新,一般采用顺查法。

(5)如果已经掌握了检索课题发展规律、特点,一般采用抽查法。

(6)根据检索内容,选择检索方法。

(7)根据检索要求,选定检索方法。

(四)进行检索

(1)查找利用确定的检索标识和制定的检索策略详细查找适合检索需求的文献线索。

①将检索课题的主题概念和初选的检索标识用所查阅的检索工具所用的检索语言正确标引,确定出查阅各检索工具应该使用的正式标识。

②用正式标识查阅检索工具的有关部门索引,得到文献的存储顺序号和所在页码。
③阅读存储文献的各条著录款目,主要是题名项和内容提要,判断是否符合需要。
(2)详细记录适合检索需求的文献线索 记录的文献线索是获取原始文献的依据,记录要详细。文献线索包括文献名称、作者、文献类型、文献出处、时间等。
①期刊论文:一般记录篇名、刊名、年、卷、期、页码。对重要的检索结果做摘要。
②图书:一般记录书名、作者、出版社、出版日期。对重要的检索结果做摘要。
③专利:一般记录专利的名称、专利号。
④标准:一般记录标准的名称、标准号。
⑤科技报告:一般要记录报告名称、完成科研的单位及报告号。
⑥会议论文:一般要记录会议论文的标题、会议录名称、会议录出版单位、出版时间、页码。
⑦学位论文:记录学位论文的名称、刊载处。
⑧报纸论文:记录报纸名称、论文名称、出版日期等。
(3)根据文献线索查找各种原始文献 检索的最终目的是获取原始文献,否则再多的检索结果也无多大用处。索取原始文献的步骤如下。
①将缩写刊名变成全称。检索工具中著录的文献出处几乎全部采用缩写名称以节省篇幅。但如果要索取原文,必须变成全称。
②通过馆藏目录查文献收藏单位。
图书:查图书书名目录。
期刊论文:利用期刊馆藏目录查找,以及各种期刊联合目录查找。
专利、科技报告、标准:可分别用专利号、科技报告号、标准号到收藏此类文献的单位查找。
会议文献:方法与图书基本相同。

(五)检索效果评估

检索效果评估是对检索过程的初步总结。如有失误,应重新检索,以求最佳效果。按照"文献检索效果评价"方法,主要分析检索出的文献数量是否符合要求、文献的准确性是否符合要求、文献的新颖性内容是否符合要求三个方面。如需重新调整检索策略,可从检索工具、检索方法、检索途径三个方面进行调整。

八、文献检索效果评价

检索效果是指进行文献检索所产生的有效效果。这种结果反映了文献检索工具是否达到和满足了研究课题的需要。对检索效果进行评价的目的,是为了对检索工作的状况进行反馈,找出影响检索效果的因素,以便及时修订调整所选择的检索方法和制定的检索策略,提高文献检索的质量,确保研究课题的完成。

(一)文献检索效果的评价标准

设 R 为查全率,P 为查准率,m 为检出文献总量,a 为检索系统中的相关文献总量,b 为检出的相关文献总量。

1. 查全率

查全率(Recall Factor)是指检出的相关文献量与检索系统中相关文献总量的百分比,衡量信息检索系统检出相关文献能力的尺度,可用下式表示:

$$查全率 = 检出的相关文献总量/系统中的相关文献总量 \times 100\%$$

即
$$R = b/a \times 100\%$$

例如,要利用某个检索系统查某课题。假设在该系统数据库中共有相关文献为40篇,而只检索出来30篇,那么查全率就等于75%。

2. 查准率

查准率(Pertinency Factor)是指检出的相关文献量与检出文献总量的百分比,是衡量信息检索系统精确度的尺度,可用下式表示:

$$查准率 = 检出的相关文献总量/检出文献总量 \times 100\%$$

即
$$P = b/m \times 100\%$$

例如,如果检出的文献总篇数为50篇,经审查确定其中与课题相关的文献只有40篇,另外10篇与该课题无关。那么,这次检索的查准率就等于80%。

(二)影响检索效果的因素

查全率与查准率是评价检索效果的两项重要指标,查全率和查准率与文献的存储与信息检索两个方面是直接相关的,也就是说,与系统的收录范围、索引语言、标引工作和检索工等有着非常密切的关系。

1. 影响查全率的因素

影响查全率的因素从文献存储来看,主要有:文献库收录文献不全;索引词汇缺乏控制专指性;词表结构不完整;词间关系模糊或不正确;标引不详;标引前后不一致;标引人员遗漏了原文的重要概念或用词不当等。

从检索来看,主要有:检索策略过于简单;选词和进行逻辑组配不当;检索途径和方法少;检索人员业务不熟练或缺乏耐心;检索系统不具备截词功能和反馈功能,检索时不能全面地描述检索要求等。

2. 影响查准率的因素

影响查准率的因素主要有:索引词不能准确描述文献主题和检索要求;组配规则不严;选词及词间关系不正确;标引过于详尽;组配错误;检索时所用检索词(或检索式)专指度不够,检索面宽于检索要求;检索系统不具备逻辑"非"功能和反馈功能;检索式中允许容纳的词数量有限;截词部位不当,检索式中使用逻辑"或"不当等。

(三)提高检索效果的措施

要提高检索效果,可以参考使用以下措施和方法。

1. 准确分析课题

用什么手段来分析课题?首选手册、百科全书、专著等三次文献作为分析课题的手段,因为这些三次文献是该领域的学术专家和权威对以往研究的总结,既有高度又有深度和广度。对课题进行主题分析,是制定检索策略的依据,也是编制检索方式、正确运用各种逻辑运算符号的先决条件。分析检索课题的准确与透彻度,对整个检索结果起了至关重要的影响。由于大多数用户对数据库结构与标引方法并不十分了解,往往不能准确充分地表达检索课题所描述的实质性内容,如表示的概念过大,必然造成大量误检;表达的概念过小,则会造成大量漏检。

【示例0-1】 检索"高压无油压缩机密封元件的研究"方面的文献。用中国期刊全文数据库检索,检索篇数并不多,但在超星数字图书馆用"压缩机"为主题词检索,有一本专著《活塞式压缩机的无油润滑》,对影响高压下无油压缩机密封元件寿命的因素、国内外的研究现状做了详尽的分析和描述。在这一基础上再去检索国外的文献就容易多了。

对于比较新颖、三次文献没有描述的课题,可以直接由中国期刊全文数据库、维普数据库、读秀学术搜索和 Google 作为检索起点。

【示例 0-2】 检索关于"煤脱硫的最新工艺与技术",若用"煤脱硫"作为主题概念,有 1000 多篇,表明"煤脱硫"概念太大;选择更具体的概念"微波煤脱硫",只有 10 多篇——概念定位恰当。

2. 制订优化的检索策略

检索策略是检索过程的灵魂。只有好的检索策略才能达到"沙里淘金、海中取珠"的目的。检索词的选取要符合两个要求:一是能准确、完整地表达检索课题的本质性内容;二是要符合数据库的输入要求。

3. 要广开思路

除了利用检索工具书外,还应注意直接利用普通书刊,特别是丛书、丛刊、文集、资料汇编之类的书刊,这对查找专题资料来说,往往能迅速达到检索目的,甚至可以起到事半功倍的作用。

只要掌握了这些方法和技巧,并在具体检索中合理运用就能得到满意的检索结果。

项目一　图书馆的科学利用

学习目标

知识目标
1. 掌握检索词的选择和布尔逻辑检索。
2. 了解图书馆的性质、职能、主要服务项目。
3. 了解数据库的选择及选择原则。

能力目标
1. 能按照科技文献的检索方法制订基本的检索步骤。
2. 能利用学院图书馆的电子资源查询特定的科技文献。

图书馆被称为知识的宝库,是人类增加知识与智慧的殿堂。许多著名学者都喜爱图书馆,把图书馆当成自己的眼睛、灵魂。在德国柏林图书馆的大门上刻着这样一句话:"这里是人类知识的宝库,如果你掌握了它的钥匙,那么全部知识都是你的。"因此,要掌握和开启这个宝库,在知识的海洋里能自由自在地畅游,那就要了解图书馆、熟悉图书馆和利用图书馆,让图书馆为你所用。当今社会已进入了信息化时代,信息量激增,文献载体多样,知识老化加快,人们只有自觉地进行知识更新和接受终身教育,才能适应时代发展的要求。因此,学会利用图书馆,对尚未走上工作岗位的学生来说,不但在学校学习期间十分重要,而且还将使他们受益终身。

任务一　利用图书馆查找指定图书

要求:利用你所在学校的图书馆查找《汽车发动机检修实训指导》这本书,记录出版社、检索书号,并进入图书馆找到这本书。

相关知识

一、图书馆的性质和职能

1. 图书馆的概念

什么是图书馆,在《中国大百科全书:图书馆卷》中的定义是:"图书馆是收集、整理和保存文献资料并向读者提供利用的科学、文化、教育机构"。从这个概念中可以了解到,图书馆不仅是与科学、文化相联系的社会机构,而且还与教育相联系。如学校的教育由教师、图书馆、实验室三大部分组成。这三者相互联系,缺一不可。否则,学校教育就不完善。因此在科技迅猛发展、新知识层出不穷的时代,学生更需要学会利用图书馆。

2. 图书馆的性质与任务

学校图书馆是学校的文献情报中心,是为教学、教育、科研服务的机构,是学校和科研工作的重要组成部分。

学校图书馆的任务是:

(1)根据学校的性质和任务采集各种类型的文献,进行科学的加工整理和管理,为学校的教学、教育、科研工作提供文献保障。

(2)配合学校政治思想工作,宣传党和政府的政策法规。

(3)根据教学、科研和课外阅读的需要,开展流通阅览和读者辅导工作。

(4)开展文献检索与利用知识的教育活动,培养师生的情报意识和文献检索技能。

(5)充分开发馆藏文献,开展参考咨询和情报服务工作。

(6)参加图书情报事业的整体化建设,开展多方面协作,实行资源共享。

(7)开展图书馆工作学术研究和交流活动。

3. 图书馆的作用与职能

学校图书馆在学校的教育工作和科学研究工作中起着重要的作用。半个世纪前,李大钊同志就明确指出:"现在的图书馆已是教育的机关"。因此,图书馆不再是借还图书的地方,而是具有多方面的职能,如传递情报信息的职能、推广科学知识的职能、保存文化遗产的职能等。但归纳起来主要有两个方面:即教育职能和情报职能。

1)教育职能

配合学校对学生进行道德素质的教育。图书馆应做好书刊资料的宣传工作,引导读者学习马列主义、毛泽东思想和邓小平理论,树立正确的人生观、价值观。配合学校对学生进行专业教育和素质教育。图书馆应提供各个门类、学科及各种水平的参考辅助资料等,以提高学生适应时代需要的综合知识结构。

2)情报职能

这主要是通过对大量的散乱无序的文献进行收集和整理,向读者主动提供各种文献检索途径,传递情报信息;对不同层次的读者群有计划地进行情报教育,提高师生的情报检索技能,开展书目情报服务等。

4. 图书馆的类型

1)图书馆类型的划分

目前,我国还没有统一的图书馆类型的划分标准。由于标准和角度不同,图书馆实际分类的结果也就大不一致,通常划分的标准有以下几种:

(1)按图书馆隶属主管部门划分,有文化系统图书馆,包括国家图书馆和省、市、自治区、县的公共图书馆;有教育系统图书馆,包括教育部和各级教育主管行政部门领导的大、中、小学校的图书馆(室);有科学院系统的中国科学院、中国社会科学院以及各省市科研院所的图书馆;有企业系统的工会图书馆;有青年团组织所领导的青年宫、少年宫图书馆,以及军事系统的军事科学图书馆、军事院校图书馆等。

(2)按藏书的属性划分,有综合性图书馆,包括各级公共图书馆、综合性大学图书馆、工会图书馆等;有专业性图书馆,包括专业科学研究院所、专业院校、专业厂矿图书馆,以及通俗性图书馆等。

(3)按读者对象划分,有儿童图书馆、成年人图书馆、盲人图书馆、少数民族图书馆和普通图书馆、军人图书馆等。

图书馆类型的划分是相对的,任何单一的标准都不能完全揭示图书馆的类型,只是通过这种划分,有助于读者明确不同类型图书馆的收藏特点,在哪里读者容易找到特定的文献资料。

2)典型图书馆介绍

(1)国家图书馆。国家图书馆是由国家举办的、面向全国大群开放的国家级图书馆,是担负着国家总书库职能的图书馆。1976年8月,联合国教科文组织在瑞士洛桑召开的国家图书馆馆长会议上,通过了一项政策声明,认为"国家图书馆是图书馆事业的首要推动者、各类型图书馆的领导。国家图书馆应在全国图书馆工作的各项规划中起中心作用"。

国家图书馆的特点是:它在国内图书馆中规模最大、藏书最丰富、办馆条件及各项工作具有先进水平,在全国图书馆工作的各个方面起示范作用。我国的国家图书馆是原北京图书馆,现改名为国家图书馆。

(2)公共图书馆。公共图书馆是指面向社会公众开放的图书馆。它的特点是:藏书的综合性和服务对象的广泛性。如上海图书馆。

(3)科学、专业图书馆。科学、专业图书馆是为科研和生产服务的学术性机构,是直接为科研与生产服务的图书馆,也称"学术图书馆和专门图书馆"。它的特点是:管理水平科学化、服务方式多样化、藏书专业性强;读者对象层次高;技术设备高、精、密。如中国科学院系统图书馆、中国社会科学院系统图书馆。

(4)学校图书馆。由于各级各类学校的教学任务不同,其下属图书馆的性质与任务也有明显的差别。

高等学校图书馆是学校教学与科研服务的学术性机构,是学校图书资料情报中心。其特点是:专业性强、藏书质量高,与国内外学术机构有广泛的联系。著名的如北京大学图书馆、复旦大学图书馆等。

职业技术学校图书馆是配合学校为社会培养专门人才及初级技术人员而设置的图书馆。其特点是:藏书具有明显的专业性,它根据所设学科的特点,收藏基础科学、技术科学及与本专业有关的书刊资料,主要为本校师生服务。

中、小学图书馆(室)是为提高中、小学教育、教学质量而设置的图书馆(室)。其特点是:藏书侧重于学习参考书、有益的科普读物、自学丛书以及适合于他们阅读的政治类书刊等。中、小学图书馆(室)主要为本校师生服务。

(5)网上图书馆。将一定量的信息在网上组织起来,供"读者"查阅和检索,这种网上图书馆不一定需要对应的图书馆社会实体。

传统图书馆收集、存储并重新组织信息,使读者能方便地查到它所想要的信息。传统图书馆同时跟踪读者使用情况,以保护信息提供者的权益。数字图书馆收集或创建数字化馆藏,这集成了各种数字化技术,如高分辨率数字扫描和色彩矫正、光学字符识别、信息压缩、转化等;建立在关系数据库系统上的数字信息组织、管理、查询技术能够帮助用户便捷地查找信息,并将信息按照用户期望的格式发送;在安全保护、访问许可和记账服务等完善的权限管理之下,

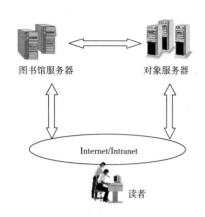

图1-1 网上图书馆

经授权的信息利用INTERNET的发布技术,实现全球信息共享,如图1-1所示。

二、图书馆的主要服务项目

图书馆的业务主要分为两大类:一是藏书工作;二是为读者服务工作。藏书工作是全部工作的基础,是间接地为读者服务。为读者服务工作则是直接为读者服务。目前,图书馆工作的重点逐渐从藏书工作转向为读者服务。

图书馆的读者服务工作的类型、层次和功能均具有多样性特点,并随着图书馆事业的发展而不断发展和完善。不同的图书馆均具有不同的服务对象,因此为读者提供的服务项目和数量也有所不同,但是,大体可以概括为以下几种。

1. 文献借阅服务

1)图书外借服务

图书借阅证是读者利用图书馆文献信息资源的唯一凭证,也是图书馆与读者进行联系的媒介。只有获得图书馆的借阅证,读者才具有利用图书馆的合法身份,才能借阅文献信息资料,才能享受图书馆提供的一切服务。读者获得借阅证,就意味着拥有了使用图书馆文献信息资源的权利,同时要承担爱护图书馆的义务和责任。读者来到图书馆应先办理借阅证,并妥善保管。读者凭本人图书借阅证进入借书处,换取代书板后,即可从书架上选取图书。读者选取图书后到借书台办理图书外借手续。图书馆还会设有还书处,读者所借图书到所借图书的借书处还书。

2)图书借阅一体服务

图书馆中的文史新书借阅室收藏近期到馆的文学、史地方面的新书,计算机图书借阅室收藏计算机类图书,社科新书借阅室收藏近期到馆的社会科学方面 中文图书,为读者提供图书外借和阅览服务。

3)书刊阅览服务

图书馆中有专业书阅览室、期刊阅览室、报纸阅览室等为读者提供阅览服务。

2. 多媒体阅览室服务

图书馆多媒体阅览室为读者提供网络信息检索、电子数据库检索(中国期刊全文数据、中文科技期刊数据库、中国学位论文全文数据库)等检索服务。

3. 办证、补证等服务

图书馆还负责为读者办理办证、补证、借阅证解挂、借阅证密码(遗忘)更改和图书遗失赔偿手续。

4. 读者培训服务

在高校的图书馆,还设有培训服务,即新生入学时进行"如何利用图书馆"知识教育,目的是帮助他们了解图书馆的基本工作流程和运作方式,了解图书馆所提供的文献资源和服务设施;为使同学们了解和正确使用图书馆收藏的电子数据库,定期对其进行馆藏数据库使用方法和检索技巧的培训;对学生开设"科技文献检索"和"图书馆资源利用与检索"课,目的是培养他们的信息意识,掌握利用图书馆和计算机文献信息检索的方法。

5. 信息检索服务

为读者提供信息检索、课题查新和文献传递服务。

6. 公共查询服务(OPAC)

图书馆各借阅室设有多媒体电脑,为读者提供查询服务。读者通过它可以进行馆藏查询、个人数据查询,自行办理图书预约、续借手续,提供采访信息反馈、了解图书馆服务的相关信息等。

7. 网站服务

图书馆网站一般包括图书馆最新动态信息、读者指南、读者服务、读者信息、电子资源、数字图书馆、馆长信箱等项服务内容,是读者了解图书馆的窗口。

三、馆藏书目检索

1.《中国图书馆图书分类法》

《中国图书馆图书分类法》(简称《中图法》)是在1971年由北京图书馆牵头、全国36个单位组成的"图书分类法"编写组,于1975年编辑出版的。经过20多年的不断修改,《中图法》1999年3月已发行第4版。

《中图法》由编制说明、类目表、标记符号、说明和注释、索引五个部分组成。

1)编制说明

编制说明包括分类编制的过程;所依据的编制原则;部类、大类的设置及顺序安排的理由;在分类中碰到问题时的处理方法及标记方法、使用方法等。

2)类目表

类目表是图书分类法的最基本部分,也是图书分类法的主体,它由主表和复分表组成。

《中图法》在五个基本部类的基础上,人为地分成22个基本大类,组成体系序列,即:

A 马克思主义、列宁主义、毛泽东思想、邓小平理论

B 哲学、宗教

C 社会科学总论

D 政治、法律

E 军事

F 经济

G 文化、科学、教育、体育

H 语言、文字

I 文学

J 艺术

K 历史、地理

N 自然科学总论

O 数理科学和化学

P 天文学、地球科学

Q 生物科学

R 医药、卫生

S 农业科学

T 工业技术

U 交通运输

V 航空、航天

X 环境科学、安全科学

Z 综合性图书

基本大类展开后分别为二、三级类目,由不同级类目组成,构成了《中图法》的二、三级类目表,即:

  一级类目,U 交通运输

  二级类目,U4 公路运输

  三级类目,U46 汽车工程

还可以继续展开和细分,形成四、五级类目表,如下所示。

  U46 汽车工程

  U461 汽车理论

  U462 整车设计与计算

  U463 汽车结构部件

  U464 汽车发动机

  U465 汽车材料

  U466 汽车制造工艺

  U467 汽车试验

  U468 汽车制造厂

  U469 各种汽车

  U472 汽车维护与修理

  U48 其他道路运输工具

  U49 交通工程与公路运输技术管理

3) 标记符号

标记符号是分类表中类目的代号,它具有固定的位置,明确各级类目的先后次序,在一定程度上显示了类目之间的关系。

4) 说明和注释

说明和注释是图书分类法不可或缺的重要组成部分。它可以帮助使用者了解图书分类体系的结构,明确类目及类目范围和类目之间的关系,掌握一些特殊的分类规则和给号方法等,在较短时间内了解分类法的全貌。如果图书分类法不加说明与注释,类目概念就不明确。例:"D2-1 党的领导人著作",按类名应包括党的领导人的所有著作,可以类目注释对内容加以限定为"党的领导人著作全集、选集入此",因而《刘少奇选集》就入此,但刘少奇所著的《论共产党员修养》却要归入"D26 党的建设",而不能入"D2-1"。如果使用者不了解图书分类法说明、注释的内容,就会在查找文献时遇到问题。

5) 索引

类目索引是帮助分类人员和读者查找某一类目在分类体系中的具体位置,以及某一主题在分类体系中有哪些类目。索引通常有两种:直接索引和相关索引。

(1)直接索引。直接索引将分类表中所有类目名称按一定的字顺排列,并在每个类目后面标明它的类号,就可以根据这个类号在分类表中找到它的位置。

(2)相关索引。相关索引是在直接索引的基础上,将各种相关类目排列在一起,以利于从一个主题去查找有关类目。相关索引的用处较大,可以提供一条按主题查找类目的途径。

2. 检索操作

作为检索工具,目录在我国有着悠久的历史,其他种类的检索工具都是在目录的基础上产生和发展起来的。"目"的含义是指篇目,即一本书或一卷书的名称。"录"则是叙录,即将书的内容、作者等编成简明扼要的文字。两者结合起来称为目录,也叫书目。

读者通过图书馆主页进入馆藏书目检索,下面以浙江大学图书馆为例进行介绍,图1-2所示为浙江大学图书馆主页。图书馆书目检索系统可提供:馆藏书刊查询、学科资源导航、数据库导航、期刊导航、个人图书借阅信息查询、浙江高校联合目录、文献传递、新书通报、借阅排行等服务。

图1-2 浙江大学图书馆主页

馆藏书目检索提供简单检索、高级检索、多字段检索、多库检索等检索方式。不同方式具有各自不同的特点。

1)简单检索

读者只需在输入框中键入关键词,选择恰当的检索字段便可完成检索。检索结果中含有输入词的全部或部分,如图1-3所示。

2)高级检索

高级检索提供多重信息同时检索的方式,读者可以准确地检索到专指性很强的图书,如图1-4所示。

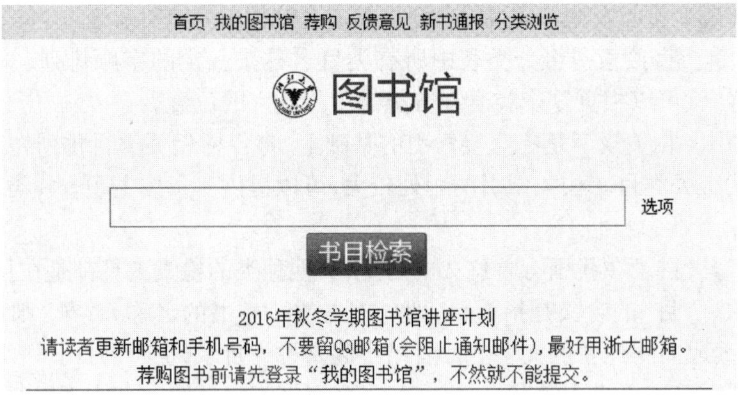

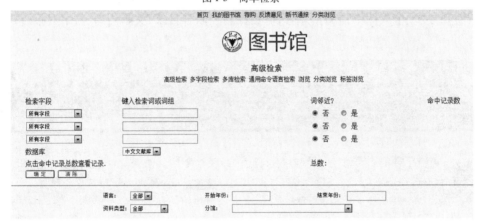

图1-3 简单检索

图1-4 高级检索

3)多字段检索

在不同字段输入想要检索的图书信息,系统自动检索到相近的图书。跟高级检索相比,字段涵盖的信息要窄,较为适用于对字段内容如著者、出版年等较为熟悉的情形,如图1-5所示。

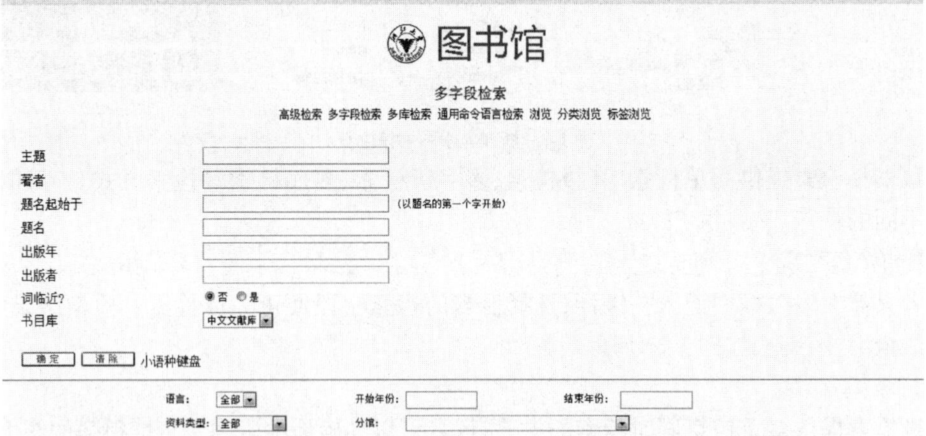

图1-5 多字段检索

4)多库检索

多库检索是系统默认的检索方式,读者可以根据需求,在输入框输入关键词,并可完成检索。对于明确不需要中文文献库或是西文文献库的,可勾选,提升检索效率,如图1-6所示。

图1-6　多库检索

四、汽车维修资料

全面准确的维修技术资料是现代汽车诊断修理的必备条件,而"查资料"是判断汽车故障,获取维修方法的重要环节。汽车技术的发展,推动了汽车维修技术的发展。维修行业对于维修资料的认识也越来越深,汽车维修技术人员已经普遍认识到技术数据的重要作用。按照美国对"维修信息"(Repair Information)的定义,维修资料应该是对具体车型及其所有系统准确、完整的技术数据。所谓的准确性是指:首先是维修对象的准确性,即这部分维修资料能够修什么车,应该精确到"年款"甚至"子车型",必须先明确所修车型,然后才能够准确地查询资料;其次是数据的准确性,错误的技术数据不仅不能排除故障,而且还可能导致更严重的事故。所谓的完整性是指:数据应包括对该系统的结构、原理、元件测试、诊断、维修等整套维修环节的详细说明,包括所有的技术参数、图形、表格等必要信息。可见,对于汽车维修资料,准确性和完整性是最基本的条件。

目前,国内市场维修资料的来源多种多样,按照不同的媒体划分,主要包括下列形式:维修手册和技术资料、正规出版的汽车维修书籍、复印的维修手册、专业杂志和报纸、维修资料数据库光盘、网上(Internet)查询的数据库。可以看出,维修资料的种类繁多,维修资料市场很杂乱,令人无从选择。其实,每一种形式的维修资料都有其特点和市场定位。

1. 维修手册

维修手册是指汽车制造商向其特约维修站提供的技术资料。该类资料是针对具体车型或总成编辑的资料。由于制造商直接提供维修数据,可以保证资料的准确性。制造厂通过发布增补本或技术公报对技术内容进行更新。

一般来讲,原厂资料只向特约维修站提供,其他修理厂是无法获得并保持同步更新的。所以综合维修厂很难利用这种资料作为维修的技术依据。另外,作为非专修厂,维修车型非常杂,即使能够获得部分原厂资料,也无法将维修资料收集完整,故不能满足业务需要。

现以丰田雷克萨斯汽车为例,说明维修手册的使用。

第一步,要阅读前言部分,以明确该手册的使用范围及相关资料和信息。

第二步,认真阅读说明部分。

(1)一般信息。

(2)索引:每一部分的第一页都提供一个索引,引导到要修理的项目。为了帮助从整个手册中找到需要的内容,在每一页的篇眉给出项目标题和主要的说明。

(3)概述:在每一部分的开始,给出关于这一部分所有修理操作的概述。在开始修理作业之前应阅读这些注意事项。

(4)故障诊断:在每个系统中均有故障诊断表以帮助诊断故障和找到原因。进行故障诊断前一定要读这些内容。

(5)准备:准备列出了SST(维修专用工具)、推荐工具、设备、润滑和SSM(维修专用材料),应该在开始操作之前准备它们并了解各自的用途。

(6)维修过程:大部分维修作业由一个总装图开始。图中标识零件并示意零件怎样装配到一起。示例如图1-7所示。

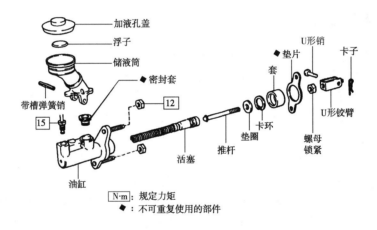

图1-7 总装图示例

(7)逐步提示工作过程:图中表示做什么和在什么部位做;作业指导告诉做什么;并详细描述怎样进行作业并给出其他信息,诸如标准值和警告。其实例如图1-8所示。

这种编排格式为有经验的技师快速追踪需要的信息提供便利。必要时,可以阅读更高级的作业指导和下面提供的详细信息。重要的标准值和警告总是用黑体字印出。

(8)参考:保留了少量参考信息。然而,需要时指出参考页号。

(9)规范:在文中需要的地方用黑体字给出标准数据,从而不必中断正在进行的过程去寻找需要的数据。这些数据也可以在维修规范部分中找到,以便于快速参考。

(10)车辆识别代码和发动机系列号的查找:在说明部分的识别信息,给出了车辆识别代码(VIN)和发动机系列号位置,如图1-9所示。

(11)维修说明:包括基本的维修提示;车辆举升和支撑位置;对于所有车辆的注意事项。如安装SRS气囊和座椅安全带预紧装置的车辆,车辆装备催化净化器等应注意的事项。

第三步,查找发动机、制动器、底盘、车身的检查维护步骤。

图 1-8　工作过程示例

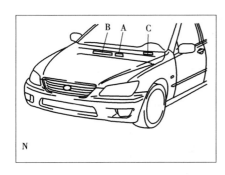

1. 车辆识别代码
车辆识别代码冲压在发动机罩板上。如图所示,该号码也印在厂家标牌和识别号码标识牌上(欧洲规格右方向车型)。
A:厂家标牌
B:车辆识别代码
C:识别代码标识牌(欧洲规格右方向车型)

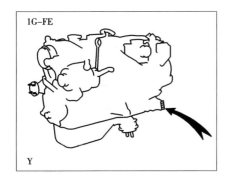

2. 发动机系列号
发动机系列号印在发动机缸体上,如图所示的位置。

图 1-9　车辆识别代码(VIN)和发动机系列号位置

例如:根据目录,制动器的检查在 MA－3 页,其步骤如图 1-10 所示。
第四步,查找相关总成作业时应准备的工具材料等。
例如:自动变速器作业时需准备的物件,根据目录在 PP－38 页。
SST(维修专用工具)示例如图 1-11 所示。

维护—制动器

制动器检查

1. 检查制动器踏板和驻车制动器(见 BR-6 和 BR-42 页)
2. 检查制动器管路和软管

提示：

在一个光线充足的地方进行检查。按要求利用小镜子检查制动软管的整个圆周和长度。在检查前轮制动器以前充分地向左或向右转动前轮。

(a)检查所有制动器的管路和软管的以下情况：

·损坏
·磨损
·变形
·裂纹
·腐蚀
·泄漏
·弯曲
·扭曲

(b)检查所有固定夹的坚固和连接处是否泄漏。
(c)检查软管和管路弯角处,活动部件以及排气系统畅通。
(d)检查软管安装在密封垫圈中时,软管应通过垫圈中心。
3. 检查前后制动衬块和制动盘
(前制动衬块:见 BR-23 页)
(后制动衬块:见 BR-32 页)
(前制动盘:见 BR-28 页)
(后制动盘:见 BR-37 页)
4. 检查驻车制动器制动衬块和制动毂(见 BR-42 页)
5. 检查或更换制动液(见 BR-4 页)
制动液:SAE J1703 或 FMVSS No. 116 DOT3

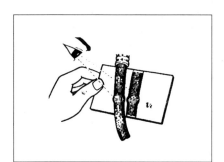

图 1-10　制动器的检查维护步骤

SST(维修专用工具)			
	09308 - 00010	油封拉器	加长壳油封
	09325 - 20010	变速器机油塞	加长壳油封
	09350 - 30020	丰田自动变速器成套工具	
	09351 - 32020	定子托架	变速器和驱动盘
	09643 - 18040	2 号诊查导线	
	09992 - 00095	自动变速器油压表组件	
	09992 - 00231	接头 C	
	09992 - 00271	压力表总成	

图 1-11　自动变速器维修专用工具示例

推荐工具示例,如图 1-12 所示。

推荐工具	
09082-00040　丰田电路测试仪	
09905-00012　1号卡环钳	

图 1-12　自动变速器维修推荐工具示例

设备示例,如图 1-13 所示。

设　　备	
扭力扳手	
带磁性底座的百分表	驱动盘失圆
游标卡尺	变矩器
直尺	变矩器

图 1-13　自动变速器维修设备示例

润滑剂示例,如图 1-14 所示。

润　滑　剂		
项　　目	容　　量	等　　级
自动变速器液 尽加注量 排出重加	6.3L(6.7US qts,5.5lmp. qts) 2.4L(2.5US qts,2.1lmp. qts)	T-Ⅳ型或同级品

图 1-14　自动变速器润滑剂示例

SSM(维修专用材料)示例,如图 1-15 所示。

SSM(维修专用材料)
08833-00080　密封胶 1344 THREE BOND1344 丙烯酸类聚合物 242 或同级品

图 1-15　自动变速器维修专用材料示例

第五步,查找维修规范。

例如:冷却系的维修规范根据目录在 SS-16 页。

维修数据示例,如图 1-16 所示。

标准力矩示例,如图 1-17 所示。

第六步,查找诊断方法。

(1)怎样进行故障诊断。在故障诊断的第一部分,给出了系统的诊断步骤,发动机的诊断步骤如图 1-18 所示。

(2)客户所述故障分析检查表。在诊断故障中,为了做出准确的判断,必须准确证实故障症状和排除所有的偏见。收集故障症状和了解客户关于故障发生时的条件是特别重要的,如图1-19所示。

润滑维修数据			
机油压力	急速在3000r/min		49kPa(0.5kgf/cm^2,7.3psi)或高于284~441kPa (2.9~4.5kgf/cm^2,46~64psi)
机油泵	齿顶间隙	STD	0.04~0.16mm(0.0016~0.0063in.)
		最大	0.20mm(0.0079in.)
	泵体间隙	STD	0.10~0.16mm(0.0039~0.0063in.)
		最大	0.20mm(0.0079in.)
	间隙	STD	0.03~0.09mm(0.0012~0.0035in.)
		最大	0.15mm(0.0059in.)

图1-16 维修数据示例

标准力矩			
紧固零件	N·m	kgf·cm	ft·lbf
排放塞×汽缸体连接管	13	13	9
水泵×正时皮带罩　　10mm 螺栓	9.0	9.0	78in.·lbf
12mm 螺栓	18.5	18.5	13
动力转向泵支架×汽缸体	39	39	29
动力转向泵支架×正时皮带罩	19	19	14
动力转向泵支架×水泵	19	19	14
动力转向泵×动力转向泵支架　铰接螺栓	58	58	43
调整螺栓	39	39	29
进水管×正时皮带罩	9.0	9.0	78in.·lbf
机油冷却器×散热器下水箱	8.3	8.3	74in.·lbf
机油冷却器管×机油冷却器	14.7	14.7	11
电动冷却风扇×散热器	5.0	5.0	44in.·lbf
散热器上支撑体	15.2	15.2	11

图1-17 标准力矩示例

(3)预检查的方法查找。在诊断的第三部分,给出了该系统的预检查步骤。包括诊断系统的介绍、正常模式下故障代码的检查、测试模式下的检查诊断、检查间隙故障和基本检查几个环节。

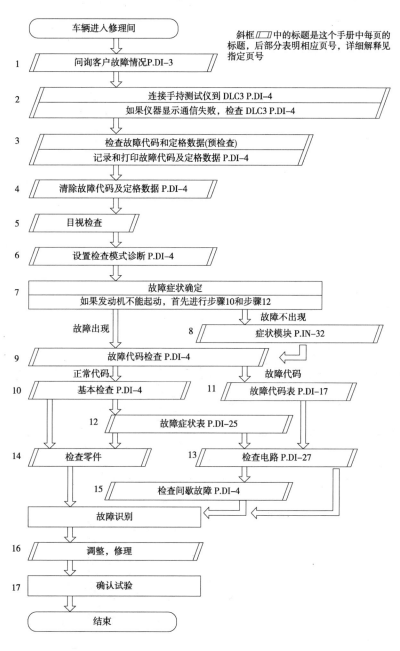

图1-18 发动机的诊断步骤

（4）故障代码的查找。利用故障代码表可以使用故障代码检查方法,对所显示的故障代码进行准确有效地故障诊断。按照所显示的故障代码,故障代码表给出检查过程并依次进行故障诊断。发动机故障代码表示例,如图1-20所示。

客户故障分析中的要点：
- 什么——车型，系统名称
- 何时——日期，时间，发生频率
- 何地——道路状况
- 在什么条件下？——运转情况，驾驶情况，天气情况
- 怎样发生的？——故障症状

(例)发动机控制系统检查表。

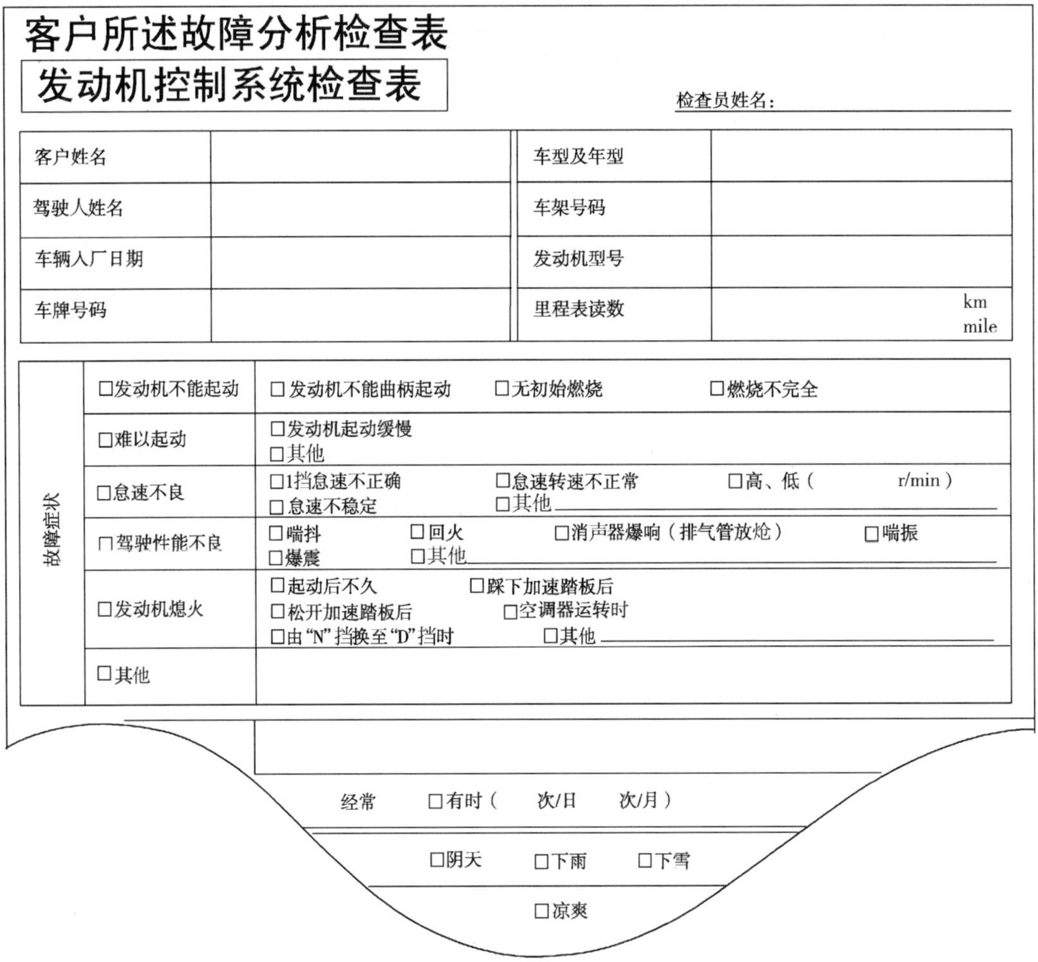
客户所述故障分析检查表

发动机控制系统检查表

检查员姓名：

客户姓名		车型及年型	
驾驶人姓名		车架号码	
车辆入厂日期		发动机型号	
车牌号码		里程表读数	km mile

故障症状	□发动机不能起动	□发动机不能曲柄起动 □无初始燃烧 □燃烧不完全
	□难以起动	□发动机起动缓慢 □其他
	□怠速不良	□1挡怠速不正确 □怠速转速不正常 □高、低（ r/min） □怠速不稳定 □其他
	□驾驶性能不良	□喘抖 □回火 □消声器爆响（排气管放炝） □喘振 □爆震 □其他
	□发动机熄火	□起动后不久 □踩下加速踏板后 □松开加速踏板后 □空调器运转时 □由“N”挡换至“D”挡时 □其他
	□其他	

经常 □有时（ 次/日 次/月）

□阴天 □下雨 □下雪

□凉爽

图 1-19 客户所述故障分析检查表示例

(5)零件位置的查找。在诊断的第5部分，给出了相应系统的零件位置图，图1-21为发动机电控系统的零件位置图。

(6)ECU端子的查找。在诊断的第6部分，给出了ECU端子的形状、名称、端子号、线束颜色、标准数据及条件，图1-22为发动机停机系统ECU端子图。

项目一　图书馆的科学利用

- DTC No.
  故障代码
- 页号或说明
  指出每个电路检查过程所在的页号，或给出检查和修理的说明

- 故障区
  给出故障的可疑区域

- 检查项目
  给出故障所在系统或故障的内容

故障代码表

提示：

由于仪器型号的不同或其他因素，你所读到的数据和这个表所列出的可能有很大的不同。
如果在检查模式下，检查DTC时显示故障代码，检查下表所列出故障代码的电路。
对于每个故障代码的细节，查DTC表中"DTC No."项给出的页号

DTC No. （页码）	检 测 项 目	故 障 区 域	MIL	存储
P0100 (D1-24)	质量空气流量 电路故障	・质量空气流量计电路开路或短路 ・质量空气流量计 ・ECM	○	○
P0101 (D1-28)	质量空气流量电路 范围/性能故障	・质量空气流量计	○	○
P0110 (D1-29)	进气温度电路故障	・进气温度传感器电路开路或短路 ・进气温度传感器 ・ECM	○	○
P0115 (D1-33)	冷却液温度传感器 电路故障	・冷却液温度传感器电路开路或短路 ・冷却液温度传感器 ・ECM	○	○
P0116 (D1-37)	发动机冷却液温度 电路范围/性能故障	・发动机冷却液温度传感器 ・冷却系统	○	○
	踏板位置传感器/ 开关	・节气门位置传感器开路或短路 ・节气门位置传感器 ・ECM		
		・节气门位置传感器		

图1-20　发动机故障代码表示例

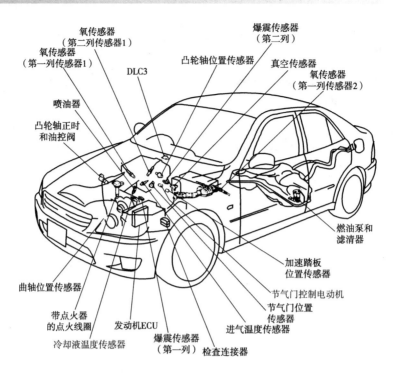

图 1-21 发动机电控系统的零件位置图

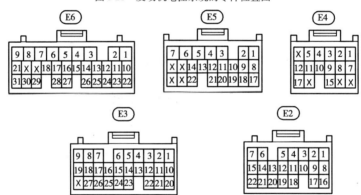

符号(端子号)	线束颜色	条件	标准电压(V)
TXCT – E1 (E3 – 19↔E5 – 17)	P↔BR	点火开关接通	10～14
CODE – E1 (E3 – 14↔E5 – 17)	G↔BR	点火开关接通	10～14
RXCK – E1 (E3 – 18↔E5 – 17)	V↔BR	点火开关接通	10～14

图 1-22 发动机停机系统 ECU 端子图

(7)故障症状表。故障症状表给出每个故障症状的可疑电路或零件。当故障代码检查时显示"正常码",但故障仍然出现,此时使用这个表检查故障。表中的数字表示应该检查电路和零件的顺序,如图1-23所示。

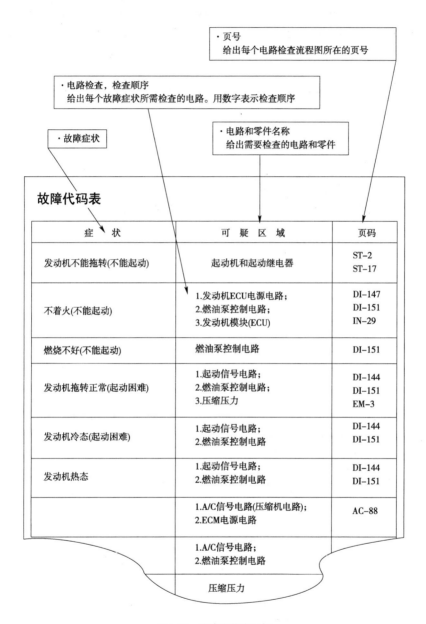

图1-23 故障症状表示例

(8)检查电路。电路说明包括电路和其元件的主要作用和工作原理等。

(9)线路图。表示电路的接线图。

(10)检查过程。描述该故障代码所显示的工作的检查过程,如图1-24至图1-28所示。

DTC	P0120/41	节气门位置传感器电路故障

电路说明：
节气门位置传感器安装在节气门阀体上,它有两个传感器分别用来检测节气门开启角度和节气门传感器自身的故障。
提供给发动机 ECU 端子 VTA 和 VTA2 之间的电压在 0～5V 之间变化,与节气门的开启角度成比例。
发动机 ECU 根据来自端子 VTA 和 VTA2 之间的输入信号判断节气门开启的角度,它控制节气门电动机使节气门开度正确地响应驾驶工况。
如果存储了 DTC,发动机 ECU 切断节气门电动机和电磁离合器的电源,在复位弹簧作用下节气门关闭。然而,加速踏板通过节气门拉索可以控制节气门的开启角度。

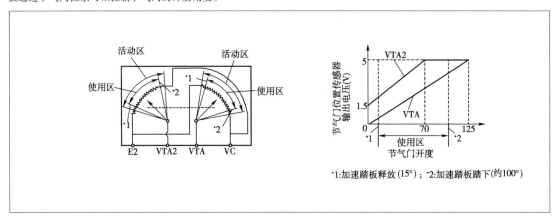

*1:加速踏板释放(15°)；*2:加速踏板踏下(约100°)

DTC No.	DCT 检测工况	故 障 区 域
P0120/41	状态(a)、(b)(c)或(d)持续 2.0s: (a) VTA≤0.2V (b) VTA2≤0.5V (c) VTA≥4.8V (d) VTA≥0.2V 和≤2.0V 和 VTA2≥4.97V (e) VTA－VTA2≤0.02V 状态(a)持续 2.0s: (a) VTA≤0.2V,和 VTA2≤0.5V	·节气门位置传感器电路开路或短路 ·节气门位置传感器 ·发动机 ECU

提示：
确认 DTC P0120/41 后,使用手持测试仪确认节气门开度和关闭节气门位置开关的工况。

加速踏板位置表示为百分比和电压				故 障 区 域
加速踏板释放		加速踏板踏下		
THROTTLEPOS	THROTTLEPOS#2	THROTTLEPOS	THROTTLEPOS#2	
0%	0V	0%	0V	VC 导线开路
0%	2.0～2.9V	0%	4.6～5.1V	VTA 导线开路或搭铁短路
8%～20%	0V	64%～96%	0V	VTA2 导线开路或搭线短路
100%	5V	100%	5V	E2 导线开路

图 1-24 故障代码所显示的工作的检查过程示例(一)

线路图

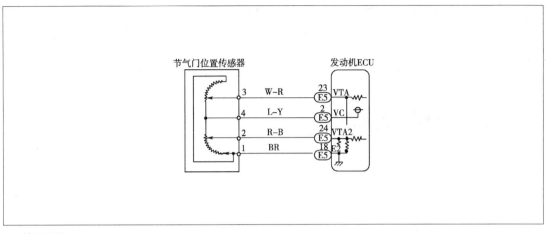

检查过程

提示：
- 如果 DTC P0105/31，P0106/31，P0110/24，P0115/22，P0120/41，P0121/41，P1120/19，P1121/19 是同时发生的，E2（传感器搭铁）可能开路。
- 使用手持测试仪读取定格数据。因为定格数据记录发生故障时的发动机工况，在发生故障时车辆运转或停止、发动机热态或冷态、空燃比稀或浓等各种信息，这些对于诊断故障是非常有用的。

使用手持测试仪：

1	连接手持测试仪，读出节气门开度

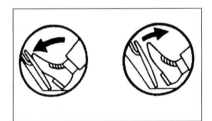

准备：
（a）连续手持测试仪到DLC3。
（b）转动点火开关至ON并按下手持测试仪主开关ON。

检查：
对VTA电路读出节气门开度，对VTA2电路读出电压。

正常：

加速踏板	节气门开启位置表示为百分比（VTA）	电压（VTA2）
敞开	8%~20%	2.0~2.9V
踏下	64%~96%	4.6~5.1V

正常 → 检查和更换发动机ECU（见IN-32页）

不正常

图1-25 故障代码所显示的工作的检查过程示例（二）

2	检查发动机 ECU 连接器的端子 VC 和 E2 之间电压

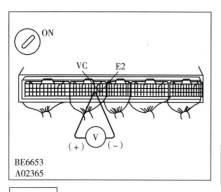

准备:
(a) 拆下发动机ECU罩。
(b) 转动点火开关至ON。

检查:
测量发动机ECU连接器的端子VC和E2之间电压。

正常:
电压为4.5~5.5V。

不正常 ▷ 检查和更换发动机ECU（见IN-32页）

正常 ▽

3	检查发动机ECU连接器的端子VAT与E2和VTA2与E2之间电压

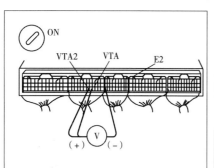

准备:
(a) 拆下发动机ECU罩。
(b) 转动点火开关至ON。

检查:
测量发动机ECU连接器端子VTA与E2和VTA2与E2之间的电压。

正常:

加速踏板	电压	
	VTA—E2	VTA—E2
释放	0.4~1.0V	2.0~2.9V
踏下	3.2~4.8V	4.6~5.1V

正常 ▷ 检查和更换发动机ECU（见IN-32页）

不正常 ▽

4	检查节气门位置传感器（见FI-32页）

不正常 ▷ 更换节气门位置传感器（见FI-37页）

正常 ▽

图1-26 故障代码所显示的工作的检查过程示例(三)

| | 检查发动机 ECU 和节气门位置传感器之间的线束及在 VC、VTA、VTA2、E2 线路中的连接器开路或短路（见 IN-32 页） |

不使用手持测试仪：

| 1 | 检查发动机 ECU 连接器的端子 VC 和 E2 之间电压 |

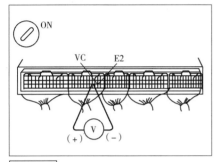

准备：
（a）拆下发动机ECU罩。
（b）转动点火开关至ON。

检查：
测量发动机ECU连接器的端子VC和E2之间电压。

正常：
电压为4.5~5.5V

不正常 ▷ 检查和更换发动机ECU（见IN-32页）

正常

| 2 | 检查发动机ECU连接器的端子VAT，VTA2和E2之间电压 |

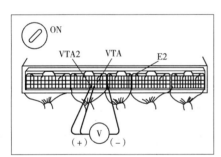

准备：
（a）拆下发动机ECU罩
（b）转动点火开关至ON

检查：
测量发动机ECU连接器端子VTA与E2和VTA2与E2之间的电压

正常：

加速踏板	电压	
	VTA—E2	VTA2—E2
释放	0.4~1.0V	2.0~2.9V
踏下	3.2~4.8V	4.6~5.1V

正常 ▷ 检查和更换发动机ECU（见IN-32页）

不正常

| 3 | 检查节气门位置传感器（见FI-32页） |

图1-27 故障代码所显示的工作的检查过程示例（四）

正常

不正常 ▷ 更换节气门位置传感器（见FI-37页）

| | 检查发动机ECU和节气门位置传感器之间的线束和在VC、VTA、VTA2和E2中的连接器开路和短路（见IN-32页） |

图1-28 故障代码所显示的工作的检查过程示例（五）

(11)根据系统的维修拆装顺序和技术要求完成故障的排除。

现在,各汽车制造商的维修手册都以PDF格式的电子光盘出现,上海通用景程汽车的电子版维修手册如图1-29所示。

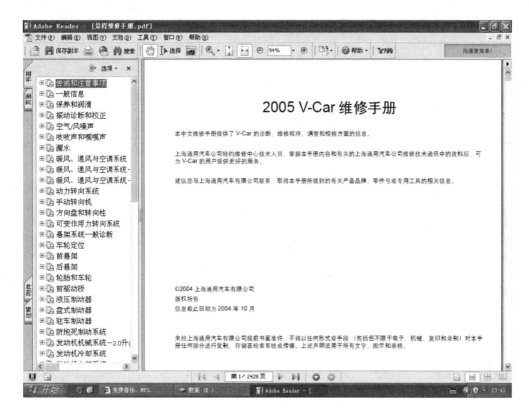

图1-29　景程汽车维修手册

可以点击左边书签中的相应菜单,在右边显示出详细内容。例如点击发动机控制系统,其下又有八部分,包括规格、示意图和布线图、部件定位图、外观识别(插接件)、部件定位图、诊断信息和程序、维修指南、说明与操作组成,如图1-30至图1-37所示。

2. 正规出版书籍

在国内,以书籍形式出现的维修资料占有最大的市场份额。维修资料的最原始载体就是书。这些书籍几乎涵盖了国内市场保有的所有车型,覆盖面较广。一般的书籍往往命名为《×××车型维修手册》,由正规出版社出版。根据分析,这类书籍的内容主要来自于以下几种渠道:对原厂维修手册进行改编、英文原版书籍翻译、市场上各种车型的书籍再编辑等。

从目前国内汽车维修书籍的内容看,主要以热点车型(车系)的技术资料为主,大部分书籍有一定的系统性。为了增加销售量,此类资料普遍没有对车型进行详细的描述(例如:没有区分年代、款式,只是标明《Audi A6维修手册》),现场维修时,技术人员不知道这本书是否能够修理遇到的故障车。

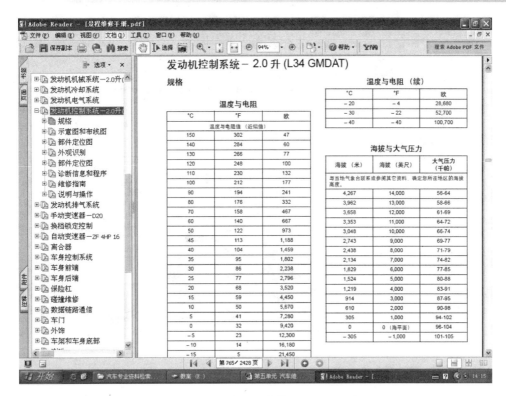

图 1-30　规格

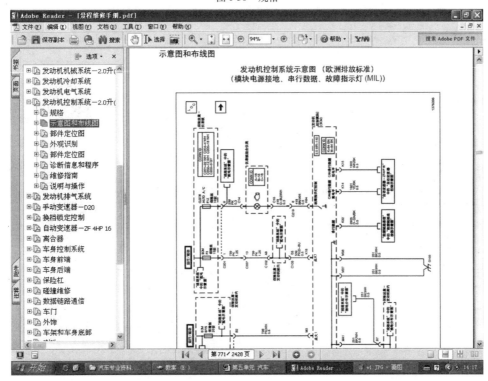

图 1-31　示意图和布线图

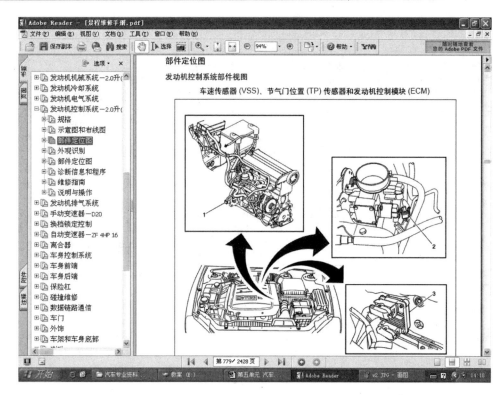

图 1-32　部件定位图

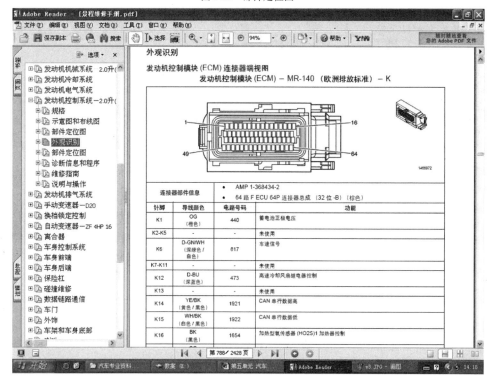

图 1-33　外观识别(插接件)

项目一　图书馆的科学利用

图1-34　部件定位图(插接件)

图1-35　诊断信息和程序

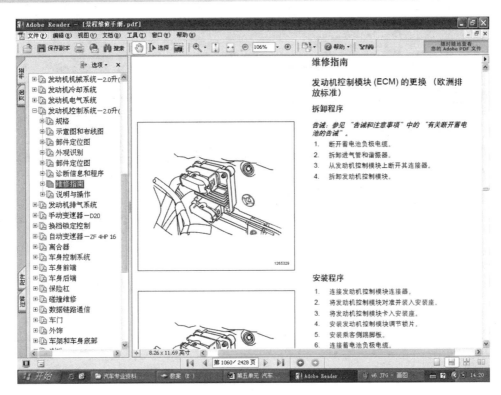

图 1-36 维修指南

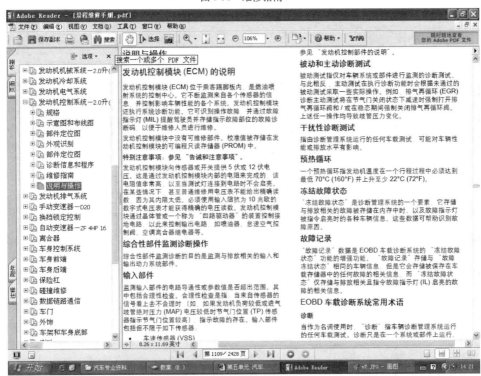

图 1-37 说明与操作

因此，维修书籍比较适合车辆维护和简单修理，对于正规的维修厂，经常处理复杂故障和大修工作的企业，书籍只能作为参考。当然，简单的维修书籍也是技术人员自学的良好材料。

3. 非正规维修资料

在非正规发行渠道上，经常可以看到某些车型的复印维修资料。这类资料的来源很复杂，有的是直接翻印原厂手册，有的是对原厂手册进行了剪裁、编辑或改版，更有不法书商对其他维修资料进行复印(如复印米切尔 Mitchell 书籍)。形形色色的复印资料基本有如下特点：

(1)非法出版。没有标明编写者和其他版权信息，没有真实的联系方式。

(2)粗制滥造。由于对其他资料进行改编和盗印，书籍中的排版方式和内容都进行了调整，导致出现大量错误，印刷质量也非常差，图形模糊不清，文字段落残缺不全。

(3)没有准确的车型和系统描述。这类手册在复印过程中忽视了原版技术数据的维修内容描述，用户不知道用这本书能修哪些车或什么系统。

由于复印资料没有编辑创作费用，成本极低，售价也比正版产品低很多，这种资料的销售对象往往是经济实力较弱的小型修理厂。

使用复印技术资料的后果是十分可怕的。由于在制作过程中有意无意地产生了大量的错误，可能直接对汽车的诊断维修产生错误导向，甚至可能会造成严重的生产事故，给企业和车主造成巨大的损失。近年来，这样的案例频频发生，屡见不鲜。

4. 专业报纸杂志类

据统计，大部分维修厂都订阅一种以上的汽车专业报纸或杂志，技术人员从中收集有关的技术文章和相关专题讲座作为技术资料。

报纸和杂志是很好的技术交流媒体，具有更新快、发行渠道广泛、价格低廉等优势，深受技术人员推崇。在这类媒体上，主要刊载的内容是技术动态、维修技巧和技术专题(通用性知识，不针对车型)，由于篇幅限制，版面一般都很小，图形也较少。

严格意义上讲，报纸和杂志不应该是维修资料的载体。所谓维修资料，应该是有针对性的(车型和系统)、全面、准确、系统的技术信息，是从系统结构到诊断维修的综合说明。所以，报纸和杂志所刊载的文章得不到维修所需的各种车型、各个系统的完整资料，这些文章只是技术案例和常规技术普及的参考文献。

任务实施

一、制订检索策略

分析任务，明确检索需求。查找一本图书，已知书名为《汽车发动机检修实训指导》。在进入图书馆查找之前，需要首先进入图书馆网上查询系统，检索图书馆中是否收藏该书，如果有，那么还需要获得该书的索书号，然后根据索书号再进入图书馆搜索该书就是轻而易举的事情了。

二、操作演练

(1)以浙江交通职业技术学院图书馆为例，进入图书馆主页(http://lib.zjvtit.edu.cn/)，如图1-38所示，单击"读者检索"，打开一个新的界面，在该界面中单击"书目检索"，如图1-39所示。

图1-38 图书馆主页

图1-39 馆藏图书检索

（2）馆藏图书检索提供了题名检索、作者检索、出版社检索、分类检索、分类引导检索、主题词检索、组合检索等方式，默认题名检索。读者可以根据不同字段信息检索想要的图书资料。完成本任务选择题名检索即可。在检索词一栏中输入"汽车发动机检修实训指导"，单击"检索"，得到如图1-40所示的检索结果。

图1-40　检索结果

（3）单击题名"汽车发动机检修实训指导"，得到图1-41的界面，可以看到更多该书的相关信息，如作者（谭克诚，杨玲玲主编），出版社（北京—机械工业出版社），索书号（即中图分类号：U472.43，U472.4）。另外还可以看到书刊当前的借阅状态，以及馆藏地址信息。

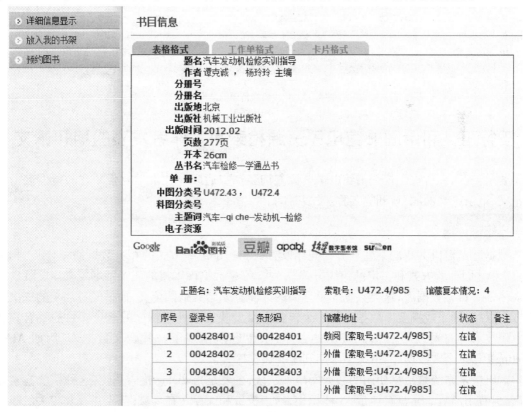

图1-41　图书信息

(4)若想获得更多"汽车发动机"相关的图书信息,可以在书目检索时减少检索词,扩大检索范围,如输入"汽车发动机",进行检索,得到图1-42的界面,该界面中显示的图书都是汽车发动机相关的图书,可以作为学习的参考资料。

图1-42　扩大检索范围的结果

任务二　利用图书馆电子资源检索特定作者发表的期刊论文

要求:利用你所在学校图书馆电子资源查询浙江交通职业技术学院张琴友教授发表的期刊论文,记录论文的题目、刊物名称、发表时间。

相关知识

数据库是可以共享的某些具有共同存取方式和一定组织方式的相关数据的集合。"相关数据"、"共同存取方式和一定的组织方式"、"共享"是数据库本质的三个基本要素。文献数据库大多是书目型数据库,这类数据库里存储的并非是原始文献的全文,而是经过加工的二次文献,即文献的题录或摘要。数据库是一个包含大量反映文献外表特征的著录项目的集合。随着电子技术的日益发展和信息资源的数字化,也逐渐出现了一些全文数据库,例如AIAA Meeting Paper全文数据库、中国学术期刊全文数据库等。

联机检索系统是最早使用的数据库检索系统,主要是指dialog检索系统,这种系统检索效率高,但费用昂贵。光盘存储量大,体积小,易于携带和保存。在局域网、光盘以及相关的服务器技术普及后,多个用户可同时使用,因而光盘数据库在20世纪90年代获得大发展。光盘检索比联机检索方便,但效率并不理想。检索时反复插盘,操作过程依然烦琐;光盘数据库通常是按月份或季度更新,数据更新慢。而网络数据库数据更新快,可以每周、甚至逐日更新。无论是检索的便捷还是数据的更新速度,网络数据库检索都比光盘数据库检索优越,因而更受用户欢迎。

图书馆中的数据库有很多种,有中文数据库,如中国知网(CNKI)、维普资讯、万方数据库、超星数字图书馆、读秀学术搜索、中国年鉴全文库等;外文数据库,如 CA(网络版)SciFinder-Scholar、SCI(科学引文索引数据库)等。涉及各种文献类型,如期刊论文、专利、标准、学位论文、图书等。下面简单介绍几个常用的数据库。

一、中国知网

1. 中国知网(CNKI)(http：//www.cnki.net)简介

《中国期刊网》是中国学术期刊电子杂志社编辑出版的。它以《中国学术期刊(光盘版)》全文数据库为核心,收录了我国 1994 年以来公开发行的核心期刊和专业特色中英文期刊 6100 多种,其中 98% 的期刊收录全文,内容包括自然科学、工程技术、人文社科等各个学科领域。2004 年 10 月 1 日起,中国期刊网正式改名为中国知识资源总库,简称"中国知网",中国知网共收录了 CNKI 系列和各加盟数据库 152 个,可以单库检索,也可以选择多库同时检索。

2. 中国知网服务内容

1)中国知识资源总库

提供 CNKI 源数据库、外文类、工业类、农业类、医药卫生、经济类和教育类多种数据库。其中综合性数据库为中国期刊全文数据库、中国博士学位论文数据库、中国优秀硕士学位论文全文数据库、中国重要报纸全文数据库和中国重要会议文论全文数据库。每个数据库都提供初级检索、高级检索和专业检索三种检索功能。高级检索功能最常用。

2)数字出版平台

数字出版平台是国家"十一五"重点出版工程。数字出版平台提供学科专业数字图书馆和行业图书馆。个性化服务平台由个人数字图书馆、机构数字图书馆、数字化学习平台等组成。

3)文献数据评价

2010 年推出的《中国学术期刊影响因子年报》在全面研究学术期刊、博硕士学位论文、会议论文等各类文献对学术期刊文献的引证规律基础上,研制者首次出版了一套全新的期刊影响因子指标体系,并制定了我国第一个公开的期刊评价指标统计标准——《〈中国学术期刊影响因子年报〉数据统计规范》。一系列全新的影响因子指标体系,全方位提升了各类计量指标的客观性和准确性。研制单位还出版了"学术期刊各刊影响力统计分析数据库"和"期刊管理部门学术期刊影响力统计分析数据库",统称为《中国学术期刊影响因子年报》系列数据库。该系列数据库的研制出版旨在客观、规范地评估学术期刊对科研创新的作用,为学术期刊提高办刊质量和水平提供决策参考。"学术期刊各刊影响力评价分析数据库"为各刊提供所发论文的学科分布、出版时滞分布与内容质量分析,并支持论文作者分析、审稿人工作绩效分析等功能,有助于编辑部科学地调整办刊方向与出版策略。"学术期刊评价指标分析数据库"为期刊出版管理部门和主办单位等分析评价学术期刊学科研究层次类型布局、期刊内容特点与质量、各类期刊发展走势等管理工作提供决策参考。

4）知识检索

主要提供文献搜索、数字搜索、翻译助手、专业主题、学术资源、学术统计分析等检索服务。

3. 中国知网检索方法

中国知网的主页如图1-43所示。

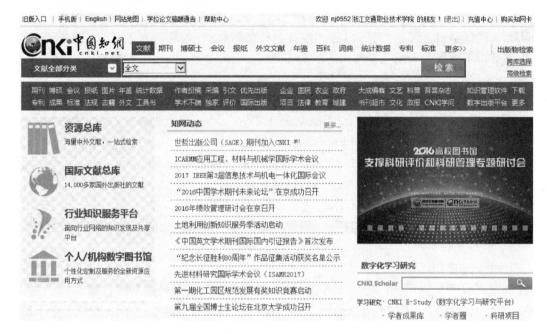

图1-43　中国知网主页

主页默认提供一框式检索功能,在文献总库中进行搜索工作。用户只需在检索关键词输入框键入所需文献有关的任何信息,然后单击"检索"按键,就能搜索到相关的文献。这种检索类似于模糊检索,其功能特点是方便、简洁,不需要对文献的具体信息有较多的了解,可以只知道一个或多个关键词即可检索,但是检索的结果通常较广,需要用户再自行根据结果去寻找自己所需的文献。

对于知道文献确切信息的用户,可以选择高级检索的功能。在主页上,选择"高级检索"单击进入,得到如图1-44所示界面。高级检索的功能是在指定的范围内,按一个以上(含一个)检索项表达式检索,这一功能可以实现多表达式的逻辑组配检索。具体步骤如下:

第一步:输入目标文献内容特征。

文献内容特征项包括:全文、题名、主题、关键词、中图分类号。选择已知的文献内容特征项,在输入框中手动输入,若有两个检索词,可以在后面的输入框中接着输入,并且可以选择这两个检索词之间的逻辑关系:并含、或含、不含。若想在一个检索项中同时输入两个或两个以上的检索词时,那么在检索词之间可以用"+"、"*"进行连接,分别说明如下。

"+":相当于逻辑"或"的关系。指检索出的结果只要满足其中任何一个条件即可。

"*":相当于逻辑"与"的关系。指要求检索出的结果必须同时满足两个条件。

例如:欲检索"篇名"中同时包含"新能源"和"动力系统"的所有作品,只要先在检索项中选择"篇名",然后在检索词输入框中写上"新能源＊动力系统"即可。值得注意的是当"＋"与"＊"混合使用时,"＊"会优先于"＋"。

图1-44　高级检索操作界面

第二步:输入检索范围控制条件。

这样可以便于准确控制检索目标的范围和结果。范围控制条件包括发表时间、文献出版来源、国家及各级科研项目、作者及作者单位。发表时间范围可以根据自己的需要设定所要检索刊物的时间范围,目前能够选择的范围为1979～2017(或当年)之间。文献出版来源可以从文献来源列表中进行选择,文献来源包括学术期刊、博士授予点、硕士授予点、会议论文集、报纸等。国家及各项科研项目可以从基金列表中选择,这些项目包括支持发表"基础科学"类文献的基金、支持发表"工程科技Ⅰ辑"类文献的基金、支持发表"工程科技Ⅱ辑"类文献的基金、支持发表"农业科技"类文献的基金等。

模式选项分为两种:模糊匹配和精确匹配。当想检索出"作者"是"李明"的所有刊物时,可能更加希望精确匹配出"李明"的全部作品,而不是将"李小明""李明×"等这样字符的作者的作品也包括其中。这就是二者的区别所在。

值得注意的是系统并非对所有检索项都提供模式选择。"模糊匹配"的结果范围通常情况下会比"精确匹配"的结果范围大些。如果检索的是一个生僻词,建议使用"模糊匹配"检索。

第三步:检索。

图1-45是通过中国知网高级检索浙江大学朱绍鹏老师从2012年12月3日至2016年12月31日之间发表的关于电动汽车稳定性方面的文章的检索操作。分别确定检索项为作者:朱绍鹏;作者单位:浙江大学;关键词:电动汽车;摘要:稳定性;发表时间:从2012年12月3日至2016年12月31日。

单击按钮"检索",检索结果的界面即可显示,如图1-46所示,默认每页显示20条记录,超过20条可以翻页查看。

此外,中国知网还提供了APP服务,供移动网络群体使用,如图1-47所示为该APP主页。

图 1-45　检索操作

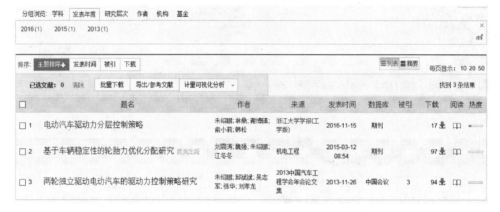

图 1-46　高级检索结果

图 1-47　中国知网手机 APP 主页

APP 版本提供简单检索和高级检索两种检索功能,如图 1-48 和图 1-49 所示。默认简单检索方式,APP 自动保留先前检索的痕迹,可以通过"清空检索记录"将历史信息去除。在简单检索方式下,用户可以根据不同的文献内容特征项,如主题、篇名、全文、作者、单位、关键词、摘要、来源等,进行相应的检索。高级检索方式下,用户可以输入一个或多个条件进行检索。图 1-50、图 1-51 是通过中国知网高级检索浙江大学朱绍鹏老师从 2012 年 12 月 3 日至 2016 年 12 月 31 日之间发表的关于电动汽车稳定性方面的文章的检索操作。分别确定检索项为作者:朱绍鹏;作者单位:浙江大学;关键词:电动汽车;摘要:稳定性。因高级检索界面上未有时间筛选,故需要在结果中进一步依据时间进行检索,如图 1-52 和图 1-53 所示。

图 1-48　简单检索界面　　　　　图 1-49　高级检索界面

二、维普资讯

维普资讯(http://lib.cqvip.com/)是科学技术部西南信息中心下属的一家大型的专业化数据公司,是中文期刊数据库建设事业的奠基人,全称重庆维普资讯有限公司。自 1989 年以来,一直致力于期刊等信息资源的深层次开发和推广应用,集数据采集、数据加工、光盘制作发行和网上信息服务于一体,收录有中文期刊 8000 种,中文报纸 1000 种,外文期刊 4000 种,拥有固定客户 2000 余家。目前已成为推动我国数字图书馆建设的坚强支柱之一。

公司系列产品丰富多彩,从中文期刊、外文期刊到中文报纸,共分为经济管理、教育科学、图书情报、自然科学、农业科学、医药卫生、工程技术 7 个专辑,再细分为 27 个专题。建立到目前的应用过程中,维普数据库已成为我国科技查新、高等教育、科学研究等必不可少的基本工具和资料来源。维普资讯期刊资源整合服务平台界面如图 1-54 所示。

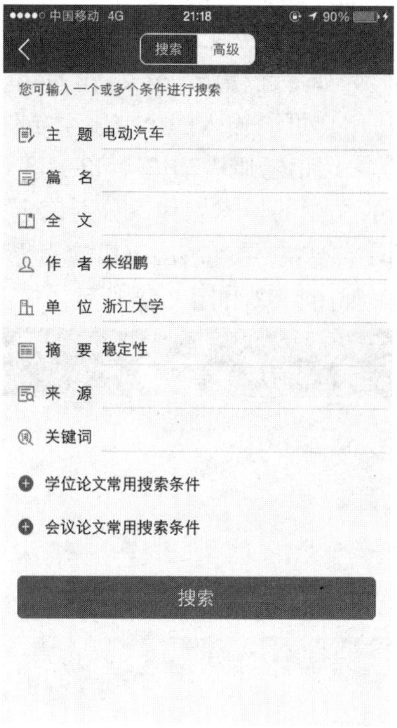

图 1-50 检索操作

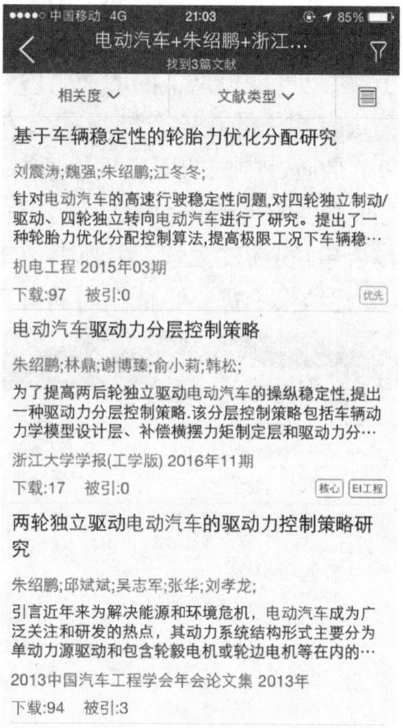

图 1-51 检索结果

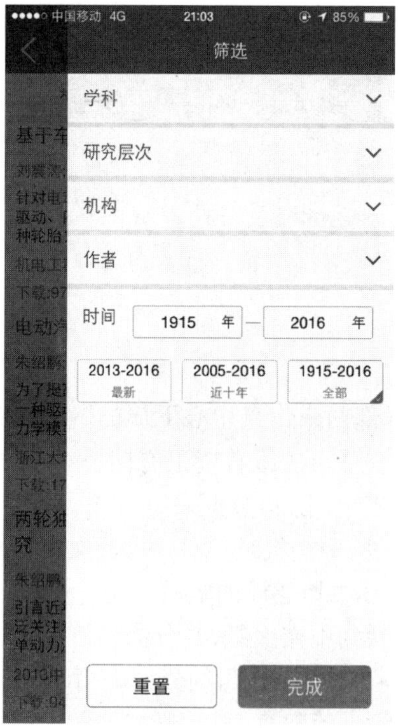

图 1-52 进一步筛选界面

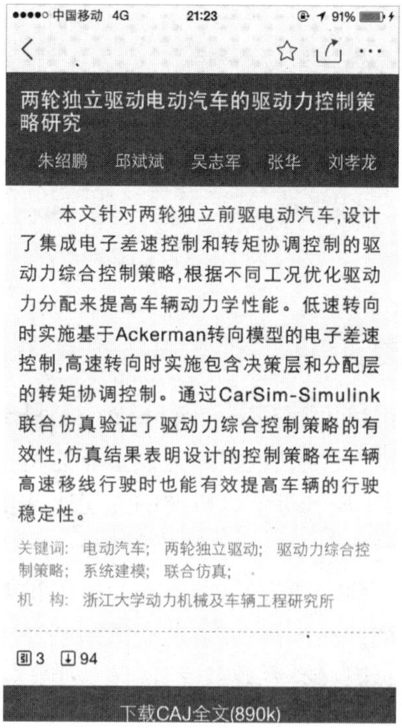

图 1-53 文献具体信息

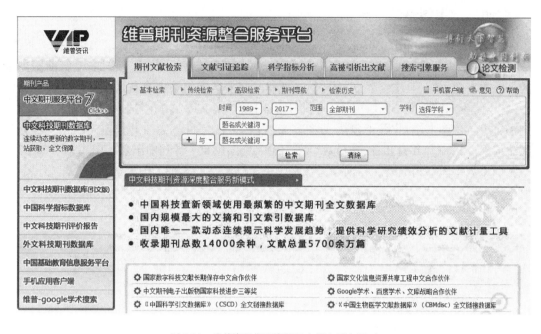

图 1-54 维普资讯期刊资源整合服务平台界面

三、万方数据库

万方数据库(http://www.wanfangdata.com.cn/)是由万方数据公司开发的,涵盖期刊、会议纪要、论文、学术成果、学术会议论文的大型网络数据库,也是和中国知网齐名的中国专业的学术数据库。开发公司——万方数据股份有限公司是国内第一家以信息服务为核心的股份制高新技术企业,是在互联网领域,集信息资源产品、信息增值服务和信息处理方案为一体的综合信息服务商。主页面如图 1-55 所示。主要内容有学位论文数据库、会议论文数据库、科技成果数据库、专利技术数据库、中外标准数据库、政策法规数据库、科技文献数据库、论文统计数据库、机构与名人数据库、数字化期刊全文数据库和工具数据库等。

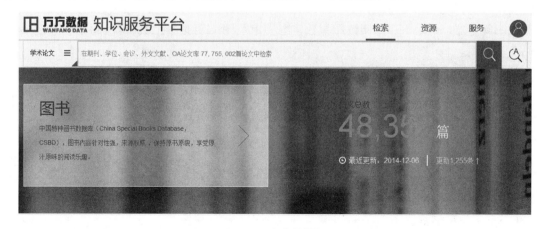

图 1-55 万方数据库主页

四、超星数字图书馆

超星数字图书馆(http://book.chaoxing.com/)由北京超星公司建设,以"珍藏科学著作,传承科学精神"为理念,已拥有数字图书30万种,并以每天数百种的速度增加,是目前国内最大的公益数字图书馆,其主要界面如图1-56所示。超星数字图书拥有普通图书馆的大部分馆藏,并建设了资深院士图书馆、两院院士图书馆、国家档案文图书馆、文史资料图书馆、红色经典图书馆等特色图书馆,收藏了包括钱学森、贾兰坡、宋健等科学泰斗著作在内的众多优秀科学文化成果。2000年6月8日,超星数字图书馆入选国家863计划中国数字图书馆示范工程,参与了国家数字图书馆战略。目前超星数字图书馆已经基本实现了国内数字图书馆第一品牌的概念,这包括加工能力最快,使用用户最多,技术最为成熟,专业资源最为权威,市场占有率最大的含义。

图1-56 超星数字图书馆主页

每一位读者下载了超星阅览器(SSReader)后,即可通过互联网阅读超星数字图书馆的图书资料。凭超星读书卡可将馆内图书下载到用户本地计算机上进行离线阅读。专用阅读软件超星图书阅览器(SSReader)是阅读超星数字图书馆藏图书的必备工具,可从超星数字图书馆网站免费下载。

超星数字图书馆涉及的学科类型有哲学、宗教、政治、法律、社会科学、军事、经济、管理、数理化、生物、化工、机械、材料科学、冶金、计算机、电子、医药、卫生、文化、体育、教育、心理学、语言、文学、历史、地理、艺术、自然科学、天文学、地球科学、环境科学、能源、航天航空、交通运输、工业技术、农业科学等。

超星数字图书馆图书分类:期刊、连续性出版物;图书书目、文摘、索引;百科全书、类书;辞典;论文集、全集、选集、杂著;年鉴、年刊;总论;丛书。

超星数字图书馆的检索步骤如下。

(1)下载超星浏览器。

(2)新用户注册成为成员并购买超星读书卡(并适时充值)。

(3)图书馆分类:可按照分类一层层选择下去,会显示该图书的出版信息并浏览全文。
(4)可在检索框内输入检索内容,浏览全文。
检索规则:
　　*空格表示和(包含第一个和第二个关键字)。
　　%表示通配符,通配一个或多个字。
　　+表示或(包含第一个或第二个关键字)。

五、读秀学术搜索

　　读秀学术搜索(http://www.duxiu.com/)是全球最大的中文文献资源服务台,集文献搜索、试读、文献传递、参考咨询等多种功能为一体。它的后台是一个海量的超大型数据库,能够为读者提供260万种中文图书书目信息、180万种中文图书原文、6亿全文资料的信息。同时,通过读秀学术搜索,还能一站式检索馆藏纸质图书、电子图书、期刊等各种学术资源,几乎涵盖了图书馆内的所有信息源,从而为读者提供最全面、准确的学术资料。其主要界面如图1-57所示。

图1-57　读秀学术搜索主要界面

　　读秀学术搜索具有以下特点。

　　(1)海量学术资源库。读秀学术搜索提供全文检索、图书、期刊、报纸、学位论文、会议论文、标准、专利、视频9个主要搜索频道,读者通过读秀学术搜索,能够获得关于检索点的最全面的学术资料,避免了反复收集和检索的困扰。

　　(2)整合馆藏学术资源。读秀知识搜索将检索结果与馆藏各种资源库对接,读者检索任何知识点,都可以直接获取图书馆内与其相关的纸质图书、电子图书全文、期刊论文等,不需要再对各种资源逐一登录检索查找。

　　(3)参考咨询服务。读秀提供的参考咨询服务,通过文献传递,直接将相关学术资料送到读者邮箱,使读者零距离获取珍稀学术资源。

六、汽车维修数据库

随着车型的增多,维修厂已经不可能收集所需的所有车型的维修资料。一方面,车辆技术含量越来越高,维修资料的内容也越来越多,例如仅雷克萨斯 LS430 单个车型的维修手册就多达 5 册共 2 万多页;另一方面,随着经济的发展,车型也越来越多,最新数据显示全世界保有的车型共计 5000 多种,而美国米切尔(Mitchell)公司全部书籍的单册(与其数据库等量)就需占用 400 多平方米的图书馆,这种条件是任何一个维修企业都不可能达到的。因此,电子化的维修资料将成为汽车维修行业技术发展的必然结果。

维修数据库具有资料容量大、数据齐全准确等优点,是专业的印刷形式维修资料的电子产品。数据库内容包括:车辆每个系统全部的结构、诊断检测和维修数据,而且精确地将资料定位到车辆的年款,基本达到了"原厂手册"的详细程度。由于资料用计算机存储,数据更新十分容易。目前,越来越多的"原厂手册"已经开始向电子化方向发展。

计算机技术的应用彻底改变了维修资料收集、存储和查询的方式。专业的汽车信息提供商将所有车型的整套维修资料以数据库形式存储,用户只要通过计算机的简单操作就可以查询到各种车型的资料,并能够实现打印、搜索等功能。近年来,在国际范围内,基于计算机的维修信息(Computer Based Repair Information)逐渐占据了主导地位。从 2000 年开始,维修资料的查询已经从光盘(CD、DVD)转移到互联网(Internet)资料库的形式。在美国,米切尔(Mitchell)公司和 All data 公司先后推出网络化的维修信息系统,而米切尔公司更以 On-Demand 5 完全取代了光盘版本的旧产品。与光盘存储形式相比,网络化的资料具有更新快、成本低、使用方便、服务质量高的特点。

在我国,将复印汽车维修资料(主要是米切尔资料)放到互联网(Internet)上查询在三四年前就出现了,但由于复印者技术水平低(资料杂乱,图形模糊,无法打印)、服务差等原因,始终没有得到大面积的推广。2001 年,中国车检中心下属公司中车行高新技术有限公司(简称中车行)突破技术难关,建成了真正基于互联网(Internet)的维修资料查询系统——中车在线(www.713.com.cn),同时推出一整套技术服务体系,使全国汽车技术人员能够与美国同步使用世界上最权威、最全面的技术资料。由于采用网络服务,中车在线的技术资料不仅包括米切尔所有英文维修资料(包括车辆维修和自动变速器大修),还提供了主要国产和进口车型的全中文维修资料。同时米切尔(Mitchell)的配件数据库也实现了网上查询。随着移动网络的发展和壮大,汽车维修数据库"移动化"成为了可能,如 golo 技师盒子、汽车技师帮等 APP 不断出现,进一步为汽车维修从业者提供了查询便利。

(一)Mitchell 介绍

美国 Mitchell 公司是全球最大的汽车信息服务商,主要向北美、欧洲及亚洲地区提供汽车维修、配件数据(光盘和书籍),在北美地区占有 80% 以上的市场份额。其数据库内容包括整车维修(On-Demand)、变速器维修(TRN)、技术服务公报(TSB)、汽车技术参数及车型配置数据库。

1997 年,中国车检中心与 Mitchell 公司签订了数据库许可协议,获得了 Mitchell 数据库在华语区的独家代理权和开发权。自此,中国车检中心开始在国内销售 Mitchell 产品并对数据库进行汉化和开发。经过多年努力,客户已经遍布全国,越来越多的维修厂和技术人员借助

Mitchell 数据库获得了巨大的效益。为更好地服务于广大客户,中国车检中心于 2001 年 5 月成立了北京中车行高新技术有限公司,专门从事维修和配件数据库的网络服务。英文汽车维修数据每年与美国市场同步更新 4 次,变速器维修数据库同步更新 2 次,技术参数及配置数据实时更新。更令人兴奋的是,中文维修资料正以每天 10 万字的速度更新。中国汽车服务业全面依靠数据进行诊断、维修的时代从此开始了!

1. Mitchell 内容简介

1)车辆维修数据库

Mitchell 汽车维修数据库的详尽准确程度与原厂维修手册一致,资料编排、查询和操作具有特有的风格和统一性。由于中车行高新技术有限公司的核心数据与美国同步更新,上述数据库是国内乃至全球最新、最权威的汽车维修技术资料。总的来讲,Mitchell 数据库有如下特点:

(1)内容丰富、准确。

包含了从 1983 年至今,美、欧、亚世界各国 51 个汽车制造厂商的近 5000 余种车型的维修资料。只要选定了年代、厂家、车型即可进入相应的维修目录,在不同的维修目录下根据发动机型号、变速器型号等的不同有更为详细的分类,使查找资料更快捷、更准确。

如果不能确定汽车的年代、型号,数据库提供了十七位编码的解码信息。只要查到汽车的十七位编码,就可以用它准确地了解该汽车的详细参数。

Mitchell 数据库将车型精确定位在"年"款,极大地保证了资料的准确性,是市场上常见的书籍资料无法比拟的,这也是美国电子化维修资料彻底垄断市场的最重要原因之一。

(2)完整统一的电路图。

数据库中的每一款车型都有 40~80 张系统电路图,图中电脑的每一个管脚、每一条线的定义和颜色都有说明。因为各个汽车制造商提供的资料格式不同,考虑到客户的使用方便,Mitchell 公司没有像其他公司那样简单地将图形扫描下来,而是用 CAD 进行重新绘制,使所有电路图清晰准确,风格统一,便于查阅。Mitchell 电路图将原厂多达 10 几张的系统电路图分析后,重画成 2~3 张电路图,阅读更加方便。也就是说,只要能够读懂一个车型的电路图,就能看懂所有车型的电路图。

(3)详细准确的电器元件位置图。

今天的汽车越来越复杂,电子元件越来越多,而且不同汽车的结构差别较大。维修人员往往因为不能确定某一电子元件的位置而束手无策。数据库中提供了所有车型的电器元件位置,除了文字说明外,还附有图解,一目了然,方便易用。

(4)零件分解图和参数。

针对每一款汽车,Mitchell 数据库不但有各种总成详细的拆卸安装步骤,更有清晰的零件分解图和准确的参数进行参考,使修车更快捷,更方便。

(5)技术服务公报是 Mitchell 数据库的精华。

汽车制造商针对已经生产的车型,每年都要发布大量的技术服务公报,内容包括该车型的各种最新技术信息,如维修技巧、安全召回信息等内容,对维修厂帮助很大。在 Mitchell 数据库中既可以在各个总成中分别查找与该总成相关的技术服务公报,也可以同时查找所有的技术服务公报,条理清楚,简单易用。

(6) 东方快车突破语言障碍。

东方快车车检中心专用版中不仅包含十几万条通用词汇,还收录了7万多条针对Mitchell优化的汽车专业词汇,使阅读英文资料时再无障碍,成倍提高工作效率。

(7) 每年4次英文和每天10万中文数据升级。

所有CVIC用户都可以得到由中车在线提供的最完善的售后服务,保证在第一时间解决使用中遇到的问题。Mitchell建立了完善的售后服务体系,还有技术专家提供强大、长期的技术支持。

2) 变速器维修数据库

变速器维修资料原来是以光盘形式发布的,代号TRN。主要用于专业变速器维修企业或维修厂的变速器修理车间。内容涵盖了1983年至今世界40多个厂家3000多种车型的手动、自动变速器的全套维修资料,所有数据都来自原厂。TRN数据库蝉联美国权威变速器维修杂志——变速器文摘(Transmission Digest)1998年、1999年"最佳产品奖",成为全球汽车维修界关注的热点。TRN数据库是到目前为止市场上最好的变速器维修资料。由于通过网络形式提供服务,变速器维修数据可以做到每年与美国同步更新2次。数据库主要包括如下内容:

(1) 全彩色油路图。Mitchell的彩色油路图是在原厂油路图基础上重新以矢量图格式绘制的,可以随意放大、缩小观看,图形十分清晰。其中包含了多种型号自动变速器的各挡位的彩色油路图,对于分析自动变速器的故障位置、故障原因有很大的参考价值,这是目前维修资料市场上独一无二的内容。

(2) 拆卸安装过程。包括了将变速器从汽车上拆卸下来和安装上去的过程,还包括了变速器以及各种部件的解体和重装过程,步骤非常详细,同时提供了所需要的工具的名称和型号。

(3) 电子诊断过程。包含了对与变速器有关的各种电子元件和电路的诊断与测试过程,同时提供了所需要的仪器的名称和型号。

(4) 故障代码诊断。包含了故障代码的读取和清除方法、故障代码的含义以及如何根据故障代码排除故障。

(5) 机械拆装图。数据库中包含了变速器拆卸和安装时所需要的各种拆装图、分解图,使更容易地理解这些拆卸和安装过程。

(6) 电路图。包含了维修自动变速器时所需要的各种电路图,线路清晰,风格统一,缩短维修时间,提高工作效率。

(7) 力矩参数及零部件参数。数据库中包含的力矩参数,使能够正确的拆卸和安装变速器。它还包含了各种机械、电子部件的参数,从而能够正确判断故障原因。

3) 中文维修数据库

经过6年的Mitchell产品开发,积累了大量的中文维修数据。可以说,中文化的维修资料大大降低了国内中小型维修企业使用Mitchell数据的门槛,有高中以上文化程度的技术人员都能够看懂世界上最新、最好的技术资料。

中文维修数据库涵盖1993年至今中国常见国产、进口车型的发动机电控、自动变速器、附件电气等系统的详细资料。所有资料,包括电路图都是全中文内容,查询、阅读更加快速。

中车行技术人员针对国产车型进行了深入研发,将大量国产车型,如:别克世纪、桑塔纳、时代超人、一汽捷达王、奥迪、富康等车型的维修资料都进行了重新编辑,甚至对电路图进行了重画,以保证和 Mitchell 数据库结构和风格的统一性,数据查询更加简便快捷。应该说,国产车型的资料已经实现了"Mitchell 化",这项技术在国内汽车信息领域是一个革命性的突破。

4)技术服务公报(TSB)

中车行的技术人员将技术服务公报(TSB)单独从数据库中提炼出来,使 TSB 的查询更加简便、快捷,让更多的技术人员能够深入体会 Mitchell 数据库中 TSB 部分的巨大价值。

根据国内情况,突破了 Mitchell 数据库的传统检索模式,把各种内容按照"系统"和"症状"统一划分,查询起来十分快捷。

5)网络查询资料的优点

多年来,中国车检中心一直致力于为全国汽车服务市场提供专业化技术服务,主要方式是光盘和书籍。由于产品研发、生产成本很高,造成产品价格居高不下,全套产品价格始终保持在 5 万~8 万元之间,大部分维修企业无法承受。而优秀的 Mitchell 数据库在国内的巨大市场,导致复制风行,严重影响了车检中心 Mitchell 项目的正常的经营和研发工作。

随着网络技术的飞速发展,车检中心意识到只有利用 Internet 平台才能打破上述局面,加快 Mitchell 数据库在国内的普及,全面促进技术进步,带动整个行业发展。由于 Mitchell 数据格式高度的统一性和高压缩率数据存储技术,使 Mitchell 数据非常适合在互联网进行查询。而车检中心拥有 Mitchell 核心数据库,我们很容易将此内核用于检索引擎。这一点是国内任何一家企业以任何代价都无法做到的。

2.系统运行环境

1)硬件环境

(1)计算机。

CPU:奔腾 166 或更高级的处理器。

内存:32M 或更多(推荐 64M 以上)。

硬盘:至少 200M 可用空间。

光驱:4 倍速或更快(安装、升级操作系统及 IE 时需要)。

(2)显示系统。

14 以上 VGA 或 SVGA(800x600)以上显示器。

显示卡(1M 显示内存以上)。

(3)调制解调器(Modem)或网卡。

33.6K 以上调制解调器。

(4)打印机。

Windows 兼容激光打印机(推荐)。

Windows 兼容喷墨打印机。

2)软件环境

中文 WindowsXP、Windows2000 Professional、WindowsNT4.0(SP4 以上)操作系统。

中文 Internet Explorer(IE)5.0 以上。

3.资料查询方法

中车在线数据查询系统操作十分简便,与平时 Internet 上网一样方便快捷。经过测试,即使用户对系统一无所知,也能够在几分钟内掌握维修数据的查询方法。

基于网络(Internet)的数据库系统使技术人员在查询数据时用鼠标单击几次就能够找到相关技术资料。所有操作都是通过标识明显的链接或菜单实现的。维修数据查询系统的基本操作方法具体如下。

1) Internet Explorer(IE)使用简介

Internet Explorer(IE)是目前通用性最好的互联网浏览器,中车在线维修数据查询系统的软件平台是基于IE。由于涉及到加密图形浏览、用户身份确认等特殊功能,本系统不支持其他浏览器。IE版本要求是5.0以上。中车在线网站(www.713.com.cn)提供了新版本IE的下载。

由于基于IE浏览器,使本系统的易用性大大提高,即使对Internet技术了解很少的人,也能在短期内掌握查询方法。主要是对"地址栏"和"链接"的操作。IE的基本操作界面如图1-58所示(以IE5.0为例)。

图1-58　中车在线 Internet Explorer 5.0 界面

2) 数据查询基本步骤

(1) 接入互联网(Internet)。

首先接入互联网。方法是拨号上网或通过其他方式接入,如局域网或宽带(ADSL、小区宽带等)。拨号上网的方式如图1-59所示。

具体 Internet 接入方法参见 Windows 帮助及 Internet 服务商(ISP)提供的说明书。

(2) 进入中车在线网站。

在IE"地址栏"中输入:www.713.com.cn,即可直接进入中车在线。

图 1-59　拨号上网

（3）会员登录。

在中车在线首页选择"会员登录"，如图 1-60 所示。

图 1-60　中车在线汽车服务网主界面

进入会员登录页面,输入"会员名称"和"密码",如图1-61所示。完成后单击"登录"按钮。由于在此过程中启动相关程序,计算机运行速度较慢的计算机可能会有提示,这时请稍等待,当状态栏显示"完成"时,再单击"登录"。

图1-61 输入"会员名称"和"密码"

(4)选择维修数据库。

登录成功以后,进入维修数据库频道,用户可以选择下列数据库——中文、英文、技术服务公报(TSB)和车型配置信息(即将开通查询),单击相应标题即可进入,如图1-62所示。

由于我们的研发队伍对中文、英文和技术服务公报数据库采用了独有的"单一格式技术",使上述资料的检索方式做到完全一致。因此,下文介绍资料的检索方法都以中文数据库为例。

中文数据库中包括大量常见的国产、进口车型的维修数据。大部分维修技术资料都能够在此数据库中找到,另外,变速器维修资料也已经加入到该数据库中;如果某些进口车型或变种车型的资料在中文数据库中没有找到,可以进入英文维修资料中查找。维修中遇到疑难杂症可以在"技术服务公报"(TSB)数据库中查询。在维修某些疑难杂症之前,如制动噪声、非正常熄火、电子系统间歇故障等都应该先在TSB中查询技术资料,这将有可能节省几小时甚至几天的诊断时间。技术公报、疑难问题和维修技巧是TSB的重要内容,也是国内维修行业忽视的重要技术数据,这些资料是原厂维修手册中所不具备的。

如果在上述数据库中找不到相关资料,请与中车在线技术支持联系,技术专家将协助解决资料查询问题。

(5)确定车辆的"厂""型""年"。

第一步选择该车型的制造厂。

目前,数据库中总计有近50个制造厂,用户根据车型的"厂别"选择相应"制造商"。制造厂选择方式如图1-63所示。

第二步选择该车型的具体型号。

如果判断型号有困难,通过17位编码也能够确定车型。选择型号的方式如图1-64所示。

图1-62 选择查询的数据库

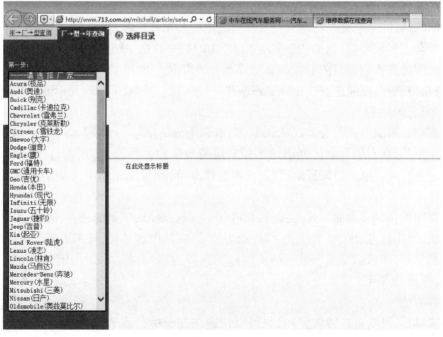

图1-63 选择车辆生产厂家

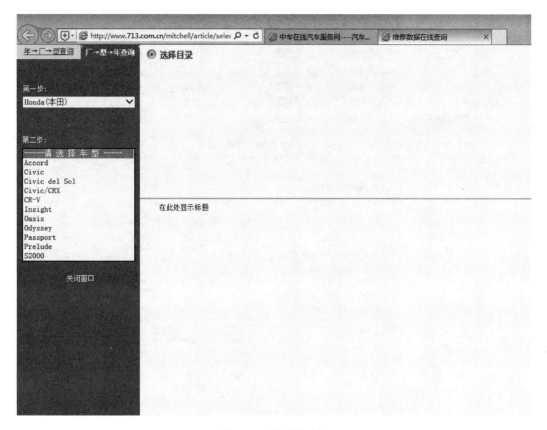

图 1-64　选择车辆型号

第三步选择该车型的生产年代。

Mitchell 资料的一个重要特点是所有车型数据按照年代精确划分,不同年代的相同车型维修资料可能会有极大差别,例如:95 款的 AUDI A6 与 99 款的 AUDI A6 在维修资料上完全是两个车型。因此在查询资料前必须确认该车型生产年代。此信息主要通过 17 位编码(VIN)的第 10 位获得,也可以通过查找车辆铭牌获得年代信息。按照图 1-65 所示方式选择"年"。

(6)选择维修内容。

数据库信息组织方式符合美国 ASE 标准,查询十分简便。

选定车型后,在右侧目录区列出该车型对应的所有数据目录,其概念与普通书籍目录一样,如图 1-66 所示。单击相关目录后,进一步选择章节,即可调出本节对应的所有文章,如图 1-67 所示。

数据库中的目录分为如下几类:附件和电气、空调和暖风、自动变速器、制动、发动机机械、发动机性能、通用信息、维护、手动变速器、动力传动系、转向和悬架、技术服务公报、电路图。

确定章节后,即进入最后一步——文章标题选择,如图 1-67 所示。用鼠标直接单击相关文章标题,即可进入此文章。

3)操作方法

进入文章后,可以直接阅读资料,也可以快速在文章中检索和跳转,操作方法与 Mitchell 光盘一致,但更快捷。

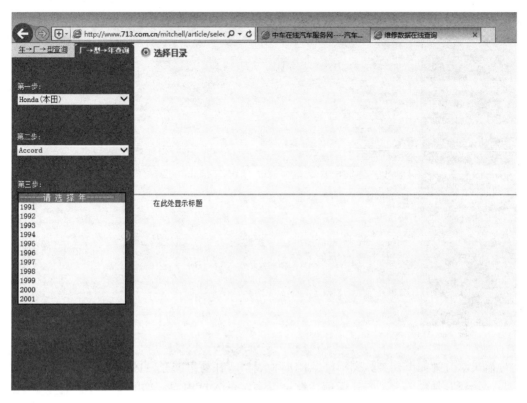

图 1-65　选择车辆生产年代

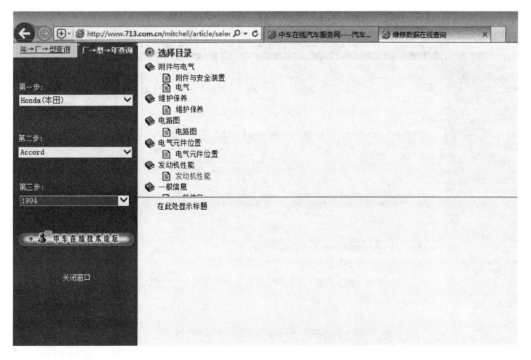

图 1-66　选择资料目录

图1-67 选择文章标题

每篇文章分为如下几类数据:标题、图形和表格。在窗口的左侧区域列出当前文章中的所有标题、图形和表格,单击其中任何信息就可以直接进入该内容。如图1-68所示,单击"检索故障代码"可以直接调出"检索故障代码"这段文章。

表格的调用与标题的操作方法完全相同。

图1-68 在文章列表中直接调用相关数据

图形浏览采用单独窗口,能够实现缩放、拖动、打印等操作。图形的调用既可以在文章的链接中完成,也可以利用左侧图形列表快速进入,如图1-69所示。

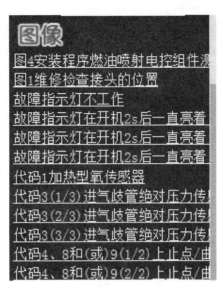

图1-69　从图形列表中直接调用图形

图1-70所示为图形浏览窗口。该窗口分为如下几部分：工具条、图形信息区、图形显示区。

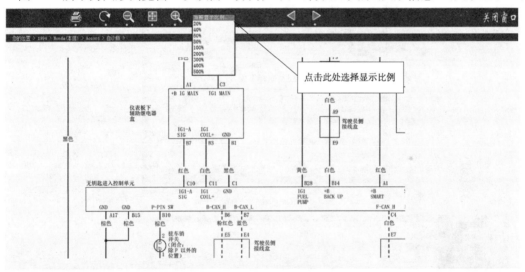

图1-70　图形浏览操作

在工具条中，从左到右依次可以实现的功能为打印、重新加载图像、按窗口大小显示（整个窗口）、缩小、放大、调整显示比例、显示文章中的前一幅图、显示文章中的后一幅图，如图1-71所示。

当图形放大后，超出窗口范围，可以"拖动"浏览，如图1-71所示。

图1-72所示为图形打印窗口，可以设定打印份数。

系统中除图形打印外，还支持文章的局部、全部打印功能。（提示：可以通过快捷键Ctrl+P和Ctrl+F直接调用"打印"和"查找"功能。）

首先用鼠标拖动，选择打印内容，如图1-73所示。单击文章右上角的"打印"，调出打印对话框（图1-74）。可以打印整篇文章或指定范围。我们不推荐按"页码"打印，因为数据库中的文章没有按照页码编排，采用"页码"方式不能对打印范围精确控制。

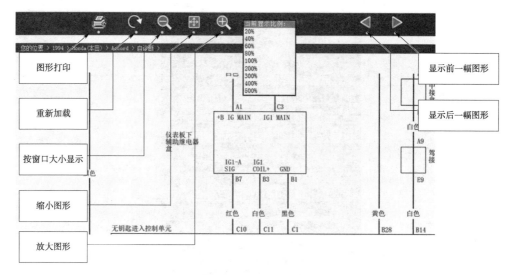

图1-71 图形操作方法

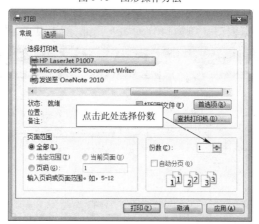

图1-72 图形打印

图1-73 文章选定区域打印

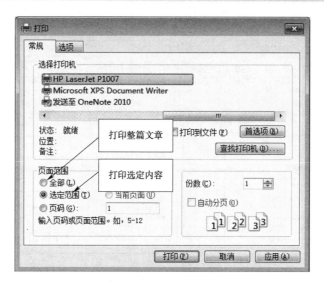

图 1-74　文章打印范围选择

由于系统打印清晰度很高,推荐使用激光(如 HP 6L)或喷墨打印机(如 Epson 喷墨系列打印机)。

4. 维修资料检索实例

一辆美国别克公司的世纪轿车,驾驶人反映的故障现象是:怠速转速在调整后,稳定不了多长时间很快就自动改变了,当再次调整稳定后,过不了多久,又会再次改变。

先检查了一下,怠速转速在 1000r/min 左右,显然偏高,而后调整了节气门限位螺钉,怠速下降至 750r/min,再试车后 1h,怠速又回到 1000r/min,这说明驾驶人反映的情况属实。接下来就查找这辆车的有关资料(图 1-75),具体步骤如下:

(1) 确定汽车公司名称——Buick。

(2) 确定车名——Century。

(3) 输入汽车生产年份——1990 年。

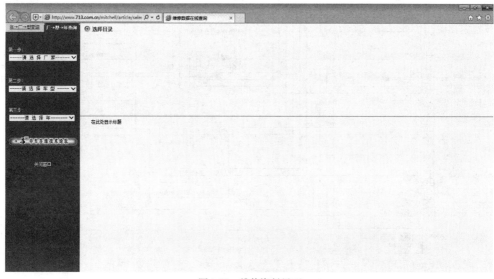

图 1-75　维修资料界面

(4)进入总目录,选择发动机性能(Engine Performance)。

(5)再进入电路图 Wiring。

(6)找到 Century V6 3.3L 发动机电路图,详见图 1-76。

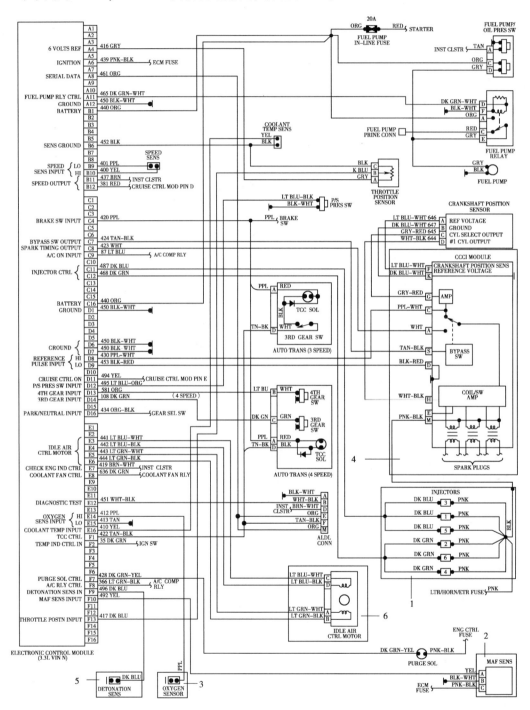

图 1-76 别克世纪 V6 3.3L 发动机电路图

从图 1-76 中可以看出,这是个多点喷射系统 1,使用了进气压力传感器 MAP2,所以空气流量计量为间接方式。另外还装有氧传感器 3,所以燃油空燃比为闭环控制系统,采用无分电器 DIS 点火系统 4,有爆震传感器 5,因此点火控制也是闭环方式,怠速电动机为回线控制步进电动机式 6。

确定怠速系统控制方式后,再从米切尔光盘中进入 SYSTEM/COMPONET TEST(系统/元件测试)一栏,找到 IDLE CONTROL SYSTEM(怠速控制系统),如图 1-77 所示(屏幕画面)。

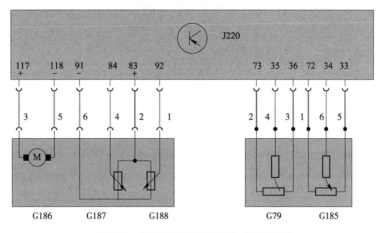

图 1-77 典型的怠速空气控制电动机电路图

从图 1-77 中找到测试怠速电动机的方法。拔下怠速电动机插头,用万用表测量怠速电动机线圈电阻,应为 40~80Ω,实测为 42Ω 合格。从注意事项中又看到,测试控制怠速电动机还需要用专用诊断仪 GM 公司的 Tech 1。

用一台美国 SNAP-ON 公司的 MT-2500 红盒子诊断仪并插到诊断座上,先读取故障码,结果没有故障码。只好又打开米切尔光盘资料,进入 ADJUSTMENTS V6(V6 发动机调整)栏目,如图 1-78 所示(屏幕画面)。

9.4.3.36 **DTC P0506 或 P0507**

诊断说明
- 在使用本诊断程序前执行"诊断系统检查 - 车辆"。
- 查看"诊断策略"中的诊断方法概述。
- "诊断程序说明"提供每种诊断类别的概述。

故障诊断码说明
DTC P0506:怠速过低
DTC P0507:怠速过高

电路/系统说明
节气门执行器控制 (TAC) 电机是一个直流电机,是节气门总成的一部分。节气门执行器控制电机驱动节气门。发动机控制模块 (ECM) 根据节气门位置传感器的输入,控制节气门执行器控制电机。发动机控制模块根据多种输入控制怠速转速。发动机控制模块指令节气门执行器控制电机打开或关闭节气门,以维持期望的怠速转速。

运行故障诊断码的条件
- 未设置DTC P0068、P0101、P0102、P0103、P0112、P0113、P0117、P0118、P0121、P0122、P0123、P0171、P0172、P0174、P0175、P0222、P0223、P0261、P0262、P0264、P0265、P0267、P0268、P0270、P0271、P0273、P0274、P0276、P0277、P0300–P0306、P0351–P0356、P0461–P0464、P0496、P0627、P0628、P0629、P0722、P1516、P2066–P2068。
- 大气压力 (BARO) 大于70千帕。
- 发动机冷却液温度 (ECT) 大于60°C (140°F)。
- 发动机运行时间大于60秒。
- 点火电压介于11-32伏之间。
- 变速器不更改档位。
- 变矩器离合器 (TCC) 状态未改变。
- 进气温度 (IAT) 高于-20°C (-4°F)。
- 车速低于3公里小时 (2英里小时)。

图 1-78 V6 怠速

图 1-78 首先提示注意事项:怠速不正确的原因通常是节气门不干净或真空泄漏。
然后按照上面资料的步骤进行。

(1)接上诊断仪后,起动发动机热车,冷却液温度正常后,检查怠速电动机的转动步数(从数据流中观察)IAC COUNTS 结果显示为:36。按上表规定应为 10~20,显然不正确。

(2)当怠速电动机步数不正确时,用锥子挑开怠速(节气门)调整螺钉盖,然后拧出螺钉使其离开节气门连杆,而后再拧进螺钉,使其顶住节气门连杆,最后再拧出 1.5 圈。

(3)这时如果再拧进螺钉可以减少怠速电动机步数,再拧出螺钉可以增加怠速电动机步数,但如果拧进或拧出螺钉超过 1/2 圈,才能使怠速电动机步数合格的话,就要检查真空是否泄漏,或节气门是否太脏了,若有故障码还应清除。

按照上述步骤做完时,怠速电动机步数被调到 16,螺钉拧动也未超过 1/2 圈。怠速合格了,再试车后,一切正常,这辆车的故障排除了。原来只是因为怠速步数不对,原因是调整不当。

(二)技师盒子

golo 技师盒子 APP 是一款汽车维修诊断工具,如图 1-79 所示,集成了汽车诊断、即时通信、车云平台的功能。通过手机客户端与专业的汽车诊断接头进行蓝牙连接,对车辆信息和数据进行获取,实现车辆故障诊断。通过移动网络连接互联网,能够实时远程诊断汽车故障,查询汽车维修资料,参与维修交流互动等。

该 APP 包含了社区、诊断、发现及用户信息等四个模块。社区模块里又涵盖了技师之家、案例分享、问题车辆及汽车咨询四个子模块,如图 1-80 所示。用户可以通过悬赏的方式,发布疑难杂症,也可以购买汽车故障解决方案,分享汽车维修的案例。诊断模块需要用户注册并登入,同时购买并激活 golo 技师盒子,才能够进一步使用,如图 1-81 所示。发现模块如图 1-82 所示,包含了维修资料、车架号查询、英文名词查询、故障码查询等,如图 1-83 所示。

图 1-79 golo 技师盒子 APP 界面

(三)汽车技师帮

汽车技师帮是一款专门为汽车维修技术打造的移动 APP 产品,致力于为汽车维修技师提供一个成长创业的平台,提供大量免费查询的维修资料、在线实时问答等服务,如图 1-84 所示。

该 APP 包含了资料、视频、问答、发现和用户信息等五个模块。资料模块是该 APP 的核心部分,由资料快速检索、正时匹配、汽修课程和故障码查询四部分组成。其中,故障码查询子项仅以文本的形式列出了故障码信息,无法进行搜索,如图 1-85 所示;正时匹配子项可以查询到市面上部分车型的发动机正时调整手册,如图 1-86 和图 1-87 所示。视频模块内的视频既有免费的也有需要付费观看的,用户可以通过其快速掌握汽车维修方面的某一些知识,如图 1-88

所示。问答模块分为普通问答和悬赏问答,用户可以查阅相应的案例也可以针对某一故障提出自己的见解,如图 1-89 所示。发现模块可以依据用户输入的信息,检索有关的文献资料,如图 1-90 所示。

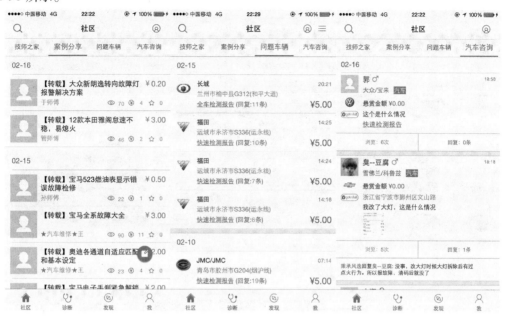

图 1-80　社区模块其他部分界面

图 1-81　诊断界面

图 1-82　发现界面

图1-83 维修资料、故障码查询及车架号查询界面

图1-84 汽车技师帮APP主界面

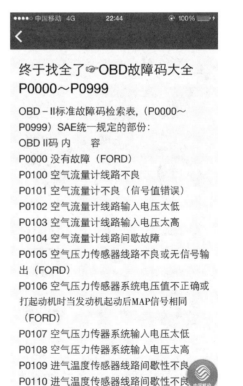

图1-85 故障码查询界面

图 1-86　正时匹配界面

图 1-87　保时捷 Macan 3.0T 发动机正时匹配信息

图 1-88　视频界面

图 1-89　问答界面

图1-90 发现界面(以保时捷为例进行检索)

任务实施

一、制订检索策略

1. 分析检索课题

利用你所在学校图书馆电子资源查询浙江交通职业技术学院张琴友教授发表的期刊论文,记录论文的题目、刊物名称、发表时间。由任务要求可以确定检索项包括作者(张琴友),作者单位(浙江交通职业技术学院)。

2. 选择检索工具

由检索任务,需要查询的是张琴友教授的期刊论文,那么需要选择查询期刊论文的数据库,另外该数据库还必须是你所在学校图书馆的电子资源。所以首先应该查询到学校图书馆的网站,然后找到电子资源的入口,选择合适的数据库。

3. 初步检索

选择数据库后,运用该数据库的高级检索,选择正确的检索项,并输入检索词,进行初步检索。

4. 浏览检索结果

单击查看论文的摘要甚至下载全文阅读,了解详细内容。

二、操作演示(以浙江交通职业技术学院图书馆为例)

(1)查找浙江交通职业技术学院图书馆的网址。以百度搜索引擎为检索的起点,在检索框中输入"浙江交通职业技术学院图书馆",在查询到的结果中找到该网址,http://lib.zjvtit.edu.cn/,如图1-91所示。

(2)在电子资源中选择一个能查询期刊论文的数据库,如选择万方数字化期刊数据库,单击进入图1-92的界面。

(3)单击"高级检索",进入图1-93所示的界面,分别选择检索项"创作者"、"作者单位",分别输入"张琴友"、"浙江交通职业技术学院",单击"检索"。

(4)得到图1-94所示的界面,显示了符合检索条件的文献数量为8篇,同时显示了相应的检索表达式。

(5)任意单击一篇文章的题目,即可得到图1-95所示的界面,得到更多相关的信息,并可以下载全文进行阅读。另外可以通过下方的参考文献进行追溯法查询相关文献,更加快捷、方便地获得资料。

项目一　图书馆的科学利用

图1-91　浙江交通职业技术学院图书馆主页

图1-92　万方期刊数据库主页

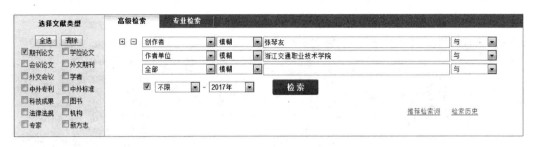

选择文献类型
全选 清除
期刊论文 学位论文
会议论文 外文期刊
外文会议 学者
中外专利 中外标准
科技成果 图书
法律法规 机构
专家 新方志
高级检索 专业检索
创作者 模糊 张琴友 与
作者单位 模糊 浙江交通职业技术学院 与
全部 模糊 与
不限 - 2017年 检索
推荐检索词 检索历史

图 1-93　高级检索操作

创作者: (张琴… 导出
年份 / 命中数排序↓
2014 (1)
2013 (1)
2011 (1)
2009 (1)
2006 (1)
2004 (2)
2001 (1)
期刊论文(8)
全部 >> 期刊论文
交通运输(6) 社会科学总论(1) 工业技术(1)
全选 第 条 - 第 条 选择 清除
显示模式: 命中8条 排序 相关度 每页显示 50
检索表达式: 创作者:(张琴友) * 作者单位:(浙江交通职业技术学院) * Date:-2017 DBID:WF_QK
1 工程机械现场检测维修系统硬件平台设计 (被引用 9 次)
[期刊论文] 《公路与汽运》 ISTIC - 2006年1期 刘美灵 张琴友
介绍了一种工程机械现场检测维修系统硬件平台,该硬件平台构建在一部越野性好的中型以上厢式货车上,由检测平台、维修平台及能源装置等组成,能满足施工现场对多种复杂工程机械检测、诊断、保养与维修的需要.
关键词: 工程机械 现场检测维修 硬件平台
查看全文 - 下载全文 - 引用通知
2 汽车LED的驱动电路设计
[期刊论文] 《价值工程》 ISTIC - 2011年30期 刘美灵 张琴友 Liu Meiling Zhang Qinyou
目前,LED的小功率照明应用已经出初具规模并趋于成熟,而在大功率照明领域应用时间较短,市场潜力还很大,本论文是以汽车照明为应用背景,研究在大功率照明领域的LED驱动解决方案.
关键词: LED 汽车 驱动电路
查看全文 - 下载全文 - 引用通知
高频关键词
automotive major
learning fields
practical application
clients' entrust
汽车专业
学习领域
实践应用
客户委托
商用车专业方向
汽车排放
work-study alternation
测试设备
欧规
工学交替
人才培养模式
talent training mode
commercial vehicle
specialty
驱动电路

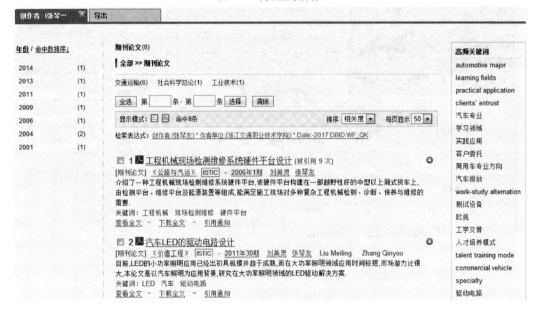

图 1-94　高级检索结果

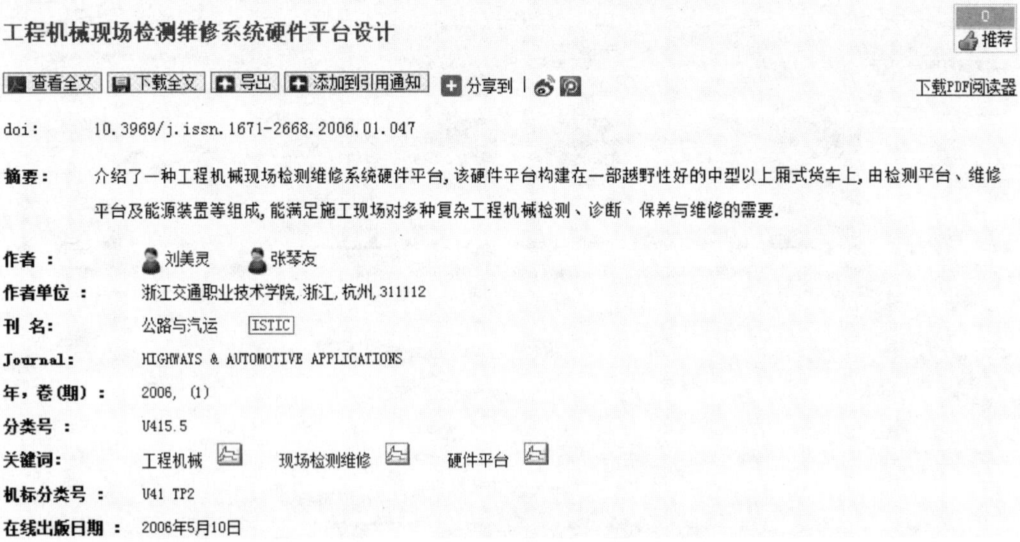

工程机械现场检测维修系统硬件平台设计
0
推荐
查看全文 下载全文 导出 添加到引用通知 分享到
下载PDF阅读器
doi: 10.3969/j.issn.1671-2668.2006.01.047
摘要: 介绍了一种工程机械现场检测维修系统硬件平台,该硬件平台构建在一部越野性好的中型以上厢式货车上,由检测平台、维修平台及能源装置等组成,能满足施工现场对多种复杂工程机械检测、诊断、保养与维修的需要.
作者: 刘美灵 张琴友
作者单位: 浙江交通职业技术学院,浙江,杭州,311112
刊 名: 公路与汽运 ISTIC
Journal: HIGHWAYS & AUTOMOTIVE APPLICATIONS
年,卷(期): 2006, (1)
分类号: U415.5
关键词: 工程机械 现场检测维修 硬件平台
机标分类号: U41 TP2
在线出版日期: 2006年5月10日

图 1-95　文献信息

注：该任务也可通过中国知网、读秀学术搜索、维普咨询等数据库来完成，操作方法与万方数据库操作方法类似，读者可自行尝试。

任务三　利用图书馆电子资源查找"废旧电池的回收和利用"的相关文献

要求：利用你所在学校的图书馆电子资源查询"废旧电池的回收和利用"的相关文献。

相关知识

一、检索词的选择

文献信息检索过程中，要想得到令人满意的检索效果，关键是能够构造出全面描述、正确揭示信息需求的检索式。检索词是检索式的基本组成元素，如果选词不当就很容易造成漏检和误检，因此，能否选准、选全检索词直接影响到检索效果的优劣。

（一）检索词选择的方法

常用的方法是：从给定的课题名称出发，经过切分、删除、补充等步骤，确定检索词，最终通过组配，构成能全面、明确表达信息需求的检索式。

1. 切分

对课题语句进行切分，以词为单位划分句子或词组。如："改革开放三十年的得与失"，可以切分为：改革开放|三十年|的|得|与|失|。

2. 删除

删除不具有检索意义的虚词、其他非关键词及过于宽泛和过于具体的限定词，只保留明确反映课题实质的核心词。不具备检索意义的词有介词、连词、助词等虚词，如果应用在检索式中，会形成检索噪声，必须删除。过分宽泛的词，如：研究、探索、利用、影响、作用、发展等，没触及问题的实质，而过分具体的词会造成挂一漏万，删除后会获得更高的查全率。

如上例中，"的"、"与"是不具检索意义的虚词，首先删除。"得"、"失"过于具体，如果用作检索词，就会漏检诸如"成就与失误"、"回顾与展望"等相关文献，因此也在删除之列。

3. 补充

补充还原词组、同义词和近义词。很多时候，还要考虑上下位概念的扩展检索。许多名词是由词组缩略而成，可以采用与之相反的操作——补充还原。如："教改"可以还原为"教学改革"，"音质"还原为"声音质量"等。最常用的补充检索词的方法是补充同义词和近义词。如上例中，增加"30年"作为检索词。再如，检索"互联网"方面的文献，要补"Internet"、"因特网"两个检索词。对于需要较高查全率的检索课题，可以以降低检索词的专指度为出发点，补充选用检索词的上位词。反之，对于需要较高查准率的检索课题，则要提高检索词的专指度，增加或换用下位词进行检索。如检索"香菇的栽培技术"的相关文献，应考虑香菇的上位概念"食用菌"。在课题"轻金属的焊接"中，轻金属是一个上位概念，其下位概念包括铝、镁等具体的金属，如考虑查全，应把轻金属、铝、镁等概念用逻辑或检算符连接起来，作为一组词进行检索。

确定检索词后,分析各词之间的逻辑关系,运用布尔逻辑算符、截词符、位置算符等检算符把各检索词组配起来,即可构成准确表达信息需求的检索式。如上例中,检索式为:改革开放 AND(三十年 OR 30 年)。

需要说明的是,检索式的复杂与否,取决于课题需要。描述简练的课题,检索式可能会很复杂;名称冗长的课题,检索式反而可能会很简单。

检索词是表达信息需求的基本元素,其选择恰当与否直接影响到检索效果。对于给定的检索课题,应首先深入分析课题内容,在提取核心词的基础上进行扩展,然后构造较为完善的检索策略和检索式,才能获得令人满意的计算机检索效果。

(二)检索词选择的原则

检索词的确定要满足两个方面的要求,一是课题检索要求;二是数据库输入词的要求。选择检索词时可以考虑以下几个原则。

1. 选择规范词

一般应该优先选择主题词作为基本检索词,但是,为了提高检索的查全率也选用自由词配合检索。如,查找有关"人造金刚石"的文献,很可能用 manmade(人造)、diamonds(金刚石),但是,"人造"的实质是"人工合成",检索词的范围可以放宽到:

synthetic(W)diamonds 合成金刚石;

synthetic(W)gems 合成宝石;

synthetic(W)materials 合成材料;

synthetic(W)stones 合成石;

synthetic(W)crystals 合成晶体;

artificial(W)crystals 人造晶体;

diamonds 金刚石。

检索策略:以上七个词用"+"连接。

2. 尽量使用代码

不少文档有自己的各种代码,如《世界专利索引》(WPI)文档的国际专利分类号代码 IC,《世界工业产品市场与技术概况》(PTS PROMT)文档中的产品代码 PC 和事项代码 EC,《化学文摘》(CA)中的化学物质登记号 RN 等。如需要查找"20 年来 CA 收录的锡酸钡导电机理"的文献,就应该用化学物质登记号 RN = 12009 – 18 – 6 来表示。

检索式为:rn = 12009 – 18 – 6 * electric??(W)(conductivity + conduction)。

而不能用下面的检索式直接检索:(barium(W)stannate + BaSnO3) * electrical(W)(conductivity)。

3. 尽量选用国外习惯用语

国外许多习惯性的技术用语对于检索国外文献非常重要,因此,必须搞清楚这些词语的真正含义。例如要查找有关"麦饭石的应用"方面的国外文献,如何将"麦饭石"译成正确英文是至关重要的。直译可以是"wheat rice stone",这种译法极有可能不正确。分析其质,"麦饭石"是一种石头或矿物,其功能主要是吸收水中有害物质并释放出一定量的对人体有助的微量元素,从而改善水的品质,所以,应该选用"改善"、"水质"、"石头或矿"这几个概念进行检索。结果在 WPI 中检出四种专利。德温特公司将麦饭石译为"bakunaseki",这样就查出了麦饭石的英文检索词。

4. 避免使用低频词或高频词

进行文献检索时,应尽量避免使用频率较低或专指性太高的词,一般不选用动词或者形容词,不使用禁用词,尽量少用或不用不能表达课题实质的高频词。例如像"分析"、"研究"、"应用"、"方法"、"发展"、"管理"等。必须用时,应与能够表达主要检索特征的词一起组配,或增加一些限定条件再用。

5. 同义词尽量选全

检索时为了保证查全率,同义词尽量选全。同义词选择应主要考虑以下几点。

(1)同一概念的几种表达方式,如化学分析有chemical analysis、analytical chemistry、chemical determination、composition measurements等。

(2)同一名词的单复数、动名词、过去分词等,如生产有product、production、producing、produce、productive等,可用截词符解决。

(3)要考虑上位概念词与下位概念词,如水果榨汁,不仅要选fruit,也应选各种水果,如pear(梨)、orange(橙)、plum(李子)等。反之,如果某一种水果保鲜则应参考水果保鲜。

(4)化学物质用其名称(中、英文)也要用其元素符号,如氮、nitrogen和N。

(5)植物和动物名,其英文和拉丁名均要选用。

二、布尔逻辑检索及截词检索技术

信息时代的到来,文献表现形式已经不仅仅是传统的书本纸张了。随着信息记录,媒介不断创新,电子出版物得以问世,并且发展得越来越快。电子计算机产生以来,计算机情报检索一直是计算机技术应用的重要领域。在计算机信息检索系统中,基本的检索方法有逻辑检索和加权检索,辅助的检索方法有词表助检、截词检索等。这里介绍一下逻辑检索和截词检索。

(一)布尔逻辑检索

布尔逻辑检索也称作布尔逻辑搜索,严格意义上的布尔检索法是指利用布尔逻辑运算符连接各个检索词,然后由计算机进行相应逻辑运算,以找出所需信息的方法。它使用面最广、使用频率最高。布尔逻辑运算符的作用是把检索词连接起来,构成一个逻辑检索式。布尔逻辑检索关系如图1-96所示。

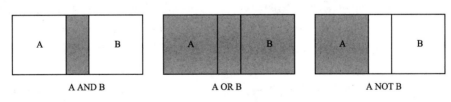

图1-96 布尔逻辑检索关系

1. 逻辑"与"

用"AND"或"*"表示。可用来表示其所连接的两个检索项的交叉部分,也即交集部分。如果用AND连接检索词A和检索词B,则检索式为:A AND B(或A * B),表示让系统检索同时包含检索词A和检索词B的信息集合。如:查找"胰岛素治疗糖尿病"的检索式为:insulin(胰岛素)and diabetes(糖尿病)。

2. 逻辑"或"

用"OR"或"+"表示。用于连接并列关系的检索词。用OR连接检索词A和检索词检索式为:A OR B(或A+B)。表示让系统查找含有检索词A、B之一,或同时包括检索词A和检索词B的信息。

【示例1-1】 查找"肿瘤"的检索式为:cancer(癌)or tumor(瘤)or carcinoma(癌)or neoplasm(新生物)。

【示例1-2】 检索有关沼气方面的文献,其检索式应为"CH_4 + methane"或"甲烷+沼气"。

3. 逻辑"非"

用"NOT"或"-"号表示。用于连接排除关系的检索词,即排除不需要的和影响检索结果的概念。用NOT连接检索词A和检索词B,检索式为:A NOT B(或A-B)。表示检索含有检索词A而不含检索词B的信息,即将包含检索词B的信息集合排除掉。

如:查找"动物的乙肝病毒(不要人的)"的文献的检索式为:hepatitis B virus(乙肝病毒)not human(人类)。

注意:

(1)在一个检索式中,可以同时使用多个逻辑运算符,构成一个复合逻辑检索式。复合逻辑检索式中,运算优先级别从高至低依次是"NOT"、"AND"、"OR",可以使用括号改变运算次序。如,查徐州工业职业技术学院(A)周立雪(C)教授的文章。由于学校变迁,徐州工业职业技术学院(A)曾经叫徐州化工学校(B),因此正确的检索式应该为"(A OR B) AND C",而决不能是"A OR B AND C"。

(2)布尔逻辑算符是用"NOT"、"AND"、"OR"表示,还是用"*"、"+"、"-"表示,依不同的数据库要求而确定。

(3)布尔逻辑算符"*"、"+"、"-"在半角状态下输入有效,在全角状态下输入无效。检索中逻辑算符使用是最频繁的,应引起注意。

(二)截词检索

截词检索是一种常用的检索技术,尤其是在西文文献的检索中,使用更为广泛。截词检索就是用截断的词的一个局部进行的检索,并认为凡满足这个词局部中的所有字符(串)的文献,都为命中的文献。不同的系统所用的截词符也不同,常用的有?、$、*等。截词检索方式可分为三种,即:后截断、前截断、中间截断。按截断的字符的数量上看,又可分为有限截词(即一个截词符只代表一个字符)和无限截词(一个截词符可代表多个字符)。

通常用*表示无限截词。用?表示有限截词。

后截断是最常用的一种检索技术,将截词放在一个字符串之后,以表示其后有限或无限个字符不影响之前的检索字符串的检索结果。如 biolog*,可检索 biologcal、biologist、biology 等词;physic??,可检索 physical、physicist 等词。

前截词将截词符号置于一个字符串的前方,以表示之前有限或无限个字符不影响之后的检索字符串的检索结果。如 *physics,可检索 physics、astrophysics、biophysics、chemiphysics、geophysics 等词。

中截词又称"内嵌字符截断"。将检索字符置于一个检索词中间,而不影响前后字符串的检索结果。如 organi？ation,可检索 organization、organisation。

使用截词检索可以减少检索词输入的数量,简化检索程序,扩大检索范围,提高查全率,节省时间,降低费用。但是,对于此方法必须慎重使用,一是词干不要太短,以免检出许多与原文不相干的信息,另一方面是英美不同拼音的词,如变化字母数不同,则不能使用间截断检索方法。

三、数据库的选择及选择原则

(一) 数据库的类型

数据库有多种类型,人们可以从不同的角度对其进行分类。比如可以按照数据的表现形式将数据库分为文字型、数值型、图像型(视频型)和声音型(音频型)。可以按照存储介质分为磁介质数据库(磁盘、磁带)、光盘数据库(CD-ROM、WORM)、多媒体数据库(集多种介质于一身)。按照性质可以分为文献型数据库、数值型数据库、事实型数据库等。目前在情报界比较流行的是根据数据库所包含信息内容为基本的分类标准。根据这个标准,数据库可以分为如下几种。

1. 书目数据库

书目型数据库(bibliographic database)也称为二次文献数据库,是文献信息最常见的类数据库。主要提供查找文献的线索,即文献的简要特征,如:篇名、著者、文献来源(出处)、摘要、出版单位等。书目型数据库的检索结果仅仅是查找所需文献的线索,查得线索后还要再转查原文。它本身并不直接向用户提供所需信息,而是提供其线索,起一种指引、搭桥作用。

2. 指示数据库

指示数据库的内容包括可以作为信息来源的机构、计划、活动,乃至有特长的个人介绍,其价值在于指引用户找到合适的信息源。

3. 数值数据库

这是专门提供以数值方式表示信息的一种源数据库。其数据存储通常成组排列,其检索结果可能只是单一的值或一组数据。数值数据库提供的信息覆盖了一大类的专业范围。在科技领域,它能提供物质的物理化学性质、结构、频谱等,如各种化学物质的物理化学性质数据、生物科学中实验动物数据、农产品和毒性等数据。

4. 事实数据库

包含自原始文献或社会调查中获得并经过处理的各种事实。有人将其称为"字典型数据库"或术语数据库,它提供给人们查询人物、机构、事件、研究项目、产品或商品的简要情报。同时还可以指引用户获得更详细的信息,如人物传记数据库、产品指南和公司名录数据库、专利和标准数据库等。

5. 全文数据库

常简称全文库。存储文献内容全文或其中主要部分的数据库。具体的主要是指经典著作、法律条文、重要的学术期刊、化学期刊全文数据库,以及百科全书、手册、年鉴等的全文字或非全部文字。全文数据库能够使用户获得最终的一次文献,是文献数据库建设的重要发展方向。不过,目前大多数的全文数据库的检索查阅是一种付费服务。

6.多媒体数据库

多媒体数据库是相对于传统的仅支持单一媒体的数据库而言,是将图像、图形、文字、动画、声音等多种媒体数据结合为一体,并统一地进行存取、管理和应用的数据库,如化学化工中的反应器工作原理、化合分解反应机理的展示等。这类多媒体数据库可以收到事半功倍的效果。

由于文献信息的数据库种类繁多,并且一直不断增加,而各种数据库的内容各有千秋,选择好恰当的数据库对于快速准确地完成检索任务非常有帮助。

(二)数据库的选择原则

选择数据库之前应该弄清楚课题所需要的检索要求,各种数据库的特点和内容,然后应从以下几个方面确定数据库。

1.学科范围

任何一个数据库在收录文献信息时都会有一个比较明确的学科范围,因此,对数据库收录的数量、类型、存储年限和更新周期要有所了解。

2.文献范围

数据库出版商往往以某一类型的文献来编制数据库,如专利、标准、会议录等。

3.国别或语种范围

所需文献信息在国别和语种上加以选择限定。

4.数据库检索功能

要了解数据库所提供的检索途径、功能和服务方式。

任务实施

一、制订检索策略

1.分析检索课题

利用你所在学校图书馆电子资源查询"废旧电池的回收和利用"的相关文献,分析课题,选择关键词为检索途径,根据"切分"、"删除"、"补充"的操作步骤,最终确定检索词"废旧电池"、"回收"、"利用",三者之间的逻辑关系为并且。

2.选择检索工具

利用图书馆电子资源,包括 CNKI、维普、超星数字图书馆等,如果这些数据库是购买了使用权的,即可通过这些数据库免费获取全文。同学们可根据自己所在的学校,充分利用本校的图书馆电子资源进行文献的查询,进行自主学习,扩大知识面。本任务以中国知网(CNKI)为例进行检索,其他数据库的检索与此大同小异,同学们可以自行尝试。

3.初步检索

单击进入 CNKI 主页面,选择跨库高级检索,再选择检索项,输入检索词,然后单击"检索",即可获得符合检索条件的文献。

4.浏览检索结果

单击文献标题,可以看到更多该文章的信息,如关键词、文摘、发表的刊物名称、发表时间、作者、作者单位等。并可以免费下载 CAJ 或 PDF 格式的全文。另外可以根据需要改变检索策略,重新检索,直到获得满意结果为止。

二、操作演示

(1) 打开浙江交通职业技术学院图书馆为例,进入图书馆主页(http://lib.zjvtit.edu.cn/),该网址可以通过百度查询到。选择中国知网交通资源库,单击进入。

(2) 进入 CNKI 检索网页,该数据库提供了很多检索功能入口,如标准检索、高级检索等,根据任务需求,单击进入高级检索界面,如图 1-97 所示,选择"关键词"为检索项,分别输入"废旧电池"、"回收"、"利用",选择逻辑关系为"并且",单击检索,在页面下方显示符合检索条件的文章,默认按照主题排序进行列表展示,包含序号、题名、作者、来源、发表时间、数据库、被引次数等信息。

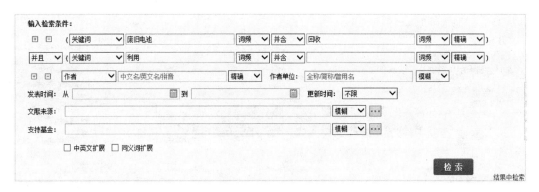

图 1-97　检索过程

(3) 得到图 1-98 所示的检索结果。单击文章题目,如单击第一个题目:化学废旧电池的回收和综合利用研究,可以得到图 1-99 所示的界面,从该界面上可以得到更多相关信息。若想下载全文,需要首先安装 CAJ 或 PDF 浏览器,然后选择其中一种格式的全文即可。另外,还可以根据页面下方的参考文献,运用追溯法可以更加快捷地获得更多文献。

图 1-98　检索结果

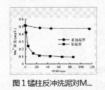

图 1-99　文献信息

课外任务

任务 1　利用你学校图书馆的书分检索系统,查询、预定一本你感兴趣的图书,并实现快速借阅。

任务 2　利用你学校图书馆的电子资源查阅有缸内直喷发动机燃烧特性的科研论文,记录检索出的文献数量,并指出其中一篇论文刊登在何期刊何年何卷何期上。

任务 3　按照书中介绍的方法到图书馆去借阅你所需要的图书资料,考察自己是否能够做到有的放矢、十拿九稳。

任务 4　利用《中国图书馆图书分类法》(第四版)确定汽车和发动机的维护的中图分类号是什么?

项目二 专利文献的查询

学习目标

知识目标
1. 掌握专利的基本知识(定义、种类、性质、特点)。
2. 了解发明专利与实用新型专利的区别。
3. 了解职务发明与非职务发明。

能力目标
能使用国家知识产权局专利数据库进行检索。

从1416年威尼斯共和国最早实行专利制度以来,至今已有近600年的历史了,到目前为止已经有100多个国家建立了专利制度。从法律意义上讲,专利是一种用来保护技术发明的法律认定的权利。可以想象,如果没有专利来保护技术发明的话,发明人所花费的巨大的劳动就得不到应有的尊重和补偿,发明的价值不能正常实现,就会挫伤发明人的积极性。这样就会导致发明人严密封锁技术,这对智力开发、技术进步和经济社会的发展是非常不利的。

因此,专利制度能调动各方面的积极性,一项创造发明获得专利权后,能促进产品在竞争中处于十分明显的有利地位,专利制度还可以强有力地促进本国的技术发明,为整个国家带来巨大的利益和财富。在科学技术迅速发展的今天,了解一些专利基本知识,学会查阅专利文献,踊跃地进行发明创造是十分必要的。

任务一 查找特定研究主题和特定发明人的专利文献

要求:查询"微波加热再生型柴油机颗粒捕集器"相关的专利,并且是浙江交通职业技术学院马林才教授发明的,分组汇报。

相关知识

一、专利的概念及特点

(一) 专利的概念

不同的角度叙述,"专利"可以有不同的含义。

从法律意义来说,专利就是专利权的简称,指的是一种法律认定的权利。任何单位或个人使用他人的专利时,应当与专利权人订立书面实施许可合同,并向专利权人支付专利使用费,否则无权实施该专利。专利权是受《中华人民共和国专利法》保护的,专利权人对其发明创造享有独占权。

从技术发明来说,专利就是取得了专利权的发明创造,有发明、实用新型和外观设计三种具体的专利形式。

从其保护的内容来说,专利是指记载着授予专利权的发明创造的说明书、摘要、权利要求书,表示外观设计的图形或照片等公开文献。其中说明书记载了发明创造的详细内容、方案,权利要求书记载了专利法保护的技术范围,是具有法律效力的文件。总体上讲,专利是一种受法律保护的技术专有权利。

(二)专利特点

1. 专有性

专有性又称独占性,也就是垄断性、排他性。

发明专利自申请日到申请公开之前,申请处于保密阶段,专有性体现在,对该专利申请后出现的同样主题的申请都丧失新颖性,不能授予专利权;自申请公开到授予专利权这段时间,该专利处于"临时保护"阶段,对未经允许而实施其发明的人,可以要求其支付适当的使用费,但不能提起诉讼;授予专利权后,申请人有权提起诉讼,享有独占权。

2. 时间性

时间性又称时效性,即从申请日开始有一定的有效期。世界各国的专利保护期限并不完全一样,《中华人民共和国专利法》规定:"发明专利权的期限为20年,实用新型专利权和外观设计专利权的期限为10年,均自申请日起计算。"

3. 区域性

专利只在一定地区受到保护,如果想在某地区受到保护,需要向该国提出申请。

4. 专利申请缴费制度

向国家知识产权局申请专利和办理有关手续,应当缴纳费用。另外,维持专利权也需交一定的费用,如一项专利维持4~5年一般要交2万元左右。

5. 专利是一种技术保护措施

为了防止有人顺着专利的思路继续研究下去,导致专利成果被人偷窃去,在申请专利时可以对关键技术进行必要的文字修饰,加以保护。

二、专利文献的特点

从广义上说,专利文献是指"国家知识产权局按照相关法律法规对发明、实用新型、外观设计申请法定程序予以公布或公告,由此产生的各种专利文献"。如专利说明书、专利公报、专利目录、专利文摘、分类表索引等。从狭义上说,专利文献主要是指专利说明书。专利文献的特点主要有以下几点。

1. 范围广、内容新

专利几乎可以包括所有的技术领域,大到航天飞机,小到别针。新颖性本来就是专利的三个条件之一。

2. 内容详尽、完整、实用

各国专利法规定,专利说明书对发明必须做详细描述,达到所属专业技术领域的专利技人员能据以实施的程度。实用性是专利必备条件之一,即能制造或使用,并能产生积极的效果。

3. 信息传递快

大多数国家采用"先申请制"原则,即把专利权授予最早申请者,因此,专利文献是现有的技术文献中紧跟时代、内容最新的一种文献。

4. 相同专利重复出版

国际上允许一项发明向若干国家同时申请,即同族专利。造成相同专利重复出版的原因主要有:一是同一发明在许多国家申请,各国重复公布,形成不同文字的相同专利说明书;二是实行早期公开、延迟审查制度的国家,对同一件发明的说明书至少要出版两次。专利文献的重复出版可以解决语种障碍,增大专利文献检索和利用的效率,但是不利于专利文献管理。

5. 各国专利说明书都采用统一的著录项目(INID)代码。

为了使广大读者及专利工作者能够很快地辨别和查找专利文献上的各种著录项目内容,并便于计算机存储和检索,ISO制定了一部专利文献著录项目的国际标准代码,即INID(ICIREPAT Number for the Identification of Data)代码。这种代码用圆圈或括号所括的两位阿拉伯数字表示,如:[10]文献标志,[11]文献号……[20]国内登记项目,[21]专利申请号,[22]专利申请日期……

6. 时间、地域、内容的局限性

专利有一定的有效期,一般从申请日起最长20年。一件专利只能在取得专利权的国家得到法律保护。一项发明申请对应一件专利,因此一件专利只解决局部问题,不可能包括设计、材料等成套资料,并且发明人为了充分保护自己的发明,专利题目一般比较笼统。

三、发明人、申请人、代理人的区别

在上面介绍的专利说明书的著录项目代码中,有一类代码是专利文献中有关人事项目的,包括申请人姓名、发明人姓名、代理人姓名、受让人姓名等。

申请人(专利权人)是指对专利权提出申请的单位或个人,并对专利享有独占、使用、处置权,在转让或者自己使用专利技术时获得经济利益。在获得专利权后每年应缴纳专利年费,以确保专利权的有效性,当专利权受到侵害时,有权向法律部门提起诉讼。

发明人(设计人)是指实际开展工作的人,享有署名权和获得适当报酬的权利,但是没有独占、使用、处置的权利。在完成发明创造过程中,只负责组织工作的人,为物质条件的利用提供方便的人或者从事其他辅助性工作的人员,不应当被认为是发明人或设计人。

代理人是指代为办理专利权申请的人。专利申请人可以直接到国家知识产权局或者通过挂号邮寄专利文件的方式申请专利,专利申请文件包括请求书、专利要求书、说明书、说明附图、说明书摘要以及摘要附图等。另外,申请人还可以委托专利代理人代办专利申请,采用这种方式,专利申请质量较高,可以避免因专利文件撰写质量问题而延误审查和授权。

四、专利的类型

(一)专利的类型

专利主要有三种类型:发明专利、实用新型专利、外观设计专利。

1. 发明专利

发明专利是指对产品、方法、用途或者对其改进所提出的新的技术方案。开拓型的发明可以是从无到有,而改进型的发明是在现有基础上加以局部改进和发展。

产品发明是指人们通过智力劳动创造出来的各种成品或产品,这些产品是自然界从未有过的,也是人类社会从未有过的,并具有实际应用的价值。

方法发明可以有制造方法的发明(如彩色胶卷的制作方法)、化学方法的发明(如合成树脂的制作)、生物方法的发明(如水稻的杂交栽培技术)和其他方法的发明(如光纤通信方法)。

改进发明是指人们对已有的产品发明或者方法发明提出实质性革新的技术方案。与上述两种发明的根本区别在于,它并不是新的产品的创制和新的方法的创造,而是对已有的产品或方法带来了新的特性,新的部分质变,但没有从根本上突破原有产品或方法的根本格局。

2. 实用新型专利

实用新型是指对产品的形状、构造或者它们的结合所提出的适于实用的新的技术方案。

3. 外观设计专利

外观设计是指对产品的形状、图案、色彩或者其结合所作出的富有美感并适合于工业上应用的新设计。

例如圆珠笔的发明,其原理和结构不同于钢笔,可以申请发明专利。圆珠笔的操作结构(旋转式、按嵌式等)有所不同,使用更方便,可申请实用新型专利。圆珠笔的外观设计的美观大方,令人赏心悦目,可申请外观设计专利。

(二)发明专利和实用新型专利的区别

在中国现行的专利法中,实用新型和发明都是专利法保护的对象,它们都是科学技术上的发明创造,从这个意义上讲两者的本质是相同的,但实际上,这两种专利又有许多的不同,主要归纳为以下四点。

1. 实用新型的创造性低于发明

中国专利法对申请发明专利的要求是,同申请日以前已有技术相比,有突出的实质性特点和显著进步;而对实用新型的要求是,与申请日以前的已有技术相比,有实质性特点和进步。对发明强调了"突出的实质性特点"和"显著进步",而对实用新型只提"实质性特点和进步"。显然,发明的创造性程度要高于实用新型。

2. 实用新型所包含的范围小于发明

由于发明是对产品、方法或者其改进所提出的新的技术方案,所以,发明可以是产品发明,又可以是方法发明,还可以是改进发明。仅在产品发明中,又可以是定形产品发明或不定形产品发明。而且,除专利法有特别规定以外,任何发明都可以依法获得专利权。但是,申请实用新型专利权的范围则要窄得多,它仅限于产品的形状、构成或者其组合所提出的实用的新的技术方案。这样,各种制造方法就不能申请实用新型专利。同时,与形状、构造或其组合无关的产品也不可能有实用新型产生。因此,实用新型的范围比发明狭窄得多,仅仅限于产品的形状、构造或其组合有关的革新设计。

3. 实用新型专利的保护期短于发明

《中华人民共和国专利法》明文规定,对于实用新型专利的保护期为10年,自申请日起计算。而发明专利的保护期规定为20年。相比之下,实用新型专利的保护期比发明专利的保护期要短得多。这是由于在一般情况下,实用新型比发明的创造过程要简单、容易,发挥效益的时间也短得多。所以,法律对它的保护期的规定相应也短些。

4. 实用新型专利申请审批的手续比发明简单

国家知识产权局收到实用新型专利的申请后,经初步审查,没有发现驳回的理由,就可以授权,并予以登记和公告,不再进行实质审查。而发明专利必须进行实质审查,审查的程序和审查的时间都要比实用新型复杂得多。

五、取得专利的条件

获得专利权必须具备一定的条件。授予专利权的发明和实用新型应当具备新颖性、创造性和实用性,授予专利权的外观设计应当具有新颖性、实用性和美感。这就是授予专利权的实质性条件,简称为专利性条件,主要包括以下"三性"。

1. 新颖性

新颖性是指在申请日以前没有同样的发明或实用新型在国内外公开发表过,或公开使用过,也没有人向国务院专利行政部门提出过申请并记载在申请日以后公布的专利申请文件中。具体来说包括以下几点。

(1)在申请提交到专利局以前,没有同样的发明创造在国内外出版物上公开发表过。这里的出版物,不但包括书籍、报刊、杂志等纸件,也包括录音带、录像带及唱片等影音件。

(2)在国内没有公开使用过,或者以其他方式为公众所知。所谓公开使用过,是指以商品形式销售或用技术交流等方式进行传播、应用,乃至通过电视和广播为公众所知。

(3)在该申请提交日以前,没有同样的发明或实用新型由他人向专利局提出过申请,并记载在以后公布的专利申请文件中。因此,在提交申请以前,申请人应当对其发明创造的新颖性作普遍调查,对明显没有新颖性的,就不必申请专利。

2. 创造性

创造性是指同申请日以前已有的技术相比,该发明有突出的实质性特点和显著的进步,该实用新型有实质性特点和进步。所谓"实质性特点"是指与现有技术相比,有本质上的差异,有质的飞跃和突破,而且申请的这种技术上的变化和突破,对本领域的普通技术人员来说并非是显而易见的。所谓"同现有技术相比有进步"是指该发明或实用新型比现有技术有明显的技术优点。

3. 实用性

实用性是指该发明或实用新型能够制造或使用,并能够产生积极效果。判断实用性应注意以下几点。

(1)一项发明的构思或技术解决方案只能使用一次,客观上不能在生产中反复出现,不能获得专利权。

(2)要求发明必须具备实用性,但并不一定要求发明已经在产业上制造或使用,或者立即在产业上制造或使用,而是通过对发明做客观分析,预料该发明能够在产业上制造或使用就可以了。

(3)科学发现及科学原理不具有工业的实用性,但是科学发现及科学原理的实施方法及手段可以申请专利。

另外，我国专利法明确规定了不予保护的范围，比如违反国家法律、科学原理、社会公德，妨害公众利益的发明创造，科学发现（自然界早已存在但尚未被人们认识的客观规律的行为），智力活动的规则和方法，疾病的诊断和治疗方法等，不能授予专利权。

六、专利申请的审批程序

(一) 目前常见的几种审批制度

1. 形式审查制

形式审查制是指只对专利申请案进行形式（如申请文件的格式、申请手续等）审查，并不作任何实质审查。这种审查方法程序简单，节省人力，批准速度快，但是专利质量无法保证，可能会引起纠纷和错误。

2. 实质审查制

实质审查是指对专利申请案进行形式审查后，还进行实质审查，无须申请人提出实质审查的要求。这种审查制度审批的专利质量比较高，但是审批的时间较长。

3. 延迟审查制

延迟审查制是指专利机构进行形式审查后，不立即进行实质审查，而是自申请日起的18个月后自行公开，或请求提前公开，将申请说明书公布于众，并从公布之日起给予临时保护。在规定时间内，待申请人提出实质审查请求后，再进行实质审查，逾期不提出请求的被视为撤回申请。我国实行延迟审查制。

(二) 中国的专利申请审查制度

对专利申请实行审查时，一件专利申请案要经过专利申请的提交与受理、初步审查、早期公开、实质审查、授权与公告等五个主要程序。

1. 提交与受理

提交专利申请应齐备法定的必要申请文件，包括请求书、说明书及其摘要和附图、权利要求书。在专利申请人提交专利申请后，国务院专利行政部门交付给申请人《受理通知书》。

2. 初步审查

初步审查是指国家知识产权局在受理专利申请案后对其所作的形式审查。主要包括申请手续、申请证件是否完备，申请人的身份、发明主题是否符合法律规定，是否缴纳了申请费。

《中华人民共和国专利法》规定：实用新型和外观设计专利申请经初步审查没有发现驳回理由的，由国务院专利行政部门授予专利权，无须进行实质性审查。

3. 早期公开

早期公开是指发明专利案自提出申请日起，有优先权的自优先权日起，满18个月予以公布，允许公众自由阅读。早期公开既有利于公众对专利申请案的协助审查，又有利于新技术的应用和推广。

4. 实质审查

实质审查是指国家知识产权局对申请发明专利的新颖性、创造性、实用性条件所作的实质性审查。其审查办法是通过较全面的世界性文献检索，判断申请专利的发明是否具有新颖性，然后判断发明是否具有创造性和实用性。

发明专利申请自申请日起3年内，国务院专利行政部门可以根据申请人随时提出的请求，对其申请提出实质审查;申请人无正当理由逾期不请求实质审查的,该申请被视为撤回。注意:实质审查程序也可以由国务院专利行政部门主动启动。

5. 授权与公告

申请人在接到国务院专利行政部门发出的授予专利权的通知之后,应当自收到通知之日2个月内办理专利权登记手续,并缴纳专利证书费、印花税及授权当年的年费。申请人按期办理登记手续的,国务院专利行政部门则授予专利权,颁发专利证书,并予以公告;逾期不办理登记手续的,则视为申请人放弃取得专利权的权利。

2000年修改后的《中华人民共和国专利法》规定,自国务院专利行政部门公告授予专利权之日起,任何单位或者个人认为该专利权的授予不符合本法有关规定的,都可以请求专利复审委员会宣告该专利无效。专利申请人对国务院专利行政部门驳回申请的决定不服的,可以自收到通知之日起3个月内,向专利复审委员会请求复审。所谓复审就是指复审委员会对发明专利申请所进行的第二次审查。

七、国外专利概述

这里重点介绍美国和日本专利。

(一) 美国专利与专利文献

美国是世界上拥有专利最多的国家,目前专利形式主要有:发明专利(invention patent)、再版专利(reissued patent,独立编号,并在号码前加"Re")、植物专利(plant patent,单独编号,号前有 plant 字样)、设计专利(design patent,即外观设计,专利号前冠有"Des"单独编号)、防卫性公告(defensive publication,专利号前加"T")和再审查专利(reexamination certificate,沿用原来的专利号,前冠以"BI")等。

美国专利局目前除出版以上几种专利的说明书外,还出版以下资料。

1.《美国专利公报》(Official Gazette of the United States Patent and Trade Mark Office,美国专利商标局官方公报)

该公报创刊于1872年,原名专利局报告(Patent Office Report)。目前为周刊,其报道内容如下。

第一部分是专利商标局向公众发布的各种有关专利、商标的法令、通告、分类表的变更、规章条例的公布、对专利申请案件的裁决、撤销等有关事项。

第二部分报道各种专利内容:防卫性公告、再公告专利、植物专利、发明专利。这些原来都以摘要形式在公报上公布,现改为公布专利说明书的主权利要求。1952年7月以前,编排形式是依专利号顺序排列,以后改为先将专利分成三大类:综合与机械(general and mechanical)、化学(chemical)、电气(electrical),每类再按分类号及专利号顺序排列。

第三部分是各种索引,如专利权人索引、分类索引和发明人住址索引等。

2.《专利索引》(Index Patents)

该索引为美国专利局出版的年度索引,它是普查美国专利的主要工具书。1965年以前每年出一本,包括专利权人和分类索引两部分索引,后因专利数量日益增多,分为两册出版。

第一分册(Part Ⅰ)为专利权人索引(list of patentees)。按发明人和专利权人字母顺序混合排列。

第二分册(Part Ⅱ)是发明主题索引(index to subject of inventions)。1953年以前该索引按发明主题字母顺序编排。从1953年起改为分类索引,但仍沿用原名,该索引只依大小类号顺序列出专利号,既无类目名称也无题目,只有掌握了确切的分类号方可使用,这种索引可将一年内的有关课题检索出来。分类索引分为两部分,前半部是主分类(original classification),后半部是参见类(cross reference classification)。该书缺点是出版速度较慢,一般要比公报晚1~2年。

3.《美国专利分类表》(Manual of Classification)

它是广大专利文献的使用者从分类途径查找美国专利必用的检索工具书。该表开始于1837年,几乎每年均有修改调整,是目前世界上最详细的一部技术资料分类表。

《美国专利分类表索引》(Index to Classification):是为了便于较快地查到分类号而编制的一本分类类目字顺索引。

《美国专利分类号与国际专利分类号对照表》(Concordance U. S. Patent Classification to International Patent Classification):为了加强国际的合作与交流,美国自1969年1月7日起在出版的专利说明书及专利公报上标注适当的 IPC 号,但仍以本国专利分类号为主。该索引是为帮助审查员及公众迅速找 IPC 号对照。

4.《美国化学专利单元词索引》(Uniform Index to Chemical Patents)

索引由美国 IFI(Information For Industry)/Plenum Data Company 出版,创刊于1950年,活页印刷,共分两个分册。

1)专利文摘索引

该索引报道的内容和美国专利公报完全一样,所不同的是把美国一年内有关化学方面的专利挑出来重新给予一个索引号。美国专利号已达七位数,此索引号最多编至四位数,便于计算机输入,每季度出版一次。

2)单元词索引表

该表每季度出版一次,但后一季度包括前一季度的内容。最后一个季度将全年内容全部汇总,为此订户每收到一次出版物,就要将前次收到的淘汰,换上新的。该表内容有:①一般名词(general terms),一式两份印刷,其编制方法是从每件化学利(包括材料)说明书中,抽出若干单元调整,少则几个,多则百余个,每个单元词下包括索引号(代表专利号);②化合物名词(compound terms);③分子团名词(fragment terms);④专利权人受让人索引(assignee);⑤分类索引,(class codes);⑥发明人索引(inventor);⑦专利号与索引号对照表。

(二)日本专利

日本专利说明书称作"公报",它是日本各类专利说明书的全文集,有四种形式:《特许公报》从1885年开始,发表较重要的创造发明,俗称大专利;《实用新案公报》从1905年开始,发表小的创造以及结构、形式等的新设计,相当于实用新型,俗称小专利;《公开特公报》(1888年开始)和《商标公报》(1884年开始)分别公布外观设计和商标设计。

日本专利说明书的出版与其他国家不同,主要有以下两种方式。

1. 出版合订本(公表公报例外)

公表公报是指"专利合作条约"(PCT),于1978年6月1日起开始受理国际专利申请案后,自优先申请日起18个月进行,在国际公开的说明书中指定国包括日本,按照条约规定自申请日起要在20个月内将译文交到指定国专利局。日本专利局将这些日文译文通过《公表特许公报》和《公表实用新案公报》进行公布。通过PCT进行国际专利申请的日本人不必再向日本专利局交付译文，也不在《公表公报》中公布，而是另外出版标题为《基于专利合作条约的国际公开日本专利》的刊物。

2. 按产业范围分册出版

1950年以后分为七个产业部门(7个分册)出版，每个产业部门包括日本专利分类表中的若干大类，由于有些分册量大，1972年7月改为14个区分(14个分册)。1980后，改为26个区分(26个分册)出版，每个区分按国际专利分类表进行划分，公表公报上则注明部门和区分号。

八、中国专利文献的检索

我国于1980年1月正式成立了"中华人民共和国专利局"。1980年6月我国参加了国际专利协调机构"世界知识产权组织"（WIPO），并于1985年成为《保护工业产权巴黎公约》的第96个成员国。1984年3月12日由第六届全国人民代表大会常务委员会第四次会议通过了《中华人民共和国专利法》，并于1985年4月1日起实施。1985年9月10日首批发布专利文献(公报和说明书)。

1. 专利文献检索工具

检索专利文献的工具有很多，如《中国专利公报》、《分类年度索引》、《申请人、专利权人年度索引》、《中国发明专利分类文摘》、《中国实用新型专利分类文摘》等，可以利用这些工具，根据已知的专利信息(如发明人姓名)，对专利手检。如《申请人、专利权人年度索引》是按照申请人或者专利权人的名称或译名的汉语拼音字顺排序，可以根据申请人、专利权人的名称，查出卷、期号、IPC分类号、公开号等，然后进一步查阅。

中国专利文献涉及的文献号主要有以下三种。

(1) 发明专利：申请号，公开号，审定号，授权公告号，专利号，公布号，公告号。
(2) 实用新型专利：申请号，公告号，授权公告号，专利号。
(3) 外观设计专利：申请号，公告号，授权公告号，专利号。

各种专利号码的含义如下。

(1) 申请号：专利申请时，专利机构按照申请文件的先后顺序给予的号码。
(2) 公开号：发明专利申请经形式审查合格后，公开其申请说明书时给的号码(只有发明专利有此号码)。
(3) 审定号：发明专利经实质审查合格后，公布其审定说明书时给的号码(只有发明专有此号码)。
(4) 公告号：实用新型专利和外观设计专利经形式审查合格后，公布其申请说明书时给的号码(发明专利无此号码)。
(5) 授权公告号：1993年将审定号和公告号均称为授权公告号。
(6) 专利号：专利申请经审查合格后，国家知识产权局授权时给的号码，是由批准年号、专利申请种类、申请流水号和校验码共同组成，在授权的专利号前面冠以汉语拼音字头"ZL"。

除了手检，还可以选择更加快捷的检索方式——机检，即利用因特网进行专利文献的检索,只要操作计算机的鼠标,就可以通过因特网从全世界任何地方查找到用户所需要的专利。因特网上有很多可以检索专利文献的网站,如:

中华人民共和国知识产权局 http://www.sipo.gov.cn/;

中国专利信息网 http://www.patent.com.cn/;

SooPAT 专利搜索 http://www.soopat.com/;

中国专利技术网 http://www.zlfm.com/。

图 2-1 是中国知识产权网的主页,可以进行专利的搜索,单击"高级检索",会出现如图 2-2 的界面,根据掌握的专利信息,选择合适的检索途径,如 IPC 分类号途径、申请人和专利权人名称途径、专利号途径等,即可进行专利的检索。

图 2-1 中国知识产权网主页面

2. 专利文献检索步骤

专利文献的检索步骤一般可以分为以下几步。

(1)分析检索课题,确定检索主题的名称、专利权人名称或专利号。

(2)根据检索主题要求,确定国际专利分类号,综合各种条件,最终确定检索标识。

(3)选择检索方式(机检或手检)。

(4)确定检索工具书的类别。

(5)初步检索。

(6)记录检索结果(各种专利号码、IPC 分类号、国别代码、发明名称及简介)。

(7)根据专利号查找专利说明书,阅读并筛选。

(8)根据需要可以进一步扩大检索。

(9)写出检索总结报告。

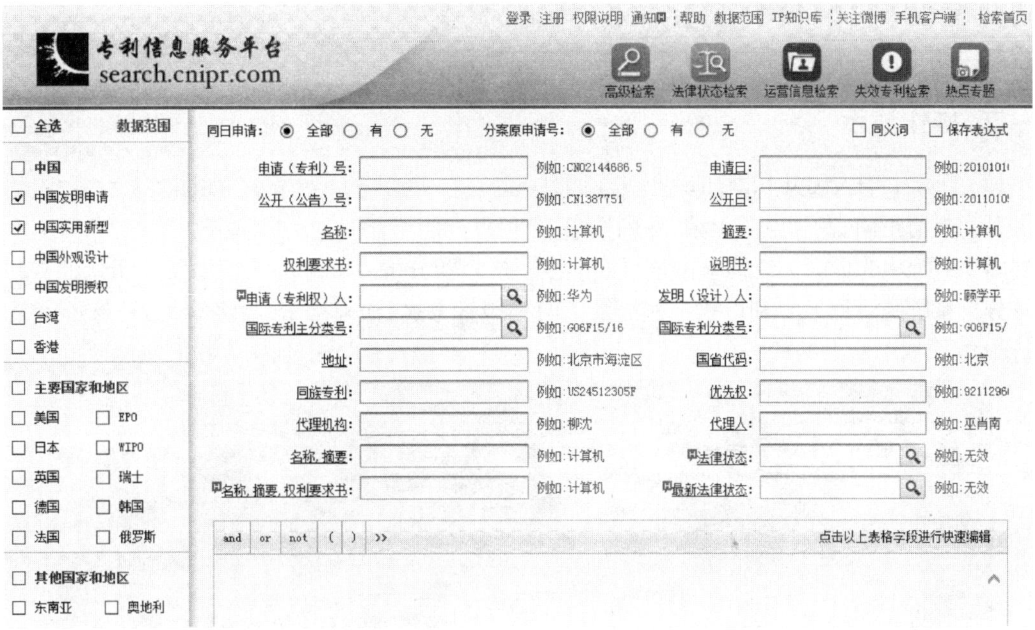

图 2-2 专利高级检索页面

任务实施

一、制订检索策略

1. 分析检索课题

查询"微波加热再生型柴油机颗粒捕集器"相关的专利,并且是浙江交通职业技术学院马林才发明的。根据发明人和专利权人的概念的区别,分析任务内容,可以确定"浙江交通职业技术学院"是对专利有独占、使用、处置权的单位名称,是专利权人或者申请人。而"马林才"则是实际开展工作的人,对专利技术不享有上述权利,是发明人的名称。由职务发明和非职务发明的区别,可以进一步得出该任务是检索马林才的职务发明。任务中限定了主题范围是"微波加热再生型柴油机颗粒捕集器",检索词确定为"柴油机颗粒捕集器"。

2. 选择检索方式

根据上文的讲述,检索方式主要有手检和机检,其中利用因特网进行机检是快速简捷最常用的搜索方式,检索专利的网站有很多,这里以中华人民共和国知识产权局为例,专利的检索入口有快速检索和高级检索两种,其中高级检索提供了多种检索途径,可选择多个检索项同时检索。

3. 初步检索

进入高级检索页面后,选择检索项,直接输入检索提问,单击检索即可。如在本任务中,选择检索项为"专利权人"、"发明人"、"摘要",分别输入的检索提问为"浙江交通职业技术学院"和"马林才","摘要"中输入"柴油机颗粒捕集器"。注意:多个检索词之间用逻辑算符and、or、not 连接,并且逻辑算符与检索词之间有空格,不符合要求的输入格式检索不出结果。

4. 记录检索结果

查看检索结果,可以得出该专利的很多相关信息,如专利申请日、公告日、优先权日、申请号、公告号、专利名称、摘要等,通过下载并安装浏览器,即可阅读专利的申请公开说明书和审定授权说明书。

二、操作演示

(1)打开中华人民共和国知识产权局网站 http://www.sipo.gov.cn/,如图 2-3 所示,该网站提供专利申请指南、专利电子申请、专利检索、专利审查信息查询等项目服务。单击"专利检索",得到图 2-4 所示的页面。继续单击该页面上专利检索及分析入口链接,得到图 2-5 所示的专利检索及分析系统主页面。专利检索一栏提供了四种检索方式:常规检索、高级检索、导航检索及命令行检索。鉴于给出的任务包含了三个信息,选择"高级检索",得到图 2-6 所示的页面。

图 2-3 中华人民共和国知识产权局页面

图 2-4 专利检索及分析入口链接页面

图 2-5　专利检索及分析系统主页面

图 2-6　高级检索界面

（2）选择检索途径。根据上面的分析，在相应的检索项中输入检索词。当在"摘要"中输入"柴油机颗粒捕集器""申请（专利权）人"中输入"浙江交通职业技术学院""发明人"中输入"马林才",单击检索,得到图2-7所示结果。

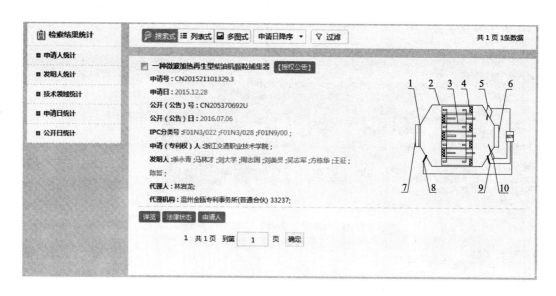

图 2-7　检索结果

任务二　通过申请人、申请日途径查询发明专利

要求:查询你所在学校2016年申请专利的情况,发明专利和实用新型专利分别统计,分组汇报。

相关知识

一、专利日期的介绍

(1)申请日:专利机关收到申请说明书之日。

(2)公开日:发明专利申请公开之日。

(3)公告日:实用新型专利和外观设计专利授权公告之日。

(4)优先权日:指专利申请人就同一项发明在一个缔约国提出申请之后,在规定的期限内又向其他缔约国提出申请,申请人有权要求以第一次申请日期作为后来提出申请的日期,这一申请日就是优先权日。

二、职务发明与非职务发明的区别

职务发明是指企业、事业单位、社会团体、国家机关的工作人员执行本单位的任务或者主要是利用本单位的物质条件所完成的职务发明创造。其申请专利的权利属于该单位。申请被批准后,该单位为专利权人;单位应当对发明人或设计人给予奖励。

据《中华人民共和国专利法》及其实施细则的规定,下列情况下完成的发明创造都是职务发明创造：

(1) 发明人在本职工作中完成的发明创造。

(2) 履行本单位交付的与本职工作无关的任务时所完成的发明创造。

(3) 主要利用本单位的物质条件(包括资金、设备、零部件、原材料或者不向外公开的技术资料等)完成的发明创造。

非职务发明创造是指没有利用本单位的物质技术条件所完成的发明创造，单位与发明人或者设计人订有合同，对申请专利的权利和专利权的归属做出约定的，从其约定。申请专利的权利属于发明人或者设计人；申请被批准后，该发明人或者设计人为专利权人。

三、如何申请专利

1. 专利申请的一般原则

(1) 请求原则。必须有人提出专利申请，专利局方能受理。

(2) 书面原则。提交的各种手续，应以书面的形式办理，并由申请人签字或盖章；申请文件必须参照专利局规定的统一格式的表格。

(3) 先申请原则。两个以上的申请人分别就同样的发明创造申请专利的，专利权授予最先申请人。

(4) 优先权原则。指申请人自发明或实用新型在中国第一次提出专利申请之日起12个月内(但没授予专利权)，又向专利局就相同的主题提出专利申请的，可享有本国优先权。

(5) 单一性原则。不允许将两项不同的发明或实用新型放在同一件专利申请中，也不允许将一种产品的两项外观设计或者两种以上产品的外观设计放在一件专利申请中提出。

2. 申请专利需要递交的文件(文件必须参照专利局规定的统一表格样式)

(1) 申请发明专利所需文件。发明专利请求书、说明书、权利要求书、说明书摘要，有附图的可同时提交说明书附图和摘要附图。以上文件要求一式两份。

(2) 申请实用新型专利所需文件。实用新型专利请求书、说明书、权利要求书、说明书摘要、说明书附图、摘要附图。以上文件要求一式两份。

(3) 申请外观设计专利所需文件。外观设计专利请求书、外观设计图或照片(要求保护色彩的应提交彩色和黑白的图或照片)、外观设计简要说明。

3. 申请文件的撰写

关于申请文件的撰写可以参考中国国家知识产权局所发布的有关文件表格和指导书，这些资料均可以从中国专利网上下载得到。说明书应当对发明或者实用新型做出清楚、完整的说明，以所属技术领域的技术人员能够实现为准，必要时，应当有附图。摘要应当简要说明发明或者实用新型的技术要点。权利要求书应当以说明书为依据，说明要求专利保护的范围。申请外观设计专利的，应当提交申请书以及该外观设计的图片或者照片等文件，并且应当写明使用该外观设计的产品及所属的类别。

申请专利的具体流程如图2-8所示。

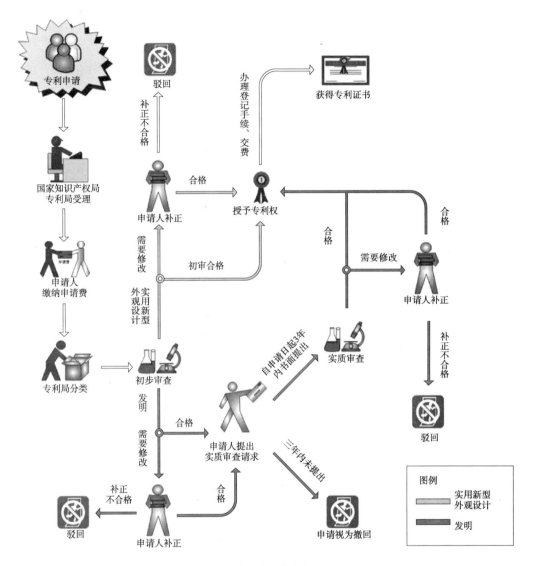

图 2-8　中国专利申请流程图

任务实施

一、制订检索策略（以浙江交通职业技术学院为例）

1. 分析检索课题

根据各个专利日期（如申请日、公开日、公告日）的区别，分析任务，可以确定 2016 年是申请日，即提交专利或专利机构收到申请说明书的日期。浙江交通职业技术学院是专利的申请人或专利权人，专利类型分别为发明专利和实用新型，即要求检索 2016 年浙江交通职业技术学院申请的发明专利和实用新型专利。

2. 选择检索方式

此处仍然选择快捷方便的机检,选择中华人民共和国知识产权局网站,并且选择高级检入口,利用逻辑"与"检索。

3. 初步检索

进入高级检索页面,选择检索项后,直接输入检索信息,单击检索即可。如在本任务中,分别选择检索项为专利权人、申请日,分别输入的检索信息为"浙江交通职业技术学院"和"2016",同时选择专利类型为发明专利和实用新型。其中申请日由年、月、日三部分组成,输入的格式有多种。

4. 记录检索结果

查看检索结果,可以得出该专利的很多相关信息,如专利申请日、公告日、优先权日、申请号、公告号、专利名称、摘要等,通过下载并安装浏览器,即可阅读专利的申请公开说明书和审定授权说明书。

二、操作演示

(1)打开中华人民共和国知识产权局网站 http://www.sipo.gov.cn/,在页面上找到专利检索的位置,选择"高级检索"入口,进入高级检索页面。

(2)选择检索途径,"申请(专利权)人"处输入"浙江交通职业技术学院","申请日"处输入"2016",如图2-9所示,单击检索即可获得检索结果,如图2-10所示。

图2-9 检索操作

(3)浏览检索结果,共获得19条数据,如图2-10所示,通过翻页查阅更多专利。通过过滤操作可以分别进行发明专利或实用新型的检索,这样可以更加方便地加以区分。同样的,可以单击查看更详细的著录项目,也可以查看申请公开说明书和审定授权说明书。

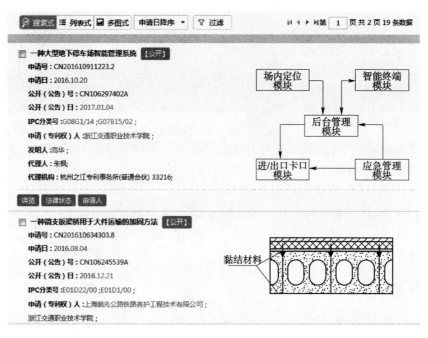

图 2-10　检索结果

> **课外任务**

任务 1　查找关于汽车车道保持技术的发明专利，请选择一个阅读，写出 100 字以内的专利介绍。

任务 2　查找 2007 年以来，与汽车电动助力转向相关的授权专利，写出 100 字以内的电动助力转向技术简介。

任务 3　查询你所在学校 2010 年申请专利的数量、授权专利的数量以及历年来所有授权专利的数量。

任务 4　利用相关专利工具，要求至少包含两个主题词、两项检索技术，检索一条关于"废气涡轮增压"方面的外文专利文献，并做简要介绍。

项目三 标准文献的查询

> **学习目标**
>
> **知识目标**
> 1. 掌握标准文献的分类(按标准使用范围划分、按标准法规性划分)。
> 2. 掌握常用检索标准文献的数据库。
> 3. 掌握 ISO 9000 标准族的内容范畴。
> 4. 了解中国标准的等级及编号。
> 5. 了解标准文献的基本知识(定义、性质、特点)。
> 6. 了解国际标准化组织 ISO。
>
> **能力目标**
> 能使用中国标准服务网等数据库进行标准文献的检索。

标准是科学、技术和实践经验的总结。为在一定的范围内获得最佳秩序,对实际的或潜在的问题制定共同的和重复使用的规则的活动,即制定、发布及实施标准的过程,称为标准化。早在 20 世纪 70 年代,钱学森就提出要加强标准、标准化工作及其科学研究以应对现代、国际化的发展环境。通过标准及标准化工作,以及相关技术政策的实施,可以整合和引导社会资源,激活科技要素创新,加速技术积累、科技进步、成果推广、创新扩散、协调、可持续发展。

任务一 检索"汽车排放"相关的标准

要求:利用中国标准服务网检索有关"汽车排放"的标准,并指出所查出标准文献的类型。

相关知识

一、标准与标准文献

标准是对需要协调统一的技术、概念或重复性的事物所做出的统一规定,其含义包括如下几个方面。

(1)制定标准的目的。在一定范围内获得最佳秩序,取得最好的效益。
(2)制定标准的基础。科学性和代表性。
(3)标准的重复使用性。多次反复地使用。
(4)标准的统一与通用性。统一的规定应当通用。

(5)制定标准的程序和特定格式。编写的格式、印刷和编号方法应该统一。

标准化是为了在一定的范围内获得最佳秩序,对实际的或潜在的问题制定共同的和重复使用的规则的活动。标准化的重要意义是改进质量、过程和服务的适用性,防止贸易壁垒,并促进技术合作。

1988年12月29日通过的《中华人民共和国标准化法》是国家推行标准化,实施标准化管理和监督的重要依据。该法规对下列需要统一的技术要求制定了标准。

(1)工业产品的品种、规格、质量、等级或者安全、卫生要求。

(2)工业产品的设计、生产、检验、包装、储存、运输、使用的方法或者生产、储存、运输过程中安全、卫生要求。

(3)有关环境保护的各项技术要求和检验方法。

(4)建设工程的设计、施工方法和安全要求。

(5)有关工业生产、工程建设和安全要求。

以上技术标准就构成了标准文献,它是生产技术活动中必须遵循的一种规范性技术文件。

二、标准的作用和意义

标准化的目的是对在经济、技术、科学管理等实践中重复事物和概念通过制定、发布和实施标准,达到统一,以获得最佳秩序和社会效益。在依赖技术的现代经济中,标准构成了重要的技术基础,对经济有着重大而复杂的影响。

1. 标准是质量的基础和保证

衡量质量和质量管理水平的尺度是标准。可以说,有什么样的标准就有什么样的质量,一个国家的标准水平就反映了这个国家被规定对象当时当地的技术水平,采用先进标准能够促进质量的提高。

需要注意的是质量的含义不仅是工业产品、农业产品、服务产品的质量,在社会的其他方面(如环境、生态等)都有质量问题,也都要有标准。

2. 标准是产品进入市场的通行证

所谓市场准入就是指哪些商品可以进入市场交易规则体系。我国对市场客体准入有严格规定,其中市场客体的合理性是最基本的内容。如工业品能否进入市场,要看其是否符合国家规定的标准和经检验合格。

标准能够成为市场客体准入的通行证,是因为标准体现了产品质量的具体要求,标准是判定产品是否合格的唯一依据,标准是企业进行质量管理和国家进行市场管理的基础。符合此类标准的企业与产品就可能在市场上立足,反之,就可能被淘汰。

3. 标准为国际贸易和技术合作提供技术依据

随着国际经济的一体化,一切经济上对外开放的国家必然要参与国际市场的竞争,建立连接国内市场与国际市场的"技术平台",此时标准作为调控市场的手段有着重要功能作用。

一是可以推动国际标准贸易(特别是出口)的发展。采用国际标准、国外先进标准是国际贸易市场准入的最主要的标准化战略,被誉为对外贸易的"技术外交"和"共同语言"。这是因为在国际市场流转的商品,其相关标准是现代国际贸易的基本条件之一。国际贸易中很大一部分商品质量是通过技术标准体现的,这不仅可以大大简化国际贸易买卖合同确定商品质量的方法,而且为解决国际贸易纠纷创造了公正的条件。

二是利用标准设置贸易壁垒。不少国家制定出苛刻的技术标准、卫生安全标准、包装和标签规定以及各种强制性的名目繁多的技术法规,这些技术法规是当今世界设置非关税壁垒的重要手段。技术壁垒是国际贸易的"双刃剑",既可以保护本国市场和产品生产,又可以阻止外国产品进入本国市场。因此,研究发达国家在国际贸易中实施的技术壁垒情况,无论对我国的出口贸易还是对企业的生产,都具有十分重要的意义。

4. 标准是发挥市场调控作用的实现形式

标准能够成为市场调控的手段。标准作为对产品、工艺、检验方法等的统一规定,不能够直接干预市场运行,但是它能够影响市场运行的过程与结果。我国于1993年开始实行环境标志制度。环境标志是一种产品的证明性商标,它表明该产品不仅质量合格,而且在生产、使用和处置过程中符合特定的环境保护要求,而这些必须落实在产品、环境、工艺等标准上。

标准化工作可以适应新形势的要求,更好地为国民经济和社会发展提供技术支撑。为适应我国加入WTO后的需要,应该坚定地推进标准化工作进程。密切关注高新技术的发展动向,积极开展高新技术标准的制定工作,促进高新技术的产业化发展。要及时修改落后的标准,促进传统产业升级,要大力推动企业积极采用国际标准和国外先进标准,提高我国产品国际市场上的竞争能力,要抓紧研究制定服务标准,推动我国第三产业在高起点上发展。

三、标准的分类

标准的分类与分级是科学管理和信息交流所要求的。为了便于了解标准的类别,更好地开展标准化工作,可以按照标准的使用范围、内容性质等进行分类。

标准按使用范围划分有国际标准、区域标准、国家标准、行业标准、地方标准、企业标准;按内容性质划分有基础标准(一般包括名词术语、符号、代号、机械制图、公差与配合等)、产品标准(产品适用范围、产品品种、规格、等级型号、物化性能、使用特性、检测方法)、方法标准(包括工艺要求、过程、要素、工艺说明等)、安全与环境保护标准、信息标准、管理标准;按成熟程度划分有法定标准、推荐标准、试行标准、标准草案。

国际标准由国际标准化组织(ISO)理事会审查,ISO理事会接纳国际标准并由中央秘书处颁布;国家标准在中国由国务院标准化行政主管部门制定;行业标准由国务院有关行政主管部门制定;企业生产的产品没有国家标准和行业标准的,应当制定企业标准,作为组织生产的依据,并报有关部门备案。法律对标准的制定另有规定,依照法律的规定执行。制定标准应当有利于合理利用国家资源,推广科学技术成果,提高经济效益,保障安全和人民身体健康,保护消费者的利益,保护环境,有利于产品的通用互换及标准的协调配套等。

四、中国标准文献

(一)中国标准的分类

1. 按我国标准化法划分

中国标准分为国家标准、行业标准、地方标准和企业标准四级。

对需要在全国范畴内统一的技术要求,应当制定国家标准。

对没有国家标准而又需要在全国某个行业范围内统一的技术要求,可以制定行业标准。

对没有国家标准和行业标准而又需要在省、自治区、直辖市范围内统一的工业产品的安全、卫生要求,可以制定地方标准。

企业生产的产品没有国家标准、行业标准和地方标准的,应当制定相应的企业标准。对没有国家标准、行业标准或地方标准的,鼓励企业制定严于国家标准、行业标准或地方标准要求的企业标准。

另外,对于技术尚在发展中,需要有相应的标准文件引导其发展或具有标准化价值,尚不能制定为标准的项目,以及采用国际标准化组织、国际电工委员会及其他国际组织的技术报告的项目,可以制定国家标准化指导性技术文件。

2. 按照标准化对象划分

通常把标准分为技术标准、管理标准和工作标准三大类。

技术标准——对标准化领域中需要协调统一的技术事项所制定的标准。包括基础标准、产品标准、工艺标准、检测试验方法标准,及安全、卫生、环保标准等。

管理标准——对标准化领域中需要协调统一的管理事项所制定的标准。

工作标准——对工作的责任、权利、范围、质量要求、程序、效果、检查方法、考核办法所制定的标准。

(二)中国标准文献的分类

原国家标准局在 1984 年 7 月发布了《中国标准文献分类法(试行)》(China Classification for Standards,CCS),统一全国的标准文献分类。此分类法设 24 个大类,以人类的基本生产活动排序,划分各种工业生产和人类生活需要,大类的序列如下:

A 综合

B 农业、林业

C 医药、卫生、劳动保护

D 矿业

E 石油

F 能源、核技术

G 化工

H 冶金

J 机械

K 电工

L 电子元器件与信息技术

M 通信、广播

N 仪器、仪表

P 工程建设

Q 建材

R 公路、水路运输

S 铁路

T 车辆

U 船舶

V 航空、航天

W 纺织

X 食品

Y 轻工、文化与生活用品

Z 环境保护

中国国家标准目录专业分类是由中国标准文献分类的一级类目字母加二级类目两位数（代码）组成。各条目录先按 24 个大类归类,再按其二级类目代码的数字(00~99)顺序排列。二级类目代码的排序实质上按专业内容有一定的范围划分,例如化学试剂方面的标准文献是归类于 60~69 的代码范围。为指导检索者迅速确定查找二级类目代码的范围,在每大类前有"二级类目"分类指导表。

（三）中国标准文献构成

一份文件形式的国家标准文献由封面、正文、附加说明三部分组成。

1. 封面的著录项(图 3-1)

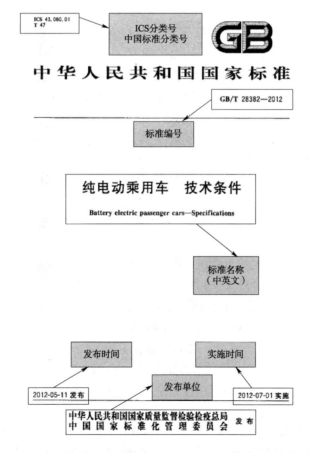

图 3-1　中国国家标准封面格式

（1）标准名称（附相应的英文名称）。

（2）标准编号：由"GB"+序号+制定年份组成。

(3)标准分类号:ICS 分类号。

中国标准分类号(一级类目字母+二级类目代码)。

(4)标准的发布单位:发布及实施标准的日期(年、月、日),需要注意的是年份的表示方法,我国在 1995 年以前用两位数表示,从 1995 年开始所有的各级各类标准均用四位数字表示。

2. 正文部分

主要包括主题内容与适用范围、引用标准、术语或定义、原料要求产品分类、技术要求或质量要求、检验或试验方法、检验或验收的规则、包装标志运输储存等。

3. 附加说明

主要包括标准制定的提出单位、技术归属单位、负责起草单位和主要的起草人。

4. 中国标准文献编号

中国标准文献编号采用代号加顺序号加发布年份的结构形式,例如:

GB/T　　　　5623—　　2008　　产品电耗定额制定和管理导则
国家标准代号　顺序号　发布年份　标准名称

说明:

(1)该标准是 2008 年发布的顺序号为 5623 的推荐性国家标准。

(2)该标准的中国标准分类号为 F01,属于能源、核科技综合类标准。

(3)该标准的国际标准分类号为 ICS 27.010

ICS 是国际标准分类法(International Classification for Standards)的简称,ICS 分类按照三级构成,第一级为标准化领域的 41 个大类,例如:道路车辆工程,农业,冶金。每个大类以两位数字表示,例如:43 道路车辆工程。第二级是把全部大类再分成 407 个二级类,其类号是由三位数组成并与大类号用一个点"."隔开,如 71.040 表示"化工技术"大类中的"分析化学"中类。在 407 个二级类中,有 134 个又进一步分成三级类(896 个三级类目),其类号由两位数字组成,并与二级类日用一个点"."隔升,如 70.040.30 表示"化工技术"大类,"分析化学"中类,"化学试剂盒参考物质"小类。

(四)国家标准

国家标准是指由国家标准化主管机构批准发布,对全国经济、技术发展有重大意义,且在全国范围内统一的标准。不同的国家标准有不同的代号,如美国的国家标准代号为 ANSI,英国的为 BS。中国的国家标准是指对全国经济技术发展有重大意义而必须在全国范围内统一的标准,由国务院标准化行政主管部门编制计划,协调项目分工,组织制定(含修订),统一审批、编号、发布,其代号为"GB"(即"国家标准"汉语拼音首字母)。法律对国家标准的制定另有规定的,依照法律的规定执行。国家标准的年限一般为 5 年,过了年限后,国家标准就要被修订或重新制定。此外,随着社会的发展,国家需要制定新的标准来满足人们生产、生活的需要。因此,标准是种动态信息。

国家标准分为强制性国标(GB)和推荐性国标(GB/T)。国家标准的编号由国家标准的代号、国家标准发布的顺序号和国家标准发布的年份构成。强制性国标是保障人体健康、人身、财产安全的标准和法律及行政法规规定强制执行的国家标准;推荐性国标是指生产、检验、使用等方面,通过经济手段或市场调节而自愿采用的国家标准。但推荐性国标一经接受并采用,或各方商定同意纳入经济合同中,就成为各方必须共同遵守的技术依据,具有法律上的约束性。

(五)行业标准

根据《中华人民共和国标准化法》的规定:由我国各主管部、委(局)批准发布,在该部门范围内统一使用的标准,称为行业标准。例如:机械、电子、建筑、化工、冶金、轻工、纺织、交通、能源、农业、林业、水利等,都制定有行业标准。截至1992年12月底,完成51个行业标准管理范围的划分工作,并相应地授予行业标准的代号。随着国家机构的改革和市场经济体制的完善,现在国家标准的发布与制定由国家质量监督检验检疫局统一管理,先前的行业标准主管部门、代码和内容已经发生比较大的变化,同时,还会制定其他新的行业标准。具体见表3-1。

我国行业标准代号　　　　　　　　　　表3-1

序号	标准类别	标准代号	序号	标准类别	标准代号	序号	标准类别	标准代号
1	安全生产	AQ	24	建材	JC	47	商检	SN
2	包装	BB	25	建筑工业	JG	48	石油天然气	SY
3	船舶	CB	26	建工行标	JGJ	49	海洋石油天然气	SY(10000号以后)
4	测绘	CH	27	金融	JR	50	铁道	TB
5	城镇建设	CJ	28	交通	JT	51	土地管理	TD
6	新闻出版	CY	29	教育	JY	52	铁道交通	TJ
7	档案	DA	30	旅游	LB	53	体育	TY
8	地震	DB	31	劳动和劳动安全	LD	54	物资管理	WB
9	电力	DL	32	粮食	LS	55	文化	WH
10	地质矿产	DZ	33	林业	LY	56	兵工民品	WJ
11	核工业	EJ	34	民用航空	MH	57	外经贸	WM
12	纺织	FZ	35	煤炭	MT	58	卫生	WS
13	公共安全	GA	36	民政	MZ	59	文物保护	WW
14	建工国标5万号以上	GBJ	37	农业	NY	60	稀土	XB
15	供销	GH	38	轻工	QB	61	黑色冶金	YB
16	国军标	GJB	39	汽车	QC	62	烟草	YC
17	广播电影电视	GY	40	航天	QJ	63	通信	YD
18	航空	HB	41	气象	QX	64	有色冶金	YS
19	化工	HG	42	国内贸易	SB	65	医药	YY
20	环境保护	HJ	43	水产	SC	66	邮政	YZ
21	海关	HS	44	石油化工	SH	67	中医药	ZY
22	海洋	HY	45	电子	SJ			
23	机械	JB	46	水利	SL			

(六)地方标准

在国家的某个地区通过并公开发布的标准为地方标准。强制性地方标准的代号由汉语拼音字母"DB"加上省、自治区、直辖市行政区划代码前两位数字组成。推荐性地方标准加"T"组成。地方标准的编号,由地方标准顺序号和年份组成。例如:

   DB/T   11   ××× — ××××
 推荐性地方标准 地区代码(北京市) 标准顺序号 发布年份

(七)企业标准

企业标准是指企业为生产技术工作的需要而制定的标准。有些产品在没有制定国家标准和行业标准时,为了提高产品质量,企业可以制定比国家标准和行业标准更先进的产品质量标准,即通常所称为"内控标准"。在我国,应该提倡企业尤其是服务业积极参与、制定和实施企业标准,使企业标准高于现在的行业标准,高于国家标准,甚至高于国际标准。这样的企业才有竞争力,这也是服务业发展的一个趋势。

五、中国标准文献的检索

(一)检索工具

1. 标准文献手工检索工具

(1) 标准的检索期刊。包括定期专门报道一定范围技术的索引、文摘和目录刊物,例如标准化文摘、产品目录。一般用于追溯检索。

(2) 标准的参考工具书。一般为不定期连续出版,是把收集、汇总一定时期内颁布的特定范围的技术标准加以系统排列后出版,这类工具书分为目录、文摘和全文多种形式,使用方便,但有一定时滞。

(3) 标准的情报刊物。除了及时报道新颁布的有关标准情报,还广泛报道标准化组织、标准化活动和会议、标准化管理与政策等许多有关情报,是检索最新技术标准情报的有效工具。

2. 计算机检索工具

1) 网络数据库检索

检索标准文献的数据库有很多,如:

万方数据库——中外标准 http://c.wanfangdata.com.cn/Standard.aspx;

国标准服务网 http://www.cssn.net.cn/;

中国标准网 http://www.zgbzw.com;

中国标准咨询网 http://www.chinastandard.com.cn/;

标准网 http://www.Standarden.com/。

图3-2是中国标准服务网的主页,该数据库提供了国家标准数据共18901个,经过加工处理,包括英文标题、中英文主题词、专业分类等信息。行业标准HB数据近50000个,强制性国家标准数据共2507条,是为了便于查询从国家标准数据库提取的全部强制性国标,此外还有单独建成的建设标准数据共300条左右,其数据内容同国家标准数据库。

2) 光盘数据库检索

利用标准光盘数据库可以方便地检索到国际标准、许多国家以及标准组织颁布实施的标准。如:美国 HIS 公司推出的《世界标准光盘数据库》收集了世界上近 400 个主要标准组织的标准。

图 3-2 中国标准服务网主页

(二)检索方式

以中国标准服务网为例,标准检索提供四种检索方式:简单检索、分类检索、高级检索和专业检索。

1. 简单检索

简单检索功能是简单的模糊检索方式,提供用户按标准号或标准名称对标准信息数据库进行方便快捷的检索。

按"标准号"检索仅对标准号一个字段进行查询,按"关键词"检索可同时对中文标题、英文标题、中文关键词、英文关键词等字段进行查询。

检索入口:在中国标准服务网首页中间位置提供标准模糊检索功能,如图 3-3 所示。

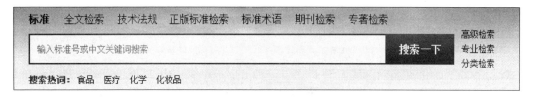

图 3-3 简单检索

需先选择按"标准号"检索还是按"关键词"检索,然后再输入检索条件。检索条件可以是单个词,也可以是多个词,多个词之间应以空格分隔,空格分隔的多个词之间是逻辑"与"的关系,即检索结果中必须同时满足包含有输入的以空格为分隔的词。检索条件不区分小写。

【示例 3-1】 按标准号检索

如已知标准号"GB/T 1.1—2000",检索条件可输入:"GB 1.1"、"gb 1.1"、"如 gb/t1.1"、

"GB/T 1.1—2000"等均可查询到该标准。

注意:按标准号检索,检索条件输入时应按标准号的一般写法顺序输入,不清楚的可以用空格分隔,不可以反向输入标准号,如输入"1.1 gb"、"1.1 gb/t"则查不到该标准。

【示例3-2】 按关键词检索

如需查询"婴儿食品"或"baby foods",检索条件可输入:"婴儿食品",则可在中文标题及中文关键词中检索出包含"婴儿食品"的标准。

如果检索条件输入:"婴儿 食品"(注意此处空格的运用,这是作为两个词输入的),则可在中文标题及中文关键词中检索出同时包含"婴儿"和"食品"的标准。

如果检索条件输入:"baby foods"(注意此处空格的运用,这是作为两个词输入的),则可在英文标题及英文关键词中检索出同时包含"baby"和"foods"的标准。

注意:在应用标准模糊检索方式时,输入的多次检索词必须同是中文或同是英文,如果中英文混输,如输入"婴儿 food",一般无法检索到想要的标准。

2. 分类检索

分类检索又分为按"国际标准分类"和"中国标准分类"两种。可单击自己需要的分类方式,单击后页面会显示当前类别下的明细分类,直到显示该分类下的所有标准列表。中国标准的分类检索如图3-4、图3-5所示。

3. 高级检索

高级检索界面如图3-6所示。与前两种检索方式相比,标准高级检索提供了可输入多种条件、不同条件进行组合的检索方式,用户能够更准确地查找所需的标准。

4. 专业检索

专业检索界面如图3-7所示。专业检索最大的优势在于可以运用逻辑检索式自由组配不同字段的检索词,可以提高检索效率。

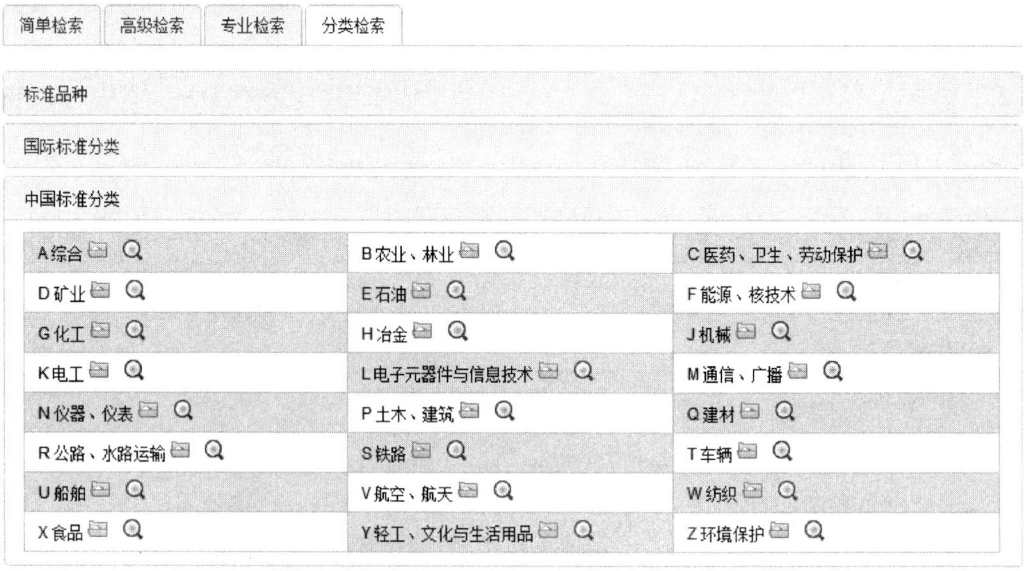

图3-4 按"中国标准分类"检索的一级分类

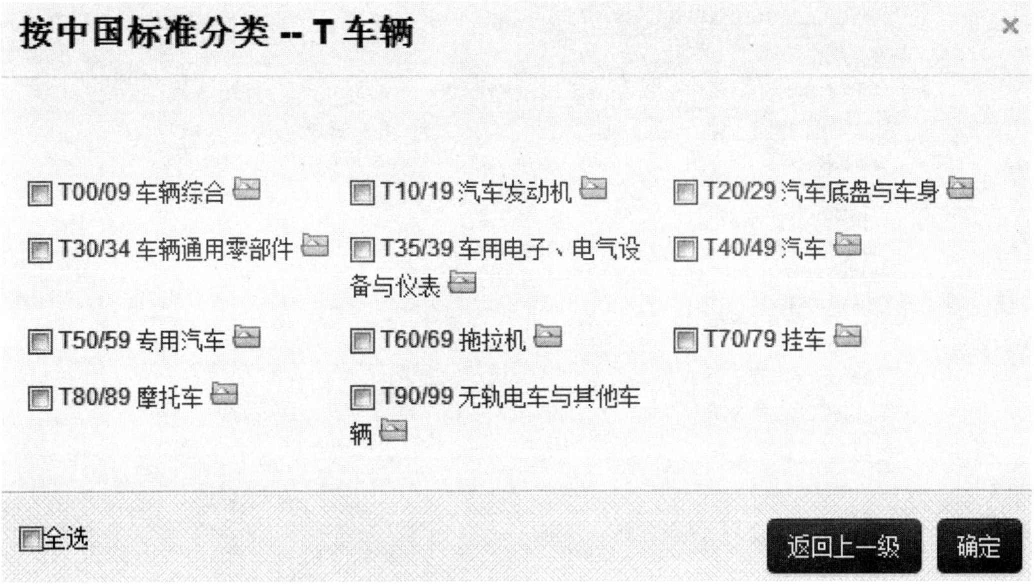

图 3-5　按"中国标准分类"检索的化工类的二级分类

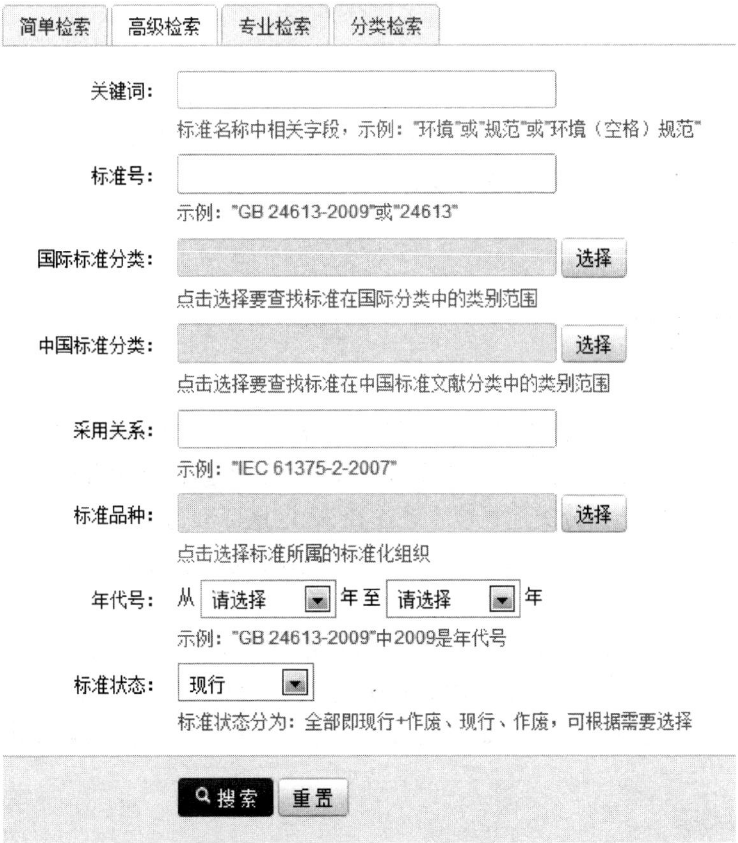

图 3-6　高级检索界面

图 3-7 专业检索界面

(三) 检索途径

标准检索的途径主要有号码途径、分类途径、主题途径。如已知一个标准的标准号为 GB/T 5923—2010,就可以通过号码途径查到该标准。若查找"汽车柴油机燃油滤清器试验方法"的标准,可以确定该标准为车辆类,就可以通过分类途径查找。

任务实施

一、制订检索策略

1. 分析检索课题

利用中国标准服务网检索与"汽车排放"相关的标准,并指出标准类型。由检索课题可以得出检索的工具为计算机检索,并且制订检索的数据库为中国标准服务网 http://www.cssn.net.cn/。检索途径可以选择分类途径或主题途径,确定该标准为 T——车辆类的,或者确定主题词为"汽车""排放"等。检索方式可以选择标准模糊检索、标准分类检索或标准高级检索。

2. 初步检索

确定一种检索方式,如高级检索,进入高级检索页面,选择检索项后,直接输入检索提问式,单击检索即可。在本任务中,选择检索项为"中文关键词",输入"汽车"、"排放",单击检索。若选用分类检索,选择"中国标准分类",然后单击"车辆",根据课题要求进一步的检索即可。

3. 记录检索结果

查看检索结果,可以获得某一标准的很多相关信息,如中文题名、英文题名、发布出版日期、实施日期、发布或出版单位、文摘信息、被代替标准信息、相关分类号、相关关键词等。

二、操作演示

（1）打开中国标准服务网的网站。

（2）选择标准高级检索方式。根据上面分析的结果，在"中文关键词"中输入"汽车排放"，单击"开始检索"，如图 3-8 所示。

图 3-8　高级检索操作

（3）浏览初步检索结果。结果以列表的形式显示，只显示标准编号和标准题名，符合上述要求的标准共 381 条，如图 3-9 所示，查询到的记录过多，可以单击"按品种筛选"，查看查询到的标准文献属于什么类型，然后根据自己的需要筛选。

图 3-9　检索结果

(4)单击其中一个标准文献"汽车排放术语和定义",查看标准详细信息,如图 3-10 所示,可获得该标准的标准编号、标准题名、发布出版日期、单位、文摘信息、被代替标准信息、相关分类号等。

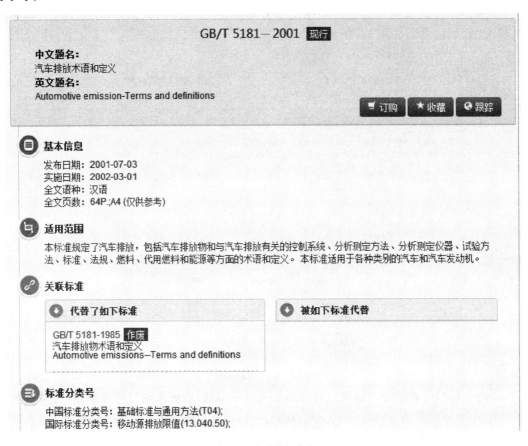

图 3-10　标准详细信息

任务二　查找 GB 7258—2012 的内容及与国际标准 ISO 相关的标准

利用中国标准服务网查找 GB 7258—2012 的内容,并指出它与国际标准 ISO 哪个标准相关。

相关知识

一、国际标准的简介

国际标准是指国际标准化组织(ISO)、国际电工委员会(IEC)和国际电信联盟(ITU)制定的标准,以及国际标准化组织确认并公布的其他国际组织制定的标准。国际标准在世界范围内统一使用。

1. ISO 简介

ISO 标准是指由国际标准化组织(International Organization for Standardization, ISO)制定的标准。国际标准化组织是一个由国家标准化机构组成的世界范围的联合会,现有 140 个成员国。根据该组织章程,每一个国家只能有一个最有代表性的标准化团体作为其成员,原国家质量技术监督局以 CSBTS 名义国参加 ISO 活动。国际标准化组织涉及除电子、电气外的所有专业领域,制定标准的技术工作均有相应的机构。下设有 212 个技术委员会,600 多个技术委员会分会,2000 多个工作组。

国际标准分类法(International Classification for Standards, ICS)是国际标准化组织正在使用,并建议所有 ISO 成员采用的标准文献分类法。1996 年 11 月 28 日我国决定自 1997 年 1 月 1 日起在国家标准、行业标准和地方标准中采用 ICS 分类法。ICS 是一个等级分类法,包含三个级别。第一级包含 40 个标准化专业领域,各个专业又细分为 407 个组(二级类),407 个二级类中的 134 个又被进一步细分为 896 个分组(三级类)。国际标准分类法采用数字编号。第一级和第三级采用双位数,第二级采用三位数表示,各级分类号之间以实圆点相隔。例如:

43 道路车辆工程

43.080 商用车辆

43.080.01 一般商用车辆

一份"ISO 标准"文献由封面、正文、附加说明三部分组成,封面主要由以下内容组成:标准名称(英文名称)、标准编号(由"ISO"+序号:发布年份组成)、标准分类号、主题词、标准件的印刷版次及日期、标准文件所用文种、标准文件的售价等级依据的页码。如一份"ISO 标准"文献的构成为:

ISO/TS　　　　16949　　　:　　　2009
国标代号　　　序号　　　　　　发布年份

2. IEC 标准

国际电工委员会简称 IEC,是世界上与 ISO 并列的两大国际性标准化组织之一,专门负责研究和制定电工电子技术方面的国际标准。包括综合性基础标准、电工设备标准、电工材料标准、日用电器标准、仪器仪表及工业自动化有关标准、无线电通信标准等。

二、ISO 9000 族标准的产生及构成内容

(一)ISO 9000 族标准的产生

为了适应世界经济和国际贸易发展的需要,确保消费者的利益,国际标准化组织(ISO)根据英国 BSI 的提议,于 1979 年成立了 ISO/TC 176"质量管理和质量保证技术委员会",目标是制定一套质量管理和质量保证国际标准,该委员会以英国 BSI 5750 和加拿大 CSAZ-229 这两套标准为基础,并参照其他国家的质量管理和质量保证标准,在总结各国质量管理经验的基础上,经过五年的努力,ISO 于 1986 年完成了 ISO 9000~ISO 9004《质量管理和质量保证》系列标准,并于 1987 年 3 月正式发布。

2000 年 12 月 15 日,国际标准化组织正式发布了新版本的 ISO 9000 族标准,统称为 2000 版 ISO 9000 族标准。该标准的修订充分考虑了 1987 版和 1994 版标准以及现有其他管理体系的使用经验,使质量管理体系更加适合各类企事业的需要。

(二)核心标准

2000 版 ISO 9000 族标准是一个大的标准家族,标准数量较多,而且还在发展之中。核心标准有以下四个。

ISO 9000:2000 质量管理体系—基本原则和术语

ISO 9001:2000 质量管理体系—要求

ISO 9004:2000 质量管理体系—业绩改进指南

ISO 19011:2000 质量和环境审核指南

(三)认证的含义

认证是指由可以信任的第三方证实某一经鉴定的产品或服务符合特定标准或规范性文件的活动。目前各国的质量认证机构主要开展两个方面的认证业务。

1. 产品质量认证

在认证制度产生之前,卖方为了推销其产品,通常采用"产品合格声明"的方式,来博取顾客的信任。这种方式,在当时产品简单、不需要专门的检测手段就可以直观判别优劣的情况下是可行的。但是随着科学技术的发展,产品的结构和性能日趋复杂,仅凭买方的知识和经验很难判断产品是否符合要求;加之卖方的"产品合格声明"并不总是可信的,这种方式的信誉和作用就逐渐下降。在这种情况下,产品质量认证制度就产生了。

产品质量认证包括合格认证和安全认证两种。依据标准中的性能要求进行认证称为合格认证;依据标准中的安全要求进行认证称为安全认证。前者是自愿的,后者是强制性的。实施产品质量认证的意义在于通过一个公正的认证机构,经过认证程序,对于产品提供正确、可靠的质量信息,为社会服务,以促进经济的发展。产品质量认证可以有效地维护消费者的利益;可以激发企业竞争,树名牌产品,提高经济效益;可以促进企业加强质量管理和建立质量保证体系;可以推动标准的实施和贯彻;是节约人力、物力、减少重复劳动的有力措施;可以有效地保护消费者的安全和健康;可以提高产品在国际市场上的竞争能力;促进技术进步,加强国家对产品质量的宏观控制。

2. 管理体系认证

管理体系认证制度之所以得到世界各国的普遍重视,关键在于它是以一个公正的第三方认证机构对管理体系做出正确、可靠的评价,而使人们有信任感。这项制度对供方、需方和社会的利益都具有重要的作用。可以提高供方的管理信誉和知名度;促进企业建立和健全管理保证体系;增强国际市场和出口商品的竞争力;通过管理体系认证,为需方选择合格的供方提供了方便。

三、ISO 9000 标准认证适用范围、条件及程序

1. ISO 9000 标准认证适用范围

(1)通过实施质量管理体系寻求优势的组织。

(2)对能满足其产品要求的供方寻求信任的组织。

(3)产品的使用者。

(4)就质量管理方面所使用的术语需要达成共识的人们(如:供方、顾客、行政执法机构)。

(5)评价组织的质量管理体系或依据 GB/T 19001 的要求审核其符合性的内部或外部人

员和机构(如:审核员、行政执法机构,认证机构)。

(6)对组织质量管理体系提出建议或提供培训的内部或外部人员。

(7)制定相关标准的人员。

2. 获得 ISO 9000 族标准认证的条件

对于 ISO 9000 族标准认证的条件,不同认证机构在其上级认可机构的要求下会有不同的具体要求,一般来说,获得 ISO 9000 族标准认证需要达到以下条件。

(1)建立了符合 ISO 9000:2000 标准要求的文件化的质量管理体系。

(2)质量管理体系至少已运行 3 个月以上并被审核判定为有效。

(3)外部审核至少完成了一次或一次以上全面有效的内容审核,并可提供有效的证据。

(4)外部审核前至少完成了一次或一次以上有效的管理评审,并可能提供有效的证据。

(5)体系保持持续有效并同意接受认证机构每年的年审和每三年的复审作为对体系是否得到有效保持的监督。

承诺对认证证书及认可标志的使用符合认证机构和认可机构的有关规定。

3. ISO 9000 族标准认证程序

图 3-11 是认证机构执行认证工作的典型程序。预评审是若组织需要,认证机构在对组织进行正式的初次审核之前,应组织的要求对组织实施预评审,以确保组织的质量管理体系的适宜性、充分性和有效性,使组织顺利通过认证。

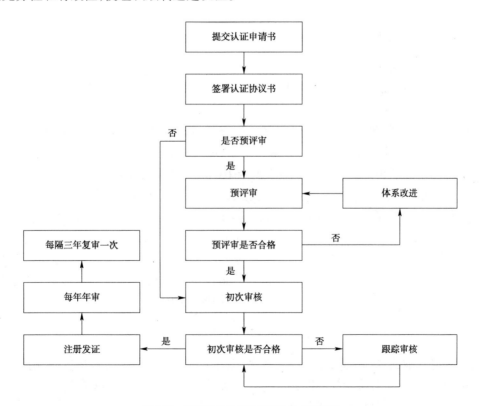

图 3-11 认证机构执行认证工作的典型程序

初次审核即对组织的认证注册审核,通常按以下步骤进行。

(1)文件审核。即对组织的质量管理体系文件的适宜性和充分性进行审核,重点是评价组织的体系文件与 ISO 9000:2000 标准的符合情况。

(2)现场审核。即通过观察、面谈等各种形式对组织实施和保持质量管理体系的有效性进行审核,审核过程将严格覆盖标准的所有要求,审核天数按规定执行。

年审是认证机构每年将对获得认证的组织进行年审,通常只对标准的部分要求进行抽样审核。复审是认证机构每三年将对组织进行复审,复审将覆盖标准的全部要求,复审合格后换发新证。

四、ISO 9000 的检索

首先应该认真阅读 ISO 9000 族标准原文及我国相关的标准,准确把握名词术语的确切含义。然后可以阅读有关书籍和通过网络查询找到有关内容,可以参考下面有关网站。

中国质量认证中心(china quality certification centre,CQC):www.cqc.com.cn;

中国计量在线:www.chinajionline.org;

太管理训练网:www.longjk.com;

东方管理网:www.chinaqg.cn;

北京新世纪认证有限公司:www.bcc.com.cn。

任务实施

一、制订检索策略

1. 分析检索课题

"查找 GB 7258—2012 的内容,及与国际标准 ISO 相关的标准",已知一个标准的标准号为 GB 7258—2012,根据前面讲过的知识可以得出该标准是 2012 年发布的标准顺序号为 7258 的强制性国家标准,因此可以选择号码途径进行查询,选择标准查询的网站进行计算机检索,如中国标准服务网。国际标准 ISO 涉及除了电子、电气外的所有专业领域,通过前面的检索可以得到更多与此标准相关的信息,据此可判断与国际标准 ISO 相关的标准。

2. 初步检索

选择标准模糊检索方式,以标准号为检索项,输入标准号,进行检索。输入号码时,需要注意号码输入的格式,如字母的大小写、空格(标准代号与标准顺序号之间)、连接符(顺序号与发布年份之间)、顺序等。另外,有些网站只能查询现在正在使用的标准,而对已经作废的标准,需要通过其他途径查询,如扩大检索范围,已经作废的标准与现行的标准的编号只有发布年份不同,所以可以去掉发布年份,只用编号的前面一部分(如 GB 7258)进行模糊检索。

3. 浏览检索结果

可以获得标准的详细信息,如中英文题名、发布出版日期、单位、文摘信息、采用标准信息、代替标准信息、被代替标准信息、相关分类号、相关关键词等。其中可以单击查看采用标准信息、代替标准信息以及被代替标准信息。

二、操作演示

（1）打开中国标准服务网的页面。

（2）根据前面的分析，选择标准号作为检索途径，如图3-12所示，输入"GB 7258—2012"。"标准状态"选择"全部"，单击检索，得到图3-13所示的检索结果，单击查看详情。

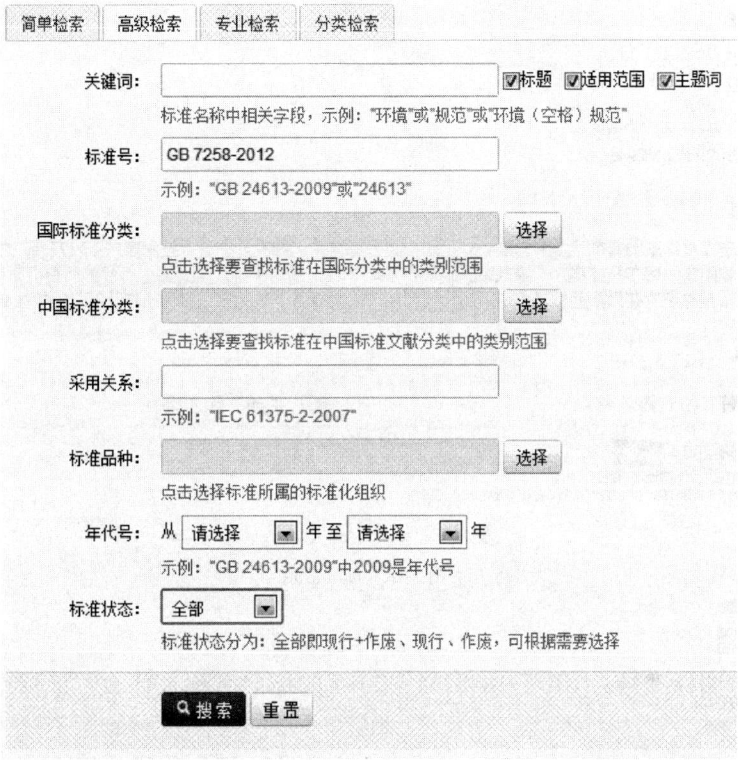

图3-12　检索过程

图3-13　检索结果

（3）浏览检索结果。如图3-14所示，该标准题名为"机动车运行安全技术条件"，已经替代GB 7258—2004。

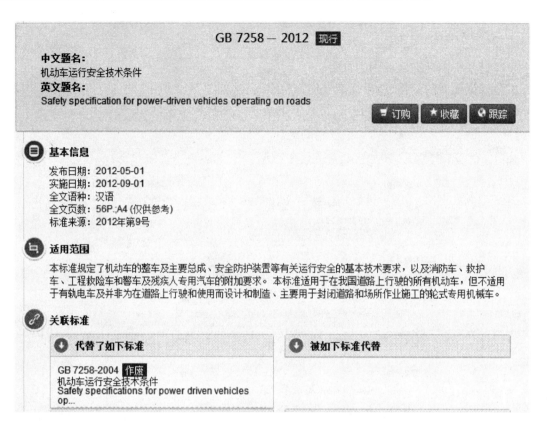

图 3-14 标准信息

课外任务

任务 1 查阅标准号为 GB/T 18487.1—2015 的标准名称是什么？该标准号各部分符号的含义是什么？

任务 2 利用中国标准文献检索有关《汽车维修业水污染物排放标准》的标准，记录标准号，并阅读相关内容。

任务 3 标准号为 ISO 1585:1992 的标准名称是什么？该标准号各部分符号的含义是什么？并指出该标准是现行标准还是已作废的标准。

任务 4 查出涉及"汽车二级维护质量评定"的全部标准。

项目四 英文文献的获取

学习目标

知识目标
1. 掌握SAE数字图书馆文献中期刊论文、技术报告的著录格式。
2. 了解SAE的概况、特点。
3. 了解SAE官网和SAE数字图书馆的基本功能。
4. 了解SCI、SSCI、EI、ISTP、Google Scholar等检索工具的使用。

能力目标
1. 能利用SAE数字图书馆的"Advanced Search"功能或Google Scholar针对某一个主题进行文献检索。
2. 能依据SAE摘要著录格式的知识基本看懂期刊论文、技术报告等文献的摘要。

若想对某一课题进行研究,英文文献的阅读是必要的,因为很多有参考价值的文献都发表在Science、Nature等重要的英文期刊上。而英文文献的全文数据库有很多,如SAE、Springer Link等,学会这些数据库的操作是必要的,它可以很方便地让我们了解到世界最前沿的科技。但如果我们所在的学校、单位没有购买这些数据库的全文数据库,我们又该怎样获得英文文献? 现在的网络资源,可以帮助我们实现这一点。

任务 利用检索工具查找"虚拟现实技术在汽车中的应用"相关英文文献

要求:选择一个英文文献数据库,查询"虚拟现实技术在汽车中的应用"的相关文献,并能获得文献全文

相关知识

一、SAE概述

1. SAE简介

国际自动机工程师学会(SAE International,曾用名Society of Automotive Engineers,原译:

国际汽车工程师学会)成立于1905年,自动机是指:通过自身动力运动的任何形式的交通工具,包括航空航天器、汽车、商用车、船舶等。目前在全球范围内拥有超过145000名会员,会员均是航空航天、汽车和商用车辆行业的工程师及相关技术专家。SAE的核心竞争力是终身学习和自愿开发一致性标准。SAE的研究对象是轿车、载货汽车及工程车、飞机、发动机、材料及制造等。其制定的标准具有权威性,广泛地为汽车行业及其他行业所采用,并有相当部分被采用为美国国家标准。每年新增或修订600余个汽车方面及航天航空工程方面的标准类文件。

SAE数字图书馆收录了国际自动机工程师学会出版的技术报告、标准、图书、杂志等,总计超过20万份文献,是全球机动工程师所必备的、权威的技术信息资源。

2. SAE的内容

SAE收录的内容非常广泛,学科类型很多,见表4-1,内容包括技术报告(Technical Papers)、学术期刊文章(Journal Articles)、标准文献(Standards)、电子书(eBooks),甚至包括全球知名杂志(Magazines)等。

SAE数字图书馆收录学科及涉及内容　　表4-1

学　科	涉及内容
机械工程	发动机、排放、柴油、空气动力学、航空动力、制动系统、悬架、传动系统、机电一体化、保险装置、车辆动力学
电气工程	控制系统、远程信息处理、传感器、数据采集、混合动力、机电一体化、线控技术、转向线控技术、制动线控技术
航空航天/飞机制造	飞机、空气动力学、飞行控制、直升机、旋翼飞机、宇宙飞船、保险装置、材料、除冰、驾驶员座舱模拟、航天任务、飞行模拟
民用/交通工程	智能交通系统、车辆动力学、快速/公共交通、噪声和振动、防滑、碰撞测试、转向系统、运输系统、安全设备
环境科学	排放、燃料、可替代燃料、燃料电池、生物柴油、排气系统、混合动力汽车、润滑油、生态系统、悬浮粒子
化学	燃料、润滑油、摩擦学、添加剂、燃料电池、密封剂、涂料、黏结剂、材料、硫杀菌剂、表面膜
材料	聚合物、陶瓷、塑料、合金、复合材料、铝、钢铁、热塑性塑料、玻璃、钛、燃料电池、黏结剂、涂料
农学/生物	农业设备、越野车辆、柴油、生物柴油、排放、液压系统、拖拉机设计、生物再生、生态系统、悬浮粒子
生物工程/生物力学	人因工程、远程信息处理、乘员保护、安全与约束系统人体测量学、人体工程学、人体模型、动力学、操作员控制
医学	乘客安全、车辆事故、损伤预防、约束系统、安全气囊、碰撞、颅脑损伤、颈椎过度屈伸损伤、冲击耐力、事故重建、事故研究、医疗设备(设计和测试)

SAE技术报告发表来自全球汽车专家的工程进展和创新,已经有100多年的历史,技术报告一般由专家撰写并同行评审,涉及机械工程、汽车工业、航空航天和商用车领域,包括测试结

果、比较研究、方法论、案例研究、最佳实践以及更多其他内容。自从1906收录第一份技术报告年以来,截至2016年12月31日,其技术报告超过14万份,包括SAE著名的九本高品质学术期刊的全部文章(Journal Articles),以及2016年一种新刊的文章。

此外,SAE历年的全球汽车年会与展览、增强现实与虚拟现实(AR/VR)技术研讨会、高效内燃机技术研讨会、汽车电气化与智能化技术论坛、航空年会与展览会、全球航空技术年会与展览、大型船只排放控制技术研讨会、热能管理系统技术研讨会等,会上最新技术成果,皆收录于SAE技术报告。

SAE标准包括航空航天标准(AS)、航天材料规范(AMS),以及地面车辆标准(J - Reports)。SAE在其100多年的历史中一直是航空航天标准的领先提供者。拥有超过28800个可用的航空航天标准(AS)和航天材料规范(AMS),SAE标准受到全球航空航天行业的制造商和供应商的认可并被广泛采用。另外自成立起,SAE始终处于地面车辆技术信息和工程标准发布的最前沿。SAE当前有8500多个可用的地面车辆标准(GV),涵盖数以百计的主题领域,内容涉及地面车辆设计、制造、测试和性能。SAE还涉及商用车辆行业,为货车、公共交通、农业和建筑 市场提供标准。

SAE电子书(eBooks)主要收录SAE出版的书籍超过180种,并不断增加。涉及主题包括航空工程及商业飞机制造、发动机测试、动力系统、合成材料、轻量化先进性能材料、电子工业、车辆动力及底盘、制动、基础原理、安全、电子系统、混合动力和电动汽车等。

SAE杂志是行业内比较知名的杂志之一,通过杂志全球的研究者和业界人员能随时了解本领域内的最新发展情况。这里收录杂志5种,包括全球知名的杂志Automotive Engineering《汽车工程》、Aerospace & Defense Technology《航空航天与国防技术》、SAE Off - Highway Engineering《非公路工程》、Vehicle Electrification Back Files《车辆电气化》和Automotive Desigh Back Files《汽车设计》等。专业行业最新信息,涉及汽车、商用车辆、航空航天、动力工程、非公路工程、国防等专业领域。

3. SAE著录

SAE摘要内容一律用英文表示,从2016年开始出现了SAE中文版。SAE中的每条摘要都有一定的著录格式,熟悉摘要的著录内容,有助于摘要的取舍和原文的查找。经常查阅的SAE中的文献种类主要有期刊论文、技术标准和电子书等。

SAE摘要的著录一般由一下几部分组成:标题(篇名)、作者、作者单位、文献来源、各类编号、摘要正文。但是文献类型的不同,著录的格式也略有差别。

SAE摘要内容为原始论文基本思想的缩影,既反映原文的基本精神内容,又不能代替原文。

1)期刊论文的文摘标题(Journal Article Abstract Heading)

(1)特定标志。主要有刊名和期刊的卷(期)号码。

(2)著录格式。

[1]129:346820h [2]Processing and stability of the treatment of leading - containing wastewater by liquid surfactant membranes. [3]Wei, Zhenshu; Yuan, Ping; Jiang, Yuanli ([4]Dept. of chem. Eng, Zhongzhou Univ., Zhengzhou, peop. rep. china 450052) [5]Huaxue Yanjiu [6]1998, 9 (2), [7]45 - 49 [8](CH), [9]Huaxue Yanjiu Bianjibu. [10]In this paper, the removal of Pb from the wastewater by liq.

membrane method was carried out. The effects on the extn. of Pb^{2+} by the compn. of the membrane phase, the concn. of the carrier...

(3)说明。

①卷号+本卷文摘号(黑体字)+计算机核对字母(黑体字),每卷联系编号。

②每卷从1号开始。末尾字母为计算机核对字母。

③论文题目(题目),各文种均译为英文。

④作者姓名。中文作者应用汉语拼音,香港地区、台湾地区、华侨等用威氏拼音法,姓前名后;欧美等国家常用名前姓后。

⑤作者工作单位及地址(置于圆括弧内)。常用大量缩略语。

⑥刊物名称。

⑦出版年份,卷(期)。

⑧页码。

⑨原文文种。

⑩期刊编辑出版单位。

⑫+英文文摘。

2)技术报告的文摘标题

(1)定义。是科研工作的正式成果报告,是某项课题研究进展情况的实际记录。

(2)美国四大技术报告。

PB报告(Publication Board)产生于第二次世界大战结束之后,当时美国政府为了整理和利用从战败国获得的数以千吨计的秘密科技资料,于1945年6月成立了一个专门的出版局,即美国商务部出版局(Publication Board),负责收集、整理、报道利用这些资料。

AD报告(Armed Services Technical Information Agency Document),原为美国武装部队技术情报局收集、出版的科技报告,始于1951年。现为美国陆海空三军科研机构的报告,也包括公司企业及外国的科研机构和国际组织的研究成果及一些译自原苏联等国的文献。AD报告的内容不仅包括军事方面,也广泛涉及许多民用技术,包括航空、军事、电子、通信、农业等22个领域。

NASA报告(National Aeronautics and Space Administration,NASA),美国国家航空和宇航局的缩写,NASA报告的内容侧重于航空和空间技术领域,同时广泛涉及许多基础学科和技术学科。

DOE报告(Department of Energy),美国能源部编写,收录能源部部属科研机构和各大学等一切与能源有关的科技文献,但是以科技报告为主。

(3)特定标志。

Report(斜体字)、报告号。

(4)著录格式。

[1]107:16427h [2]Study of materials having significance for high energy magnet production and for hydrogen storage. [3]Wallace, W. E. [4](Dep. Chem., Univ. Pittsburgh, PA USA). [5]Report [6]1983, [7]ARO – 17165.42 – MS;Order No AD – A130900. [8]14PP. [9](Eng).

[10]Avail. NTIS. [11]From Gov. Rep. Announce. Index (U S) [12]1983,83(23),5638[13]...

(5)说明。
①卷号+本卷文摘号(黑体字)+计算机核对字母(黑体字)。
②文摘标题(黑体字)。
③作者姓名。
④作者工作单位及地址。
⑤技术报告丛书标记。
⑥发表年份(黑体字)。
⑦技术报告编号。
⑧总页码。
⑨原文文种。
⑩原始报告来源的供应代号标志(即报告收藏单位)。
⑪原始报告二次来源。
⑫报告年份(黑体字),卷(期)和页码。
⑬文摘部分。

4. SAE 索引

SAE 数据库平台为用户提供方便、快捷的使用体验,提供快速检索与高级检索两种检索方式,结果可按照内容、时间、作者、主题、出版商及作者所在机构、行业、委员会等进行聚类,快速定位目标文献。另外可以支持 RIS Format、RefWorks、EndNote、BibTex 多个文献管理器,可导入文献引用记录。

美国 SAE 检索系统相当完备,对于一个欲检索的主题可以通过很多检索途径查阅到所需要的文献资料。以下对 SAE 的几种索引作简单介绍。

1) 关键词索引

关键词索引是每期文摘中所附的一种主要索引。在普通主题索引出现之前,它是检索每期文摘的主要工具。用关键词索引的优点是选词比较自由,所选词可以出现在文献题目和全文中。但缺点是学名、俗名、商品名、同义词及相关的各种名词都可能作为关键词,有时还会因为时间而产生变化。因此,使用关键词索引时,要充分考虑索引查找的课题可能会有哪些词,从多方面进行检索,避免漏检。

2) 作者索引

要了解国内外同行的科研活动和成果,通过作者索引检索是最快的方法。作者索引中包括研究机构和工厂企业。因此通过企业名称检索有关专利文献,也是一条捷径。SAE 每期的作者索引,都只有姓名和文摘号,但是每卷的作者索引和累计索引都著录论文题目。

查找作者索引要注意以下规则。

(1) 姓名顺序:一般人署名的习惯是名在前姓在后,如 H. F. Mark;但是在编制索引时,为了便于搜索,一律用姓在前名在后,因此,在查阅作者索引时,应注意这一规则。

美英团体企业,凡是以个人姓名开头的,也用姓在前名在后编排,如 John W. Williams Co. 改为 Williams, John W. Co。

(2) 同姓同名者列全称,名不用缩写。查阅时要注意,否则容易弄错。只是姓按照字母顺序排列,名字不管缩写与否按带头字母(即缩写字母)字顺排列,如 Walson Donald A 排在 Wal-

son Donald B 之前。

二、其他英文文献检索工具的简介

除了美国的国际自动机工程师协会(SAE),还有其他很多有用的英文文献检索的工具,下面简单介绍几种。

1. 国外英文文献检索工具

1) SCI – Science Citation Index(科学引文索引)

科学引文索引(Science Citation Index, SCI)是美国科学情报研究所(Institute Scientific Information, ISI, http://ipscience.thomsonreuters.com/)出版的一种世界著名的综合性技引文检索刊物。该刊于 1963 年创刊,原为年刊,1966 年改为季刊,1979 年改为双月刊。多年来,SCI 数据库不断发展,已经成为当代世界最重要的大型数据库,被列在国际著名检索系统之首。成为目前国际上最具权威性的、基础研究和应用基础研究成果评价的重要工具,一个国家、一个科研机构、一所高校、一种期刊乃至一个研究人员被 SCI 收录的数量及被引用次数,反映出这个国家、机构、高校、期刊及个人的研究水平与学术水平,尤其是基础研究的水平。

SCI 报道的核心内容不是原始文献,而是原始文献所附的参考文献。它通过先期的文献被当前文献的引用,来说明文献之间的相关性及先前文献对当前文献的影响力。主要由"引文索引"(citation Index)、"来源索引"(source index)、"轮排主题索引"(permuterm subject index)等部分组成。它收录全世界出版的数学、理物、化学、农业、林业、医学、生物、环境、材料、工程技术、行为科学等自然科学领域的核心期刊约 3500 余种,扩展版录期刊 5800 余种。其中物理、化学和生物学方面的文献量较大。

SCI 有自己严格的选刊标准和评估程序,每年对入选的期刊进行评价和调整,从而做到其收录的文献能全面反映全世界最重要、最有影响力的研究成果。收录的文献类型包括:期刊、会议录、图书、科技报告和专利文献。

SCI 每年还出版"期刊引用报告"(Journal Citation Reports, JCR)。JCR 对包括 SCI 收录的 3500 种核心期刊在内的 4700 种期刊之间的引用和被引用数据进行统计、运算,并按每种期刊定义的"影响因子"(Impact Factor)等评价指数加以报道。一种期刊的影响因子,指该刊前两年发表的文献在当年的平均被引用次数。一种刊物的影响因子越高,即刊载的文献被引用率越高,说明这些文献报道的研究成果影响力越大,反映该刊物的学术水平高。论文作者可根据期刊的影响因子排名决定投稿方向。

2) SSCI – Social Sciences Citation Index(社会科学引文索引)

SSCI 即社会科学引文索引(Social Sciences Citation Index, http://sunweb.isinet.Com),为 SCI 的姊妹篇,亦由美国科学信息研究所创建,是目前世界上可以用来对不同国家和地区的社会科学论文的数量进行统计分析的大型检索工具。1999 年 SSCI 全文收录 1809 种世界最重要的社会科学期刊,内容覆盖包括人类学、法律、经济、历史、地理、心理学等 55 个领域。收录文献类型包括研究论文、书评、专题讨论、社论、人物自传、书信等。

SCI. SSCI 交叉关系:SSCI 对其收录期刊范围的说明中明确告知该数据库中有一部分内容与 SCI 重复,这是因为学科之间本身有交叉,是社会科学与自然科学相结合的跨学科的研究在文献中的自然反映。

另外,SSCI 从 3400 余种自然科学期刊中,通过计算机检索文章主题和引文后,生成一个与社会科学有关的文献目录,此目录再经 ISI 编委会审核,选择与社会科学密切相关的文献加入 SSCI。因此 SSCI 也收录了相当数量的自然科学文献,二者的交叉关系更为密切。

3) EI – Engineering Index《工程索引》(The Engineering Index,EI)

创刊于 1884 年,是美国工程信息公司(Engineering information Inc)出版的著名工程技术类综合性检索工具。EI 每月出版 1 期,文摘 1.3 万~1.4 万条;每期附有主题索引与作者索引;每年还另外出版年卷本和年度索引,年度索引还增加了作者单位索引。出版形式有印刷版(期刊形式)、电子版(磁带)及缩微胶片。EI 选用世界上工程技术类几十个国家和地区 15 个语种的 3500 余种期刊和 1000 余种会议录、科技报告、标准、图书等出版物。年报道文献量 16 万余条。收录文献几乎涉及工程技术各个领域,例如:动力、电工、电子、自动控制、矿冶、金属工艺、机械制造、土建、水利等。它具有综合性强、资料来源广、地理覆盖面广、报道量大、报道质量高、权威性强等特点。

4) ISTP – lndex to Scientific&Technical Proceedings(科技会议录索引)

科技会议录索引(Index to Scientific & Technical Proceedings,ISTP)创刊于 1978 年,由美国科学情报研究所编辑出版,是美国科学情报研究所的网络数据库 Web of Science Proceedings 中两个数据库(ISTP 和 ISSHP)之一。该索引收录生命科学、物理与化学科学、农业、生物和环境科学、工程技术和应用科学等学科的会议文献,包括一般性会议、座谈会、研究会、讨论会、发表会等。其中工程技术与应用科学类文献约占 35%,其他涉及学科基本与 SCI 相同。

ISTP 收录论文的多少与科技人员参加的重要国际学术会议多少或提交、发表论文的多少有关。我国科技人员在国外举办的国际会议上发表的论文占被收录论文总数的 64.44%。

在 ISTP、EI、SCI 这三大检索系统中,SCI 最能反映基础学科研究水平和论文质量,该检索系统收录的科技期刊比较全面,可以说它是集中各个学科高质优秀论文的精粹,该检索系统历来成为世界科技界密切注视的中心和焦点。

2. Google Scholar(谷歌学术搜索)

Google 是全球最大的搜索引擎,主要的搜索服务有:网页搜索、图片搜索、视频搜索、地图搜索、新闻搜索、购物搜索、博客搜索、论坛搜索、学术搜索和财经搜索等。2004 年 11 月,Google 发布"Google Scholar",这是一个学术文献资源搜索引擎。搜索结果根据"相关性"排列,这与 Google 网站使用的 Page Rank 非常类似。2006 年 1 月 11 日,Google 公司宣布将 Google 学术搜索扩展至中文学术文献领域。我们可以利用 Google Scholar 进行中英文文献的检索,并可免费获得部分文献的全文(如标注了 PDF 格式的)。

任务实施

一、制订检索策略

1. 分析检索课题

利用英文文献数据库查询"虚拟现实技术在汽车上的应用"相关的英文文献。从已知信息,可以确定选择主题词或者关键词检索。根据前面学过的知识,主题词的确定,按照切分、删除、补充的操作步骤,可以最终确定的关键词为:虚拟现实、汽车,二者之间的逻辑关系为"并且",需要将这些主题词翻译成英文。

2. 选择检索方式

该题中要求检索英文文献,根据上面英文文献检索的数据库的介绍,可以选择 SAE、EI 或者 Google scholar 等多种检索工具。

3. 初步检索

在所选数据库的检索界面的检索框中输入检索词,各检索词之间的逻辑关系为"并且",进行初步的检索,根据检索结果调整检索策略。

4. 记录检索结果

从检索结果中选择可以看到全文的文献进行阅读,获得自己所需要的信息。得不到全文的,可以根据文摘部分显示的某些文献的作者及联系方式或出版单位,通过其他途径获取全文。

二、操作演示

1. 用 SAE 电子图书馆搜索

打开国际自动机工程师学会(SAE)的数字图书馆主页 http://saemobilus.sae.org./,如图 4-1 所示,注册完成并进入个人主页(图 4-2),单击"research"选项卡,进入高级检索,输入相应的关键词"virtual reality"和"Vehicle"(图 4-3),并且选择关键词之间的逻辑关系,单击"Advanced Search",得到想要搜索的文章(图 4-4),通过搜索结果可以看到文献的相关信息,如图 4-5 所示。通过下载,可以得到文摘全文,如果想进一步得到文摘更详细的内容,可以得到文摘所引用的参考文献,进行搜索。

图 4-1　SAE 图书馆主页

项目四 英文文献的获取

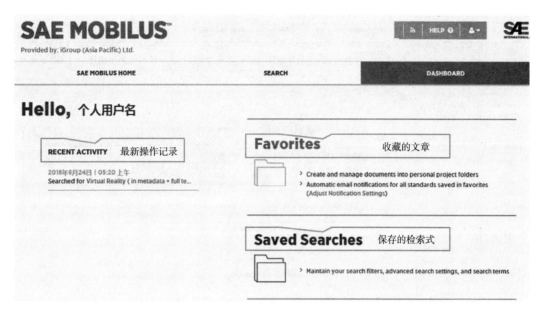

图 4-2　SAE 个人账户主页

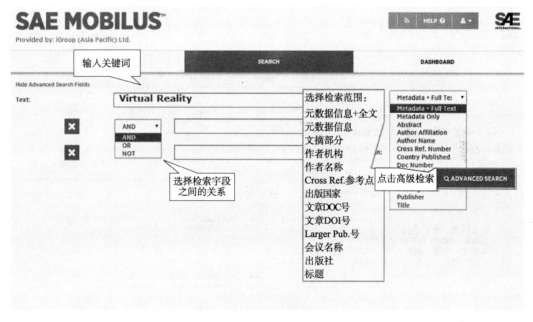

图 4-3　SAE 高级搜索框

除了 SAE 数字图书馆检索相关专业文献，也可以使用 Google 学术搜索或者通过百度学术搜索。如果你检索到的文章 Google 无法提供原文，则可以采用直接求助原文著者的方法，作者收到信一般都愿意向你提供。

通过摘要中的作者姓名、单位及研究领域的信息到网上找到他的主页，得到 E – mail 地址，便可以直接与作者取得联系了。以下是一封索要原文的模板，仅供参考。

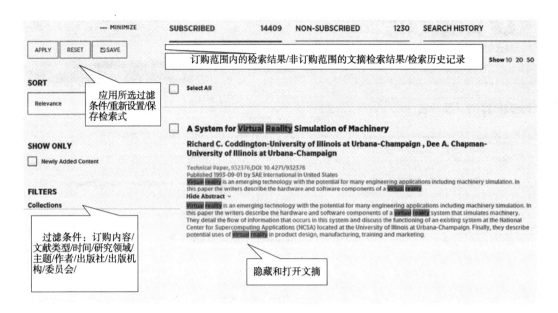

图4-4 搜索得到的文献

图4-5 文献信息

Dear Rr./Prof./Mr./Mrs.:_____（作者姓）

I am a graduate student of university of _____（你的学校）in china. My research area is _____（你的专业）. Recently, I found one of your paper titled _____（篇名）in _____（什么杂志，哪年、哪卷、哪页）. The abstract makes the paper sound very interesting. I wound appreciate it very much if you could send me a reprint of it in your convenient way.

I am looking forward to hearing from you!
Sincerely yours
_____（你的名字）
Department of _____
_____University
City name, Zip code
P. R. China
E‑mail Address

项目五　普通网络资源的应用

学习目标

知识目标
1. 掌握专业数据库的查询方法。
2. 掌握免费获取科技文献资源的方法。
3. 了解综合学术资源的网上检索。
4. 了解常用搜索引擎(谷歌、百度)的高级检索方法。

能力目标
1. 能通过校内电子图书馆资源查询与自己所选毕业专题相关的参考文献。
2. 能通过普通网络免费资源查询与自己所选毕业专题相关的参考文献。
3. 能利用网络资源解决日常学习、生活中常见的一些问题。

随着计算机技术、远程通信技术和信息存储技术的飞速发展,信息检索由手工检索过渡到了计算机信息检索。计算机检索的成功应用,为我们更为及时、准确、全面地继承、利用和发展人类的科研成果提供了先进的手段。在信息时代的今天,掌握计算机信息检索方法已成为每个科研工作者必备的基本技能。

利用普通网络资源检索出我们所需要的专业文献,可以为我们的学习、工作带来方便,当然,这种检索技术可以迁移到去解决日常生活中的一些问题,这样便能大大提高自己处理问题的能力,而做到真正利用网络资源为自己服务,充分发挥网络资源的益处。

任务一　通过普通网络资源查询指定毕业专题的文献

要求:利用普通网络资源(中国知网、中国知识产权网、中国标准服务网等)查找 2010 至 2016 年发表的与专题"无人驾驶汽车控制策略研究"相关的文献。

相关知识

一、计算机信息检索

计算机信息检索(computer information retrieval)是利用计算机系统有效存储和快速查找的能力发展起来的一种计算机应用技术。它与信息的构造、分析、组织、存储和传播有关。计算机信息检索系统是信息检索所用的硬件资源、系统软件和检索软件的总和。它能存储大量的信息,并对信息条目(有特定逻辑含义的基本信息单位)进行分类、编目或编制索引。它可以根据用户要求从已存储的信息集合中抽取出特定的信息,并提供插入、修改和删除某些信息的能力。

(一)计算机检索系统的发展阶段

1. 脱机检索阶段(Offline Retrieval):即批处理检索(20世纪50~60年代)

1954年美国海军兵器研究中心首先将计算机应用于文献信息的处理,建立了利用计算机存储、检索文献的情报检索系统。由于当时计算机设备条件的限制,需由系统人员对用户的检索需求进行成批处理即批处理检索。

批处理检索主要存在三点不足:

(1)地理上的障碍,指用户与检索人员距离较远时,不便于检索要求的表达,也不便于检索结果的获取。

(2)时间上的迟滞,指检索人员定期检索,用不能及时获取所需信息。

(3)封闭式的检索,指检索策略一经检索人员输入系统就不能更改,更不能依据机检应答来修改检索式。

2. 联机检索阶段(Online Retrieval)(20世纪60~80年代)

主要经历了三个时期:20世纪60年代对联机信息检索进行了研究开发试验;70年代末进入了联机检索地区性应用阶段;80年代以后,随着空间技术和远程通信技术的发展,使计算机检索进入信息—计算机—卫星通信三位一体的新阶段,即以信息、文献不受地区、国家限制而真正实现全世界资源共享为目的的国际联机信息检索阶段。

著名的国际联机检索系统有美国的DIALOG系统、ORBIT系统、BRS系统以及MEDLARS系统,还有欧洲的ESA/IRS系统、英国的BLAESE系统等。这些系统很快发展成为国际性情报检索系统,数据库种类及其检索存储记录都在迅速增加,如:美国的DIALOG系统,1984年就有200多个数据库,其中包括美国的《医学索引》、荷兰《医学文摘》、美国《生物学文摘》、美国《化学文摘》等,如今此联机检索系统仍然是世界上最有影响的联机检索系统。

3. 光盘检索阶段

1983年,出现了一种新的存储器,CD – ROM光盘。光盘检索具有储量极大而体积微小,要求设备简单,可随地安装,使用方便、易于操作,检索费用低(不需要昂贵的联机检索通信费用),因可随时修改检索策略而具有很高的查全率和查准率等优点,因而至今仍被界各地广泛应用。

4. 网络检索阶段

进入20世纪90年代,随着卫星通信、公共数据通信、光缆通信技术以及信息高速公路事业在全世界的迅猛发展,计算机情报检索走向了全球大联网。网上资源具有信息的时效性、内容的广泛性、访问的快速性、搜索的网络性和资源的动态性五大特点,那么及时、准确、有效地获取与自身需求相关的实用信息,对所有网络用户都非常具有挑战性。

INTERNET(国际互联网)就是这个时期的最杰出代表。它是一个联结了一百多个国家、几万个信息网络、几百万台主机、几千万个终端用户,并能够跨越时空,进行实时信息检索、资源共享的国际性超级计算机网络。

目前,90%的国际联机检索系统都已进入INTERNET,世界上许多国家(包括中国)都从INTERNET上获取重要的科技和经济信息资源,在促进本国科学技术和经济的发展上取得了极大的经济效益和社会效益。INTERNET作为"信息高速公路"的雏形得到了飞速发展,网络规模不断扩大,网上信息资源无限增长,网络传输速度不断提高,已成为人们进行全球范围的合作、信息交流与资源共享的不可替代的通信交流方式。随着计算机技术的进一步智能化、数据库载体的进一步高密度化和多媒体化、通信技术的进一步网络化,计算机情报检索将走向办公室化、家庭化。

(二)计算机信息检索系统

计算机信息检索系统可分为:一次性信息检索系统和二次性信息检索系统。前者适合于单个条目,即信息量不大而需要经常修改的情况,如航空公司订票系统。后者适合于信息条目本身信息量较大而不常修改的情况,如图书或文献检索系统。

计算机信息检索主要有脱机处理和联机检索两种检索方式。对于前者,用户提交书面检索要求,操作员按期打印出结果交付用户。对于后者,用户通过联机终端输入检索命令,系统当时给出回答。通过计算机网络,用户还可以进行远程脱机处理或远程联机检索。计算机检索流程如图5-1所示。

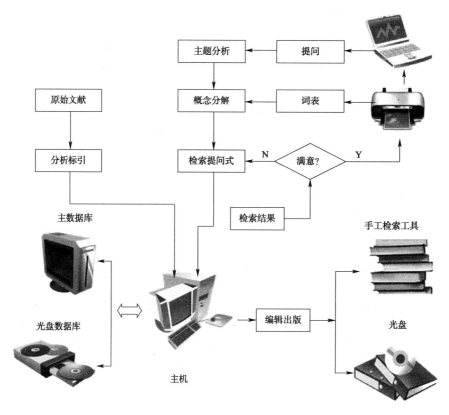

图5-1 计算机检索流程图

用户与系统的接口是检索语言,通过它提出检索要求。检索语言通常包括检索命令和提问逻辑表达式两个部分。命令传达用户对系统的请示,逻辑表达式则提供执行该命令时的逻辑条件。逻辑表达式是逻辑运算符(与、或、非)、逻辑关系符和不同属性的主题词的组合。系统提供一组程序来解释和执行检索语言。

计算机信息检索系统的效能通常根据漏检率、误检率、查全率、查准率和响应时间(对联机检索)等来衡量。关键词本身错误或使用的查找方法不对会引起漏检。关键词的二义性会造成误检。查全率和查准率主要针对二次信息检索系统而言的。查全率指检出的相关信息目数与信息库中的相关条目数之比。查准率指检出的相关条目数与所有检出的条目数之比。这二者是相互制约的。一般认为一个系统查全率在60%~70%,查准率在40%~50%即能满足需要。响应时间的快慢不仅与软件设计的好坏有关,而且与硬件的性能有关。

计算机信息检索最初用于图书、文献检索方面,后已用在军事、工业、医疗、航空、政府机关等各个方面。有的只作信息检索用,有的则是将信息检索技术应用在其他综合的管理信息系统之中,如用于辅助决策的军事情报检索系统;航空公司自动订票系统,医疗情报系统(包括病历管理、预约登记、通知、病名检索、病床管理等);旅馆床位管理系统;检索型的辅助设计系统等。此外,政府部门或企业的档案管理、科研或工程项目管理、基本建设投资管理等都可应用信息检索技术。

二、国际联机检索系统

国际联机检索是指用户利用国际联机信息检索系统网络的终端设备,通过通信网络与国外的大型计算机信息检索系统的主机进行直接的人机对话式的联机检索过程。

(一)国际联机检索特点

(1)检索速度快,一般课题均可以在几分钟之内完成联机过程。

(2)资源丰富,四大情报检索系统具有丰富的情报源。

(3)可及时得到最新信息。一些大型数据库更新速度极为迅速,如SAE均是每周更新,联机数据库的信息至少比书本式工具书快1~2个月。

(4)费用较高。

(5)需制定完备的检索策略。

(二)世界著名联机检索系统

1. DIALOG系统(http://www.dialog.com)

DIALOG系统是目前世界上规模最大的综合性商业联机信息检索系统,其用户遍布世界100多个国家。

DIALOG现有全文、题录、事实及数据型数据库600多个,文献量已近3亿篇。专业内容覆盖自然科学、社会科学、工程技术、人文科学、时事报道及商业经济等各个领域,其中科技文献数据库占40%、社会科学与人文科学文献数据库占10%、公司及产品等商情数据库占24%,其他为新闻、媒体以及参考工具等类型数据库。文献数据库有题录、文摘及全文等多种形式,科技文献包括期刊、会议录、图书、专利、科技报告、学位论文、标准、产品册等各种类型。数据库中的数据最早可回溯至20世纪60年代,多数按周更新。

2. STN系统

STN系统是德国卡斯鲁埃专业情报中心(FIZ)与美国化学会(CAS)以及日本国际化学情报协会(JAICI)三家合用于1983年建立的一个国际性情报检索系统,目前它拥有220多个数据库。STN是一个先进的高效率的情报系统,也是一个范围极广的国际情报网络,它基本上可以满足用户对自然科学和技术科学文献情报的需求。

3. BRS 系统

原由美国书目检索服务公司建于 1976 年,1988 年 BRS 被收购,改名为 BRS Information Technologies。BRS 现有数据库 160 个,有 40 个私人数据库,文献存储量 8000 多万篇,用户达 4000 多家,主要对象是科技图书馆以及医学界的用户。

收录文献范围涉及医学、生物科学、教育、健康、商务、政治、物理和应用、社会科学、人文学,以及其他综合性学科,尤以产品信息、工业标准和技术规范的数据库独具特色。

三、因特网文献检索

(一)因特网简介

因特网(Internet)是国际计算机互联网的英文称谓,其准确的描述是:因特网是一个网络的网络(a network of network)。它以 TCP/IP 网络协议将各种不同类型、不同规模、位于不同地理位置的物理网络连接成一个整体。它把分布在世界各地、各部门的电子计算机存储在信息总库里的信息资源通过电信网络连接起来,从而进行通信和信息交换,实现资源共享。"Internet"在中国称为"中国公用计算机互联网",英语称谓 Chinanet,Chinanet 是全球 Internet 的一部分。中国公用计算机互联网(Chinanet)在全国各城市都有接入点。

1. 因特网的产生

1969 年 9 月 2 日,两台计算机第一次被连接在一起,构成阿帕网。这原本是美国国防部先进研究项目局的研究项目,而后发展成为因特网的基础。

美国加利福尼亚大学的莱恩,克莱恩罗克教授指着身边的第一台阿帕计算机说:"就是从这个盒子中跳出了因特网这个神奇的家伙。这就是因特网起家的地方。"30 年前,科学家克莱恩罗克教授的实验室里完成了历史性的计算机连线试验。

然而,因特网的另一位先驱、美国 MCI Worldcom 公司现任副总裁文顿·瑟夫却认为:1969 年的连线是出色的,但不能作为因特网的诞辰,即使现在因特网的基础上仍部分保留着当时的一些连接原则。

20 世纪 70 年代初,阿帕网已经由分散于全美的 10 个地址组成。但它连接的仅是不同的计算机,而不是"因特网"所指的不同的网络。那时能不能算作因特网的出生日呢? 美国国家研究咨询公司总裁鲍勃·卡恩说:"这就像有人在 1776 年提问,'你能不能想象西雅图将成为 1999 年的城市模样?'那时西雅图还不是美国的领土,因此回答上面的问题太困难了。"

卡恩和瑟夫于 1974 年提出一组网络通信协议的建议,这就是著名的 TCP/IP 协议。这项协议使阿帕网能够与其他网络相通,并形成今天的因特网。1983 年 1 月 1 日,TCP/IP 成网络标准,因此这一天也可能成为因特网的生日。

不过,不论因特网的生日最终定在何年何月何日,它给人类社会带来的变化却是有目共睹的。自 1993 年起,因特网面向商业用户并向普通公众开放,用户数量开始滚雪球式地增加,各种网上服务不断增加,接入因特网的国家也越来越多。全球因特网用户每年增长率都超过 15%,目前全世界上网的总人数已远远超过 1 亿人。

北京作为中国公用计算机互联网(Chinanet)的一个大节点,用户在任何地方接入中国公用计算机互联网(Chinanet),就可以与接入国际计算机互联网中的世界任何国家、单位、部门进行通信和信息交换,享用到各种通信服务和丰富的信息资源。

因特网优点：①国际计算机互联网(Internet)是一个开放的网络，不为某个人或某个组织所控制，人人都可自由参与；②信息量大、内容丰富；③不受时间、空间的限制；④入网方便、操作简单；⑤可以迅速、便宜地实现通信和信息交换，资源共享。

2. 因特网的功能

(1)电子邮箱(E-mail)。电子邮箱是Internet的一个基本服务。通过电子邮箱，用户可以方便、快捷地交换电子信件、提取信息、加入有关的公告、讨论等。

(2)浏览检索(Browing)。利用相应的软件，通过电子计算机的屏幕可看到各种各样的信息，内容涉及教育、科研、军事、医学、体育、音乐、美术、摄影、音像、烹饪、时装、游戏等，包罗万象。应用此项服务时，不但可以浏览文字内容，还可按需提取图像和声音。

(3)远程访问(Telnet)。它是一个允许用户本身的计算机访问远端的另一台计算机的软件程序。用户可以通过应用这个软件，使自己的计算机成为远程计算机的一个终端。目前，最普遍的应用是接入世界各地的大学的数据库，查阅图书馆的卡片目录。

(4)大众论坛(Newsgroup)。是一个交流信息的场所，人们可以根据各自的兴趣爱好参加不同的小组讨论，提出问题或解答问题。

(5)文件传递(FTP)。可以用这项功能将国际计算机互联网上感兴趣的信息(包括各免费软件)复制到自己的计算机中来。

(6)信息服务(HomePage)。是一种可以让政府、企业、工厂和商家等单位、部门接入国际计算机互联网发布信息的服务。政府、企业、工厂和商家可以在国际计算机互联网上立自己的信息窗，使其有机会以较低的成本向国际市场发布信息、做广告、做宣传，以最直接的方式建立一条通向国际的信息高速公路，从而扩大自己的影响。信息服务内容非常丰富，范围涉及人类生活的各个方面：邮电业务查询，如电话号码查询、电信业务费用查询、邮政业务咨询等；文化教育，包括网上学校、科技资料、网上书店、各高校网站、科研机构等；新闻报道，联结各大新闻媒体，及时报道国内外新闻，提供深层次的新闻背景分析；影音点播，可以在网上点播视频、音频节目，甚至可以实时地控制节目的内容，参与节目的制作；其他内容，如餐饮旅游、网络技术、网络游戏、天气预报等。

(7)多媒体通信。多媒体通信的具体应用可分为以下几个大类：

①科学计算及信息处理。利用异地主机的FTP文件交换或用TELNET仿真终端接入，完成远程异地科学计算及信息处理，实现世界范围的计算机资源共享。

②网上通信。包括收发电子邮件、网上可视电话、网上会议等。网上通信的推出，极大地丰富了人们的联络方法，大幅度降低了通信费用，是对传统通信的强劲挑战。

③电子商务。可广泛应用于房租、水、电、暖、电信、罚款、税务等费用的在线查询、在线征收。

④多媒体远程医疗。如远程医疗手术示范、远程专家会诊、高清晰医疗图像传送、讨论处方等。

⑤事务处理。应用于证券行情查询和交易、外汇行情查询和交易各种订票业务、客房预约、房地产交易等。

因特网在中国的发展也非常迅速，目前我国已拥有中国公用计算机互联网(CHINANET,163)、中国教育和科研计算机网(CERNET)、中国金桥信息网(CHINAGBN)、中国公众多媒体通信网(CNINFO,169)、中国科技网(CSTNET)等骨干网，因特网用户已超过1000万家。

(二)网上搜索引擎

现代意义上的搜索引擎的祖先,是 1990 年由蒙特利尔大学学生 Alan Emtage 发明的 Archie。随着互联网的迅速发展,使得检索所有新出现的网页变得越来越困难,因此,在 Matthew Gray 的 Wanderer 基础上,一些编程者将传统的"蜘蛛"程序工作原理作了些修改。其设想是,既然所有网页都可能有连向其他网站的链接,那么从跟踪一个网站的链接开始,就有可能检索整个互联网。到 1993 年年底,一些基于此原理的搜索引擎开始纷纷涌现,其中以 JumpStation、The World Wide Web Worm(Goto 的前身,也就是今天的 Overture)和 Repository – Based Software Engineering(RBSE)Spider 最负盛名。

最早现代意义上的搜索引擎出现于 1994 年 7 月。当时 Michael Mauldin 将 John Leavitt 的蜘蛛程序接入到其索引程序中,创建了大家现在熟知的 Lycos。同年 4 月,斯坦福(Stan – ford)大学的两名博士生,David Filo 和美籍华人杨致远(Gerry Yang)共同创办了超级目录引擎 Yahoo,并成功地使搜索引擎的概念深入人心。从此搜索引擎进入了高速发展时期。从前,互联网上有名有姓的搜索引擎已达数百家,其检索的信息量也与从前不可同日而语。

搜索引擎的分类如下。

(1)全文搜索引擎。

全文搜索引擎是名副其实的搜索引擎,国外具代表性的有 Google、Fast/AllTheWeb、AltaVista、Inktomi、Teoma、WiseNut 等,国内著名的有百度(Baidu)。它们都是通过从互联网上提取的各个网站的信息(以网页文字为主)而建立的数据库中,检索与用户查询条件匹配的相关记录,然后按一定的排列顺序将结果返回给用户,因此他们是真正的搜索引擎。

(2)目录索引。

目录索引虽然有搜索功能,但在严格意义上算不上是真正的搜索引擎,仅仅是按目录分类的网站链接列表而已。用户完全可以不用进行关键词(Keywords)查询,仅靠分类目录也可找到需要的信息。目录索引中最具代表性的是 Yahoo(雅虎)。其他著名的还有 Open Directory Project(DMOZ)、LookSmart、About 等。国内的搜狐、新浪、网易搜索也都属这一类。

(3)元搜索引擎(META Search Engine)。

元搜索引擎在接受用户查询请求时,同时在其他多个引擎上进行搜索,并将结果返回给户。著名的元搜索引擎有 InfoSpace、Dogpile、Vivisimo 等,中文元搜索引擎中具代表性的有搜星搜索引擎。在搜索结果排列方面,有的直接按来源引擎排列搜索结果,如 Dogpile,有的则按自定的规则将结果重新排列组合,如 Vivisimo。

著名搜索引擎简介如下。

(1)国外英文目录索引。

Yahoo——最著名的目录索引,搜索引擎开山鼻祖之一。

Dmoz.com/ODP——由义务编辑维护的目录索引。

Ask Jeeves——著名的自然语言搜索引擎,2002 年初收购 Teoma 全文搜索引擎。

LookSmart——点击付费索引目录,2002 年收购 WiseNut 全文搜索引擎。

About.com——有其自身特色的目录索引。

(2)国外英文搜索引擎。

Google——是搜索精度高、速度快、应用最广泛的搜索引擎,是目前搜索界的领军人物。

Fast/AllTheWeb——总部位于挪威的搜索引擎后起之秀,风头直逼Google。
AltaVista——曾经的搜索引擎巨人,目前仍被认为是最好的搜索引擎之一。
Overture——最著名的搜索引擎广告商,竞价排名的始作俑者,也是全文搜索引擎。
Lycos——发源于西班牙的搜索引擎,网络遍布世界各地。

(3)国内目录索引。

搜狐(Sohu)——国内三大门户之一,最早在国内推出搜索引擎收费登录服务。
新浪(Sina)——最大的中文门户网站,同样也推出了搜索引擎收费索引项目。
网易(Netease)——网易搜索是ODP的国内翻版,其目录由志愿管理员维护,是Google的网页搜索用户。

(三)如何快速地在网上查找信息

目前,日趋完美的网页检索工具也层出不穷,每人都有自己的所喜欢使用的网页检索工具,每人的检索方式也大相径庭,这就像每人的生活方式不同一样,我们不可强求统一。但是,我们如果能从众多的检索工具中摸索出一些规律,我们就能提高检索质量、节省时间和精力。

1. 要熟悉了解所检索的主题

我们要确切了解我们自己所想要查询的内容。如果我们键入的检索式不正确,可能导致许多无用信息的产生。当然我们也可以边查边修改我们的检索策略,有时这也是我们的唯一选择,但是,如果我们相当了解我们自己学科的主题,熟悉常用的术语,那么,我们的检索进展就会顺利得多。举例来说,我们想查找有关因特网方面的信息,这种信息网上太多,如果我们能知道再具体一点的信息,如我们知道要查的因特网是属于哪种范畴(10Mbit/s和100Mbit/s)的因特网,这样,我们就能更有的放矢地进行检索。另外,还注意有名词要大写。

2. 要明确网上的局限性

我们知道所有网页检索工具就其检索所要求的查准率和查全率来说是不太高的,同时也不是一上网就可以查到有关学科方面的最新信息,这只是相对而言,有些检索工具还是能检索到一些较新的信息,但网上的信息一般也都滞后,因为检索工具一般也得花数月时间在网上搜寻新资料,而有些动态的网址就其本身性质来说就难以被编成索引。

3. 正确使用布尔逻辑组合式

网上所有一流的网址都容许使用布尔逻辑式,我们一般常用四种布尔逻辑运算符来进入检索:首先是"And",如当我们在一个检索式中使用A AND B时,我们实际上是通知我所选择的检索工具在我们所要查找的文献中既要有A也要有B。举例来说,我们要检索Java有关的数据库,我们就应该这样输入检索式:Java AND database。我们要注意的是些检索工具的默认值就是使用AND(yahoo),但并非所有的检索工具都如此,因此,我们在使用每一检索工具之前最好读一读相关的帮助信息,以进一步了解该检索工具的具体特性。在我们上网进行检索时,"OR"可能是用处最少的布尔逻辑运算符,因为它检索出来的信息太多,有许多网上服务器甚至不对带有这种逻辑运算符检索式的请求进行加工。还有些词如"计算机",太多太泛,失去了检索的价值,我们称这种词为"禁用词",网上每个检索服务器一般都有自己的禁用词表,如果我们在检索前对此有所了解,我们就有可能避免不必的误检。另一个比较有效的逻辑运算符是"Not",我们可以用Not-来排除在检索中同名不同义的词组。但是,我们要注意的是有些检索服务器,如Yahoo和Lycos,不能执行Not逻辑运算符,我们在检索时要考虑这些问题。

(四) 利用因特网进行文献检索

因特网的检索可同时使用网上多个主机,甚至所有主机的某种资源,而并不需要用户预先知道它们的具体地址。这就极大扩宽了其检索的空间和信息量,包括各种文献信息资源及指向的网络页面。而传统的联机检索、光盘检索只局限在对一台或几台主机上的特定数据库的检索。但在另一方面,互联网信息庞杂,正式与非正式信息及其交流渠道共存,信息缺乏有效的组织管理,因此很难用一般意义上的查全、查准这些概念来衡量其检索。目前还没一个对所有在线服务行之有效的简单检索模式。

网络信息检索与联机信息检索最根本的不同在于网络信息检索是基于客户机/服务器的网络支撑环境的,客户机和服务器是同等关系,而联机检索系统的主机和用户终端是主从关系。在客户机/服务器模式下,一个服务器可以被多个客户访问,一个客户也可以访问多个服务器。因特网就是该系统的典型,网上的主机既可以作为用户的主机里的信息,又可以作为信息源被其他终端访问。

Internet网络上蕴藏着非常丰富的信息资源,从电子期刊、电子工具书、商业信息、新闻、大学和专业机构介绍、软件、数据库、图书馆资源、国际组织和政府出版物,到娱乐性信息等。它已经成为全球范围内传播科研、教育、商业和社会信息的最主要的渠道。但要从这个信息海洋中准确迅速地找到并获得自己所需的信息,却往往比较困难。正是为了解决这个问题,从20世纪80年代起人们就开发了各种网络信息检索工具。

根据检索工具检索网络资源类型的不同,可以将其分为万维网检索工具和非万维网检索工具。万维网检索工具主要检索万维网站点上的资源,它们常被称为搜索引擎,而且由于万维网资源常以网页的形式存在,它们的检索结果常常被称为网页。非万维网检索工具主要检索特殊类型的信息资源,如 Archie——检索 FTP 文件;Veronica——搜索 Gopher 服务器;WAIS——检索全文信息;Deja News——检索新闻组等。不过越来越多的万维网搜索引擎具备了检索非万维网资源的功能,使它们成为检索多类网络信息资源的集成化工具。

1. 常见中西方搜索引擎和综合网站

1) Google 搜索引擎(http://www.google.com)

Google 是目前世界上最大的搜索引擎,如图 5-2 所示,它为互联网用户提供了最便捷的网上信息查询方法,有35种语言的多语种搜索引擎,其中分中文简、繁体,并能自动转换,通过对30多亿网页进行整理,Google 每年需要提供 2 亿次查询服务。随着互联网的迅猛发展,各家搜索引擎服务商之间的竞争日趋激烈。2004年下半年,Google 又推出了中英文字典、查询天气预报、查询邮政编码或长途号、股票查询和查询手机号归属地等新业务。

图 5-2 Google 检索主页面

Google 有两种检索方式,即基本检索和高级检索(图 5-3)。对于基本检索,检索词不分大小写,检索结果一致,采用布尔逻辑检索。逻辑"与"——检索词间用空格;逻辑"或"——检索间用"OR";逻辑"非"——检索词间用减号,如:" +图书 －情报"(+表示后面的词须出现,减号前须加空格)。由于 Google 只搜索包含全部查询内容的网页,所以缩小搜索范围的简单方法就是添加搜索词。使用高级检索添加词语后,查询结果的范围就会比原来的"过于宽泛"的查询小得多。

图 5-3　Google 的检索类型

2)百度搜索(http://www.baidu.com)

百度公司结合世界先进的网络技术、中国语言特色以及中国互联网经济发展的现状,开发出了中国互联网信息检索和传递基础设施平台,并且运用最先进的商业模式,直接为整个中国的互联网提供高价值的技术性服务产品,是中国最优秀的互联网技术提供商。百度主页如图 5-4 所示。

图 5-4 百度主页面

另外,百度提供了学术搜索功能,图 5-5 所示为百度学术高级搜索主页。百度学术搜索是一个可以免费搜索学术文章的百度网络。该项索引包括了世界上绝大部分出版的学术期刊,可广泛搜索学术文献。可以从一个位置搜索众多学科和资料来源:来自学术著作出版商、专业性社团、预印本、各大学及其他学术组织的经同行评论的文章、论文、图书及摘要。

图 5-5 百度学术高级搜索主页

2. 汽车类专业网站

1) 汽车之家

汽车之家成立于 2005 年 6 月,目前是全球访问量最大的汽车网站。为广大汽车消费者提供买车、用车、养车及与汽车生活相关的全程服务,以全面、专业、可信赖、高互动性的内容,多层次、多维度地影响最广泛的汽车消费者,是中国最具价值的互联网汽车营销平台。根据 iUserTracker 数据统计,汽车之家月度覆盖人数接近 8000 万人。中国互联网汽车网民 60% 的时间花费在汽车之家。主页如图 5-6 所示。

图 5-6 汽车之家主页

2) 太平洋汽车网

太平洋汽车网自 2002 年 7 月成立以来,以自身魅力迅速引起业界的瞩目,赢得了广大网友的拥护。作为专业的汽车网络媒体,PCauto 以资讯、导购、用车指导、互动为出发点,坚持原创风格,为网友提供汽车报价、导购、评测、用车、用品等多方面的第一手资讯,并营造一个互动的车友交流空间。

太平洋汽车网为中国最早的专业汽车互联网媒体,拥有较高的品牌知名度,是中国第一家上市的汽车网站。

PCauto 凭借其雄厚的资金实力与国际化的管理队伍,完备的硬件设施和强大的技术力量,以专业门户为起点,通过专业团队的运作和广泛的推广和宣传,WEB + WAP + APP 多平台传播,落地分站覆盖全国 240 多个城市,线上线下结合的广告营销模式,完美塑造了全方位、多角度、综合性的强势汽车网专业媒体,形成强大的品牌影响力。其主页如图 5-7 所示。

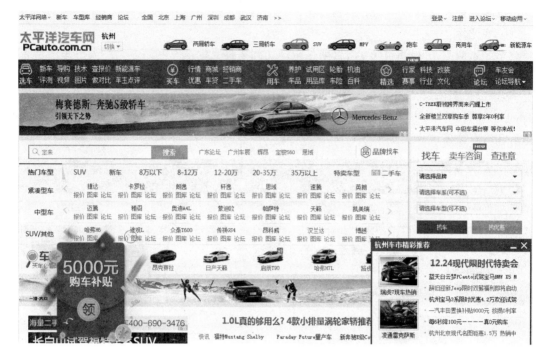

图 5-7　太平洋汽车主页

3. 专利技术网上信息

(1) 美国专利及商标局(http://www.uspto.gov);

(2) 美国专利数据库检索系统(http://patents.cndir.org/access);

(3) 欧盟专利机构(http://europa.com);

(4) 日本专利局(http://www.jpo.jo.jp);

(5) 中国专利信息网(http://www.patent.com.cn);

(6) 中国知识产权网(http://www.cnipr.com);

(7) 中国国家知识产权局(http://www.sipo.gov.cn)。

4. 标准文献信息资源

(1) 世界标准服务网(http://www.wssn.net);

(2) 国际标准化组织(http://www.iso.ch);

(3) 美国国家标准系统网(http:www.nssn.org);

(4) 中国重要标准服务网站。主要有中国标准服务网(http://www.cssn.net.cn)、中国标准网(http://www.zgbzw.com)和中国质量信息网(http://www.cqi.gov.cn)。

5. 汽车类图书资料的检索

主要可以通过以下几类网站进行查询检索:

(1) OCLC (Online Computer Library Centre),即联机计算机图书馆中心系统,(http://www.oclc.org) OCLC 是当今世界上最大的图书信息网络,向全世界 76 个国家和地区的 35917 个图书馆提供信息服务。该系统有强大的信息资源支持,有 80 多个数据库,其中 30 多个可检索到全文。主要可以提供委托和技术服务、参考服务、资源共享等。

(2)国家图书馆(http://www.nlc.gov.cn)。国家图书馆是综合性研究图书馆,是国家总书库。目前,馆藏文献已达2000多万册,居世界国家图书馆第五位,并以每年60万~70万册的速度增长。用户可以通过读者指南对图书进行浏览,也可以通过作者姓名、书名或关键词对图书进行检索。

(3)上海图书馆(http://www.library.sh.cn)。通过搜索引擎查找各类馆藏图书和众多的中西文期刊。

(4)中国高校教材网(http://www.sinobook.com.cn)。

(5)中国图书网(http://bookschina.com)。

任务实施

一、制订检索策略

1. 分析检索课题

利用普通网络资源(中国知网、中国知识产权网、中国标准服务网)查找2010~2016年发表的与专题"无人驾驶汽车控制策略研究"相关的文献。根据专题的题名,可以确定检索途径为关键词检索,并根据"切分、删除、补充"等过程确定关键词为"无人驾驶汽车"、"控制",两个关键词之间的逻辑关系为"并且"。时间条件为2010~2016年。

2. 选择检索工具

做毕业设计之前很重要的一个任务就是完成关于该毕业课题的参考文献的检索工作,完成开题报告,可以避免重复研究或少走弯路。所以科研人员在选题阶段就应该进行必要的文献检索,从中了解到该项目提出的原因、历史状况、目前的进展情况等,只有这样,科技人才可以借鉴别人的劳动成果,直接进入实质性的研究阶段,避免重复研究,提高工作效率。所以为了达到这个目的,科研人员在定题之前就应该全面、准确的进行文献检索。为了更好地了解课题,需要检索多种文献类型,如期刊论文、专利、标准、学位论文、图书等,根据前面的介绍,每种文献类型都有特定的检索的数据库或网站。如检索期刊论文,我们可以选择中国知网、维普资讯网或者万方数据库等;检索专利,我们可以选择中国国家知识产权局、中国知识产权网等;检索标准,可以选择中国标准服务网、中国标准网等;检索图书,可以选择超星数字图书馆等;检索英文文献,可以选择SCI、EI、Google等。

3. 初步检索

选择数据库,打开该数据库的普通网络的网页,单击进入高级检索的界面,输入检索词,并选择检索词之间的逻辑关系,单击文献检索,得到检索的结果。

4. 记录检索结果

记录文献数量,并对文献进行筛选,阅读摘要,必要时获得全文进行精读。若检索结果不满意(查全率或查准率不能满足要求),可以修改检索策略,提高查全率和查准率,然后进一步的检索,直到得到满意的结果为止。

二、操作演示

以维普资讯网(http://www.cqvip.com/)为例。

(1)打开维普资讯网 http:// www.cqvip.com/。
(2)单击"高级检索",进入该界面。
(3)选择关键词为检索项,分别输入"无人驾驶汽车"、"控制",选择检索词之间的逻辑关系为"并且",选择时间条件为 2010~2016 年,如图 5-8 所示。

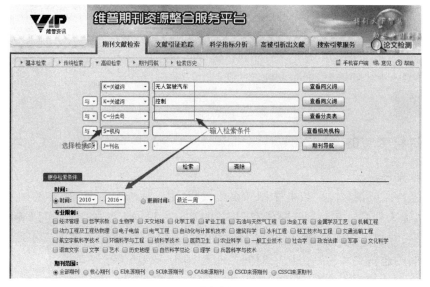

图 5-8　检索条件的输入

(4)单击"检索",得到图 5-9 所示的检索结果,共得到 37 篇与上述检索条件相符的相关文章。

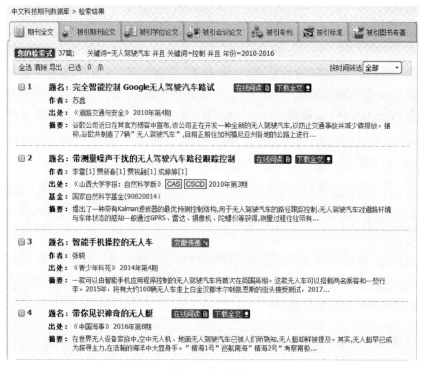

图 5-9　检索结果

(5)单击第一篇文章的题目,如图 5-10 所示,即可看到该文章的更多信息,如题名、作者姓名、作者工作单位、刊物名称、摘要、关键词等,可以在线阅读,或者通过登录账号和密码下载该文章。另外可以根据页面下方的相关文献,根据追溯法获得更多相关文章。

图 5-10　文献信息

我们还可以根据前面讲过的知识对专利、标准、图书等文献类型进行检索,得到更多信息。

任务二　利用网络资源查询就业信息

要求:利用搜索引擎查找大学生就业信息,每个城市的职业供求信息等。

前面已经介绍了如何利用普通网络资源查询文献,为科研工作所用,其实,搜索引擎除能进行学术搜索以外,还有很多其他方面的应用,如查询天气、图片、歌曲、网页、车票等,大大地方便了我们的生活,可以说只需轻轻单击鼠标,就可以获得自己想要的信息,丰富我们的知识,扩大我们的视野。

任务实施

一、制订检索策略

1. 分析任务要求

目的是查找大学生就业的信息,换句话说就是大学生求职的信息,那么为了得到更多有用的信息,我们在确定检索词的时候要考虑到大学生就业和大学生求职两个方面。

2. 通过搜索引擎查找大学生就业(或者求职)信息的网站

就如我们若想查询某一个专利,首先找到专利查询的网站一样,面对上述任务,我们首先应该查找大学生就业(或求职)信息的网站,而这些网站是可以以百度等搜索引擎为起点来查询的。

3.通过大学生就业(或求职)的网站查询到企业的校园招聘信息

根据自己的兴趣专业筛选信息,找到合适的招聘信息,网上投简历或参加招聘会,最终找到满意的工作。

二、操作演示

(1)打开百度在检索框中输入"大学生就业网站"或者"大学生求职网站",如图5-11所示,例如单击"全国大学生就业公共服务立体化平台",得到如图5-12所示的网页,全国大学生就业公共服务立体化平台是教育部牵头,为大学生提供全面的就业和创业平台,里面有更多更新的招聘信息、招聘就业指导,在如今就业形势严峻的情况下,为更多的大学生带去福音,希望可以助高校大学生一臂之力。该网站为大学生提供了各个省市及大学校园的就业信息网的链接、如何制作简历、大学生创业及就业的指导等,通过单击这些内容,可以获得更多我们需要的信息。

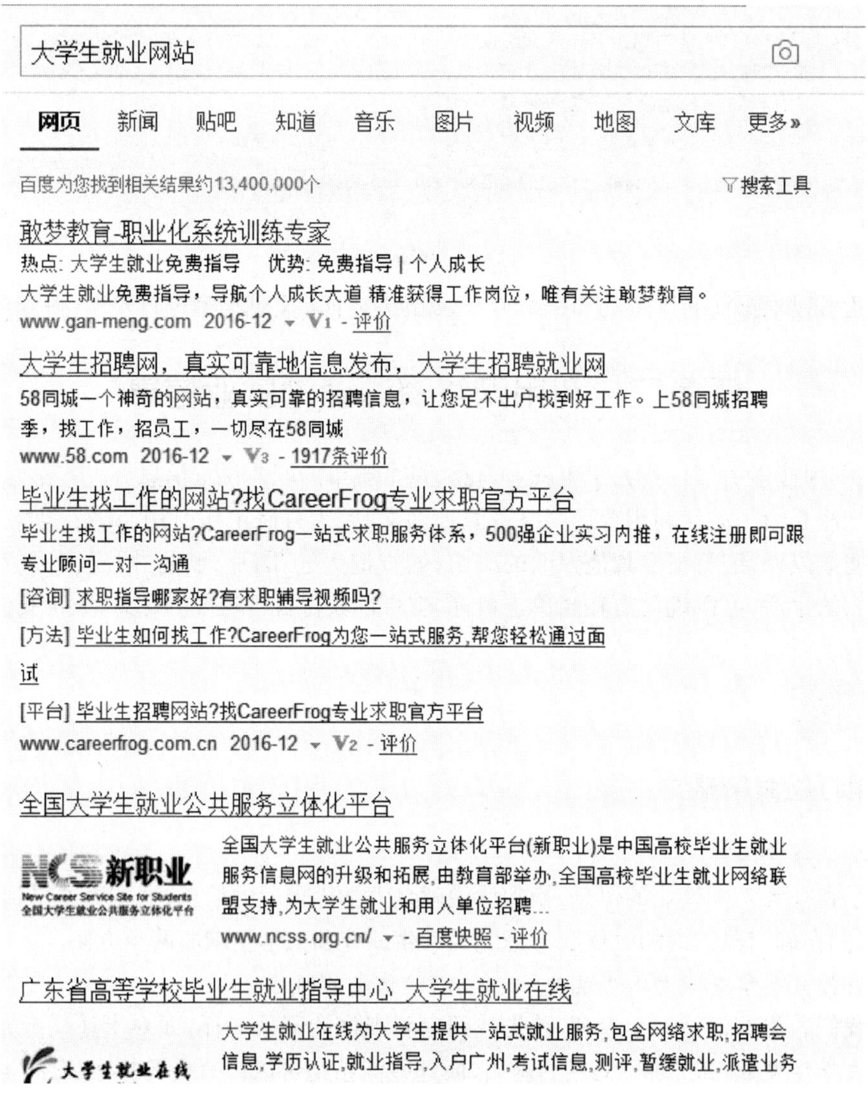

图 5-11 以百度为检索起点查询网站

(2)如图 5-12 所示,在搜索框中输入职位名称,可以得到图 5-13 所示的网页,在该页面上为大家提供了招聘该职位的企业名称、工作地点、学历要求等基本信息,可以根据自己需求单击进入自己感兴趣的企业,查看具体招聘详情。该网页的招聘信息每天都在更新,毕业生只要耐心关注,并及时地对感兴趣的职位提出申请、发出简历,相信终究会找到满意的工作。

图 5-12　全国大学生就业公共服务立体化平台主页

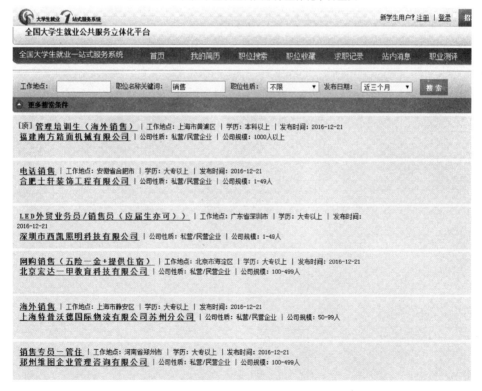

图 5-13　搜索结果

利用好网络资源还可查询每个城市的工资指导价位、社会保障政策、技能鉴定等方面的内容,可以让学生更好地了解职业的发展,更好的规划自己的职业。

课外任务

任务1　利用普通网络资源,如中国知网、维普等,查找浙江大学许沧粟第一作者发表的文章,并对这些文章按照学科类别分组。

任务2　利用计算机上网查找"石墨烯"相关的资料,再从查出的资料中分别输入第二关键词"制备"、"性能",查找该课题相关资料。

任务3　如果你想继续深造,要了解某校具体招生情况和学校概况,你应该如何办?请写一份检索计划。

任务4　查询2016年与你专业对口企业的所有招聘信息。

项目六　高职毕业论文写作

学习目标

1. 初步学会毕业论文选题。
2. 会写毕业论文开题报告。
3. 初步掌握毕业论文写作。
4. 了解毕业论文答辩要求。

任务　毕业论文写作与答辩

要求：请你认知毕业论文写作与答辩的全流程，为毕业开题做好准备。

相关知识

一、毕业论文概述

毕业论文是高等院校毕业生在毕业之前，按学科教育计划或专业人才培养方案的要求，在教师的指导下，独立撰写的学术论文。它是本科毕业生、硕士研究生、博士研究生和大多数大专毕业生完成学业的标志性作业，是对学习成果的综合性总结和检验，是从事科学研究的前期尝试，也是考核学生掌握知识的程度，以及利用所学知识，在科学研究或顶岗实习过程中分析问题、解决问题的能力，并取得的创造性劳动成果的体现。

撰写毕业论文能够培养学生对科学技术问题的观察能力、思维能力、分析能力、判断能力和文字表达能力，为日后从事科学研究工作打下良好的基础。

撰写毕业论文并通过答辩，是科学工作者学术生涯中的重要里程碑，也是实现学业进修和取得高一级学位的重要一步。同时，还是作者独立从事一项比较大的研究工作的标志。

毕业论文涉及的面很广，内容也更加深入，作者在课题的选择和组织方面也有更大的自由空间。

毕业论文的最大作用在于，表明即将毕业的高校学生完成了一项比较大的独创性的智力活动，也以此来证明自己有能力将自己研究的过程组织成书面表达的形式，供自己的第一读者评审，并以此作为获得学历乃至学位的依据。

（一）撰写毕业论文的意义

简单地说，毕业论文是高等院校毕业生独立完成的一篇总结性的学术论文，主要由毕业生承担和完成。它是高等院校教学和考试制度的一部分,根据国家教育主管部门的有关规定,大学生必须通过全部所学课程的考试,同时毕业论文成绩合格,才准予毕业,获得毕业文凭。如果毕业论文不合格,即使修满学分,其余各科成绩及格,仍然不能毕业。因此,大学生必须重视毕业论文。

撰写毕业论文有以下几点意义。

1. 毕业论文是科学研究工作的总结

如果没有进行科学研究或顶岗实习,就没有毕业论文。对自己学习的专业技术的深入研究和专业技能的深度领悟,是撰写毕业论文的基础。事实证明,许多已经完成的毕业论文对科技进步和岗位工作发挥了显著的帮助作用。

2. 撰写毕业论文有助于提高科研能力、工作能力和创造思维能力

通过撰写毕业论文,可以发现自己在毕业设计、顶岗实践和科研实践中存在的不足,并将其进一步完善和解决。通过对毕业论文的反复推敲、完善,能使自己对某问题的思考更确切、更缜密。所以,毕业论文撰写是一种重要的思维手段,也是一种思维描述的工具。人们进行科学研究、思考问题,只凭脑子想是想不清楚的,要在思考过程中不断记录、整理、推敲、修改,才能使创造性的思考逐层展开,逐步深入,并趋于完善,最终解决问题。

写作论文的过程需要知识的积累和方法的训练;另一方面,完成该过程也会进一步增加知识的积累,并且对总结方法的训练产生影响。所以说,毕业论文是对所学专业知识和技能的总结,也是对自己的思想、理论水平的提高过程,有利于提高自己的科研能力、工作能力和创造思维能力。因此,撰写毕业论文有助于发现新问题,提高科研能力、工作能力和创造思维能力。

3. 毕业论文反映学生综合素质和全面处理问题的能力

撰写毕业论文可以反映学生在某一学科和专业领域达到的学术水平、研究能力和工作成绩。可以从以下几个方面反映学生的情况:

(1)反映学生的专业基础知识掌握得是否牢固。

(2)反映学生的查找资料、筛选资料和运用资料的能力。

(3)反映学生的思维能力和理论水平。

(4)反映学生的学习能力、动手能力、写作基础和分析、综合、演绎、归纳、证明事物的能力,即从事科学研究的综合能力。换言之,写好一篇论文,既需要坚实的专业知识和专业基础知识,也需要较强的研究能力和语言表达能力。

4. 毕业论文是授予毕业生学历和学位的依据

我国教育行政部门规定,凡高等学校毕业生,都要撰写毕业论文或毕业设计说明书;审核答辩合格,才准予毕业。我国颁布的学位条例规定:大学生申请学位者,必须提交学位论文,据此作为是否授予相应学位的重要依据。凡学位论文审核和答辩不符合要求者,不得授予其学位。由此可见,毕业论文是授予相应学历和学位的依据,是发现、选拔和培养人才的一条途径。

今后,如果我国学位制度改革,允许给大专毕业生授予学位,那么,毕业论文也必然是高职学生获取学历和学位的关键依据。

(二)毕业论文的特点

毕业论文作为学术论文的一种,学术论文所应具备的科学性、理论性、创造性、学术性和规范性的特点,它也应当具备。撰写毕业论文是为了使毕业生树立科学思想、培养科学精神、遵循科学规范、掌握科学研究方法及毕业论文的写作方法,为今后独立开展科学研究和撰写学术论文奠定坚实的基础,因此,同学术论文相比,毕业论文在具有学术论文特点的同时,又有自身所独有的鲜明特点。

1. 指导性

毕业论文是在教师的指导下,由毕业生独立完成的。无论是撰写前的准备阶段,还是写作阶段及修改阶段,诸如选题的确立,文献、资料的查阅,研究方法的选择,结构的安排,文章的修改等,都需要教师给予认真的指导、耐心的帮助,引导学生独立地进行工作。可以说,毕业论文水平的高低、质量的好坏,从一个侧面也体现了教师的劳动付出,反映了教师的治学态度。

2. 练习性

毕业论文是大学生完成学业,申请学位和获得学历的标志性作业,是大学生所学专业理论知识和基础知识的综合、深化及提高,是科学研究的初步尝试和体验。从毕业论文的写作目的来看,主要是对学生的专业以及利用所学知识分析问题、解决问题能力的检验和考核,是对学生科研能力的培养和训练,为以后的科学研究奠定基础,做好准备。所以,从这一层面来看,毕业论文属于习作性论文。

大专和本科毕业论文的作者,大部分都是第一次涉及科学研究的工作,而且是独立完成整个论文的书面起草工作的。从学习到科研是一种尝试,因此他们的毕业论文粗糙、幼稚、不成熟在所难免。尽管撰写论文要发挥作者的主动性、创造性,但基本上还是属于必须完成的习作性的文章。

3. 专业性

专业性是理工科毕业论文的一个本质特点,理工科毕业论文又分为数学、物理学、化学、生物学、地理学等毕业论文。无论内容还是形式,理工科毕业论文都具有鲜明的专业性。

4. 规范性

理工科论文,由于受到内容、性质、特点和功用的制约,目前,其格式都有固有的规定性和规范性。为此,毕业论文虽有文体、样式的区别,但同一文体与样式,主要理工科毕业论文的基本格式一般是固定不变的,具有约定规范。世界许多国家都对学术论文(包括毕业论文)的撰写和编排制定了国家标准,不同学科和专业的学术机构还制定了本学科和本专业的国际标准,在撰写时必须遵守并熟练地运用这些规则和标准。

(三)毕业论文的写作要求

毕业论文的写作要求与前述科技论文的要求基本相同,但尤其需要注意以下几个方面。

1. 立论要有独创性

立论的独创性是毕业论文的价值所在。毕业论文不是所学知识的全部或部分的总结,也不是知识介绍。虽然它着眼于毕业生科学研究能力的基本训练,但必须反复强调要有独创性这一要求。衡量独创性,可从以下几个方面来考虑:

(1)所提出的问题在本学科或专业领域有一定理论意义或社会意义,并通过研究得到自己独特的见解。

(2)虽是别人已经研究过的问题,但作者采取了新的论证方法,得到的结论能在一定程度上给人以启发。

（3）应能以自己的分析，澄清别人在某一问题上的混乱看法，虽无新的见解，但能提出一些新的必要的条件和方法。

（4）能用较新的理论、方法解决或在一定程度上解决生产中的问题，取得一定的效果，或为实际问题的解决提供新的看法和数据。

（5）用新发现的材料、数据证明已经证明过的问题。

2. 论据要充分、真实

论据充分、真实是毕业论文的生命，毕业论文应尽可能多引用自己的实验结果作为证据。如果全篇论文的内容是由间接得来的材料拼凑而成，没有或很少有自己亲自动手得到的东西，这样的论文基本没有价值。

3. 论证要有逻辑性

论证是用论据证明论点的方法和过程。从文章全局来说，提出问题、分析问题和解决问题要符合客观规律，符合人们对客观事物的认识程序，使事物的逻辑程序与人们的认识程序科学地统一起来，形成一个逻辑整体。从局部来讲，对某一事物的分析和某一现象的解释要体现出较为完整的概念、判断及推理过程。

4. 体例格式要规范

毕业论文的文体、样式都有基本的规定性。它必须以论点的形式构成全文的结构格式，以多方论证的内容组成文章的整体，以较深的理论分析反映全篇。为此，不能把一般的议论文、实验报告和一般的工作调查报告与毕业论文混为一谈。毕业论文是学术性的文章，一般来说，所论述的是抽象的理论问题，或以抽象的理论回答实践提出的问题，所以语言表达应准确、通顺，可读性好。

5. 内容具有真实性

毕业论文的内容是对科学研究进行的系统总结、归纳和分析，必须绝对真实，不允许有半点虚构和夸大。毕业论文的真实性要求客观地反映科学研究所取得的成果，涉及的理论、技术、方法、实验及有关的公式、数据和引用的文献资料皆需准确无误，不能人为地编造、拔高和渲染；不能脱离实际，制造轰动效应；更不允许抄袭与剽窃。遣词造句要做到恰当、准确，避免产生歧义、引发争议。

二、选题

题目也称题名，是选题用文字固定形成的表述形式，同时也是毕业论文内容、主旨的集中反映。国家标准《科学技术报告、学位论文和学术论文的编写格式》（GB 7713—1987）规定：题名是以最恰当、最简明的词语反映报告、论文中最重要的特定内容的逻辑组合。该处规定有3处使用了"最"字，突出了对拟定题名的要求。"最恰当"指题名与论文的内容应相符；"最简明"提出了对词法、修辞的要求；而"最重要的特定内容的逻辑组合"则提出了对题名的内涵与外延以及逻辑性的要求。之所以如此规定，正是因为题名首先给读者提供了论文内容的主要信息，在一定程度上为读者判断该篇论文有无阅读价值提供了可能性。

1. 题名与选题的关系

在创作过程中，题名与选题是两个不同的概念；而在论文表述中，两者关系则非常密切。

一篇成功的毕业论文,其题名与选题是相互联系的。这种联系主要反映在三个方面:首先,题名应该反映选题的内容;其次,题名内容必定受选题内容的制约;再次,通过题名与选题之间关系的处理,可以反映作者的思维方式、构思能力与文字表述能力等,这更为重要。

有了理想的选题又有好的题名,必定会增强毕业论文的交流与传播效果。

2. 选题的原则

选题与题名确有密切关系。毕业论文的选题应遵循宏观与微观两方面的若干原则,不应盲目选题。

1) 宏观方面

(1) 面向世界新技术革命,反映科技发展远景。根据新技术革命的内容,可从三个方面考虑选题:一是新的科学理论;二是当今世界科技发展的新特点;三是科技发展的新趋势。

(2) 立足行业企业发展需要。我国改革开放进入深水区,行业企业面临调结构、稳增长、促发展的压力,必须解决许多疑难重杂问题,否则,行业企业发展必然受到掣肘和限制。大学生毕业论文应该围绕行业企业需求,从技术改造、工艺改良、管理升级等方面确定合适的选题,努力解决行业企业存在的现实困难,支持行业企业健康发展。

(3) 科学态度与重视实际。理工科各专业毕业论文所描述的是科学技术现象。科学是实事求是的,因此,撰写毕业论文也同样需要严谨的科学态度。这既是文风问题,也是作者个人良好科技素质的反映。认真遵守这项原则,既可以充分发挥作者在科学技术方面的才智,也能够保证毕业论文的质量。

2) 微观方面

(1) 创新性。只有创新才能促进生产、技术等发现与发展,因此,要写好毕业论文,就要求毕业论文选题必须具有创新性。选题的创新性可以表现为新理论、新观点、新解释、新规律、新现象、新工艺、新材料、新方法等八个方面。其中,前四个主要针对科学研究,后四个主要指技术发明。

(2) 论争性。论争是促进科学技术发展的催化剂,科学技术的发展离不开观点与方法的探讨,因而经常不断地出现不同观点与方法的论争。

(3) 针对性。选题都需要有对象、有目的。选题的针对性最能反映作者对某一时期、某一学科发展的新认识,这是具有实际意义的选题原则。针对性主要反映在对新形势、新现象的认识。

(4) 现实性。这项选题原则主要是为了面向社会,避免脱离现实需求。

(5) 敏感性。这项选题原则主要表现为作者的思维素质与智力结构,具体表现为对新信息的捕捉、分析与利用能力。

以上选题原则,无论是客观方面还是微观方面,它们既有各自的特殊要求,又都相互联系,有些选题原则之间是难以严格区分的。只要满足其中一条,选题即有作为毕业论文工作内容的价值,并将其研究成果写成毕业论文。

3. 选题的信息源

选题原则是指导性的,要正确确定选题,尚需掌握信息源。什么是信息源?一般认为,从内容划分,可包括零次、一次、二次以及三次文献;从类型划分,有间接信息与直接信息。为了清晰显示信息源的特点,可以将其分为稳定型和瞬息型两种。

(1)稳定型信息源。其特点是学术性强,科学性完整,可靠性大,体现在科技资料的积累。反映在连续性方面,这种类型的信息源有其特殊和重要的价值,其内容包括科技期刊、科技报告、学位论文、政府出版物、企业出版物、会议文件、科技图书、专利文献、标准文就、其他等10种。

(2)瞬息型信息源。其特点是提供创新思路与新素材,传递速度快但不易捕捉,如广播、交谈等,产生的信息瞬息即逝。另外,可靠性也不如稳定型。正因为如此,它又极易激起作者的联想,甚至爆发灵感。其提供的信息量可能不大,如报纸、广播所传出的信息,文字均比较简洁,但其容量往往是无限的。若能正确利用这类信息,可以使论文的选题、主题、材料更具有创新性,论文的质量更具有学术价值。瞬息型信息源包括报纸、广播、交谈、调查、咨询、观察等。

4.拟定题名的方法

拟定题名的具体方法较多,从不同的角度考虑,就会有不同的题名。常用的方法,可归纳如下。

(1)明确撰写毕业论文的目的性。目的性指教育功能如完成教学计划、顺利毕业,社会功能如总结工作或科研成果。出于不同的目的考虑,同样的一篇毕业论文,可以拟出不同的题名。这是作者写作艺术的体现,也是作者思维与语言综合能力的反映。

(2)根据主题修改毕业论文的题名。确定选题之后,在撰稿过程中,由于思路的变化或根据新联想突然爆发的灵感,对主题有了新拓展;或者在撰稿过程中,受到有关资料的启发,改变了已拟定的主题(这种情况经常发生):这样,题名就要随同主题一道变化。也就是说,题名不仅受选题的宏观制约,还要受主题的具体制约。

(3)根据措辞调整毕业论文的题名。即使题名已经符合选题和主题内容的要求,还有如何选定适当的词、词组或利用何种句式的问题。这种对语言的加工也是非常必要的,因为只有选用更加形象、明朗、内涵稳定的词或词组,再辅之以恰当的句式,才能使题名更具有吸引读者的作用。

5.拟定题名的要求

(1)准确。准确是指标题要确切地反映毕业论文的内容和特点,能把毕业论文的主旨、研究目的、研究中心以及研究内容中某些因素之间的关系,准确地表达出来,不得过大、宽泛、笼统。

(2)得体。毕业论文题名不仅要做到准确,而且必须得体。所谓得体,指题名措辞合理,既不夸大、吹嘘,也不掩饰、偏离,而是恰如其分地表达研究工作的性质、特点、规模、水平等。

(3)简练。意即要尽量做到少用字,却又能确切地概括反映文章的内容,让人一看就懂,不拖泥带水。毕业论文题名一般不宜超过20个字,否则,既难以让读者得到鲜明的印象,也不便读者记忆和引用。另一方面,题名也不宜过短,以免笼统抽象和一般化。

(4)醒目。论文的题名置于文章之首,无疑是醒目的。但是,为了激发读者的阅读兴趣,题名要选用适当的词语,突出关键字、词的排列位置,以引起读者的注意。一般题目的前半部分是比较引人注意的,应把关键的字词尽可能排在前面。

××学院毕业生论文参考选题总汇见表6-1。

××学院毕业生论文参考选题总汇

（以下题目仅供参考，学生可在指导教师指导下，根据岗位、专业情况自定其他题目，不得与以下题目完全一致）

表6-1

序号	题目	序号	题目
\multicolumn{4}{c}{结构维修诊断类}			
1	××电子节气门控制系统的结构原理及功能分析	22	宝马VVT系统的结构原理与常见故障分析
2	浅谈汽车电子稳定程序系统	23	汽车轮胎的正确选用和合理使用
3	浅析锐志轿车电控燃油喷射系统	24	汽车的驱动方式及其发展方向
4	浅析××型电子控制自动变速器构造与维护	25	柴油机涡轮增压与排放控制的分析研究
5	××轿车的智能进入与启动系统分析	26	雷克萨斯油电混合动力车的分析研究
6	混合动力车的前景探讨	27	奥迪A6的EPD和ESP的结构原理和功能分析
7	浅谈燃料电池汽车的结构及应用	28	宝马远光灯辅助系统的结构原理及功能分析
8	现代汽车ABS及其发展技术研究	29	VVT技术在宝马发动机上的应用
9	汽车发动机润滑油使用性能的缺陷及改进措施的探讨	30	奥迪车电控燃油喷射系统油路构造及故障诊断方法
10	乘员保护装置使用时遇到的问题及措施探讨	31	奥迪汽车ABS的构造原理及故障诊断
11	浅谈信息资源在汽车维修业中的应用	32	基于安全性的汽车电子技术应用研究
12	浅谈信息技术在现代汽车及交通领域中的应用	33	汽车的质量缺陷及改进措施探讨
13	发动机废气涡轮增压的应用与展望	34	车载GPS的应用及国内市场分析
14	大众车系行驶跑偏的原因分析及检测	35	浅谈汽车导航系统的应用
15	浅谈CAN总线在汽车中的应用	36	××轿车上坡辅助启动系统
16	奥迪轿车ABS的结构原理与常见故障分析	37	汽车四轮定位及其影响的分析研究
17	汽车制动系统结构原理及常见故障分析	38	××VVT-i智能可变气门正时系统的结构原理与故障诊断
18	汽车安全气囊技术的分析研究	39	锐志轿车ABS结构原理与故障排除分析
19	LEXUS汽车ABS的原理及常见故障分析	40	奥迪无级变速器的结构原理与维修技巧分析
20	广州本田MAXA型自动变速器结构原理与常见故障分析	41	汽车轮胎的质量缺陷及改进措施分析探讨
21	轮胎的合理使用及爆胎原因分析研究	42	电动汽车原理维修故障检测

续上表

结构维修诊断类			
序号	题 目	序号	题 目
43	浅谈汽车四轮定位及四轮定位仪的使用	67	电动汽车充电方式探讨
44	汽车油漆涂装的工艺流程	68	对汽车快修连锁发展经营的思考
45	雷诺汽车及沃尔沃汽车的维修	69	浅谈机动车安全技术检测在行车安全中的重要性
46	汽车变速器使用与维修中遇到的技术问题研究	70	发动机怠速不稳原因与诊断方法探讨
47	浅谈汽车维修企业所需人才的专业技能	71	提高汽车维修质量的技术措施探讨
48	浅谈××汽车4万km维护	72	浅谈汽车发动机异响故障诊断与排除
49	浅谈德国大众车系积炭问题	73	××(品牌或型号)发动机怠速不稳的诊断
50	汽车维护存在的问题及采取对策的分析研究	74	浅论汽车钣金技术
51	电控汽车氧传感器的维修方法	75	桑塔纳2000型电喷车起动困难故障分析诊断
52	别克汽车制动系统的常见故障分析	76	浅谈汽车行驶跑偏的检修
53	NISSAN轿车4万km大维护流程分析	77	广州本田ABS的结构原理和故障分析
54	浅析四轮定位仪在汽车维修中的作用	78	混合动力汽车产业研究与发展趋势
55	汽车维修行业中的误区及对策的分析研究	79	雪铁龙车AL4自动变速器原理与常见故障分析
56	××(品牌或型号)汽车空调的故障诊断与维修	80	本田汽车自动变速器的结构原理和常见故障
57	浅析汽车轮胎的正确使用及日常维护	81	福特S-MAX品牌营销策略分析
58	××(品牌或型号)汽车转向系统常见故障分析	82	论国内汽车后市场
59	奥迪汽车电控燃油喷射系统油路的构造及故障诊断	83	微型汽车进入我国家庭市场的分析
60	××(品牌或型号)发动机冷却系统故障分析	84	浅谈汽车销售技巧
61	××(品牌或型号)汽车制动系统常见故障分析	85	微型车市场的形势分析及展望
62	宝马汽车安全气囊的结构与故障诊断	86	一汽大众公司捷达品牌营销分析
63	奔驰汽车自动变速器系统常见故障分析	87	我国汽车销售模式分析及发展对策研究
64	××(品牌或型号)汽车自动变速器常见故障分析	88	××企业(品牌)汽车配件业务分析
65	上海通用汽车空调系统的结构与故障诊断	89	浅析中国汽车配件物流的现状及前景
66	浅论宝马轿车的常见故障与编程的关系	90	浅谈汽配行业的现状及未来展望

续上表

汽车销售配件销售类			
序号	题目	序号	题目
91	汽车零配件采购作业的分析研究	117	从宝腾公司战略谈中国未来汽车消费方式
92	浅谈汽车配件的库存管理	118	比亚迪汽车在衢州销售现状及前景分析
93	谈汽车维修企业的配件流通与管理	119	浅谈汽车展厅综合管理
94	浅谈汽车物流与库房管理	120	国内汽车销售促销手段的分析研究
95	浅谈零库存在汽车配件销售公司的运用	121	××(如别克)品牌汽车营销案例研究
96	汽车配件销售现状及对策分析	122	汽车销售行业的现状、存在问题及对策研究
97	××纯正配件专卖的有关问题和对策	123	浅谈汽车4S店的营销渠道
98	一汽大众汽车配件的采购和管理	124	关于做好汽车销售员的思考
99	网络化经营-汽车配件营销的必由之路	125	汽车4S店市场营销的现状及发展研究
100	现阶段中国汽车配件服务市场的分析	126	浅谈如何提高汽车销售人员的素质
101	汽车营销现状与传统营销模式的分析研究	127	浅论汽车4S销售方式的创新
102	浅谈我国现代汽车消费调查	128	论我国汽车消费信贷市场发展及存在的问题
103	当前汽车营销中存在的问题及解决方法的研究	129	二手车交易市场浅析
104	网络营销的客户开发和市场前景分析研究	130	关于BMW精品销售的思考
105	汽车销售4S店客户关系管理	131	关于网络营销与市场营销的战略分析
106	浅谈汽车销售人员的心理素质	132	汽车营销体系和汽车销售市场结构模式的探讨
107	中国汽车营销模式的探索与创新研究	133	实施连锁经营提高国有维修企业的竞争力分析
108	当前我国轿车消费市场分析	134	论提高顾客满意度对企业发展的重要性
109	汽车及配件营销体制现状、存在问题和措施分析	135	汽车维修前台业务接待流程的分析
110	一汽丰田销售标准流程与培训机制的分析	136	浅谈售后服务在汽车营销中的重要性
111	企业需要的营销人才与我们毕业生的差别分析	137	现代汽车售后服务的现状、存在问题及对策研究
112	消费者对汽车品牌的忠诚度研究	138	关于汽车售后服务的客户投诉及处理的分析研究
113	浅谈汽车销售人员的素质要求	139	汽车保险业务的现状和发展研究
114	展厅销售与区域销售之我见	140	如何提高我国汽车维修企业服务质量
115	论展厅销售与网点销售的差异性	141	如何做好汽车维修服务顾问的思考
116	论汽车4S店的品牌营销	142	东风日产客户服务代表接待流程的分析研究

续上表

序号	题目	序号	题目
	售后服务汽车保险类		
143	宝马保修潜在的问题及对策分析	156	××企业(品牌)管理现状及对策分析
144	汽车维修企业如何防止客户流失的分析研究	157	××企业在汽车运营中存在的问题及对策分析
145	汽车理赔潜在的问题及对策分析	158	温州瓯通奥迪竞争力分析
146	浅谈汽车快修连锁业的快速发展及其对汽保业的影响	159	汽车行业所需人才分析研究
147	关于做好客户服务的思考	160	如何做好车险查勘定损
148	客户关系管理系统在汽车企业中的应用	161	当前汽车保险现状及未来发展趋势的分析研究
149	我国汽车服务行业的现状和对策分析	162	机动车辆险赔付率高的原因分析及对策研究
150	从客户满意到客户信任的分析研究	163	汽车保险发展历程与现状浅析
151	浅析汽车售后服务市场的机遇与挑战	164	浅论汽车交通事故的查勘与保险定损
152	中国汽车售后服务现状分析	165	论保险公估业的发展瓶颈及出路
153	浅谈网络对我国汽车维修企业的重要性	166	汽车查勘理赔浅析
154	售后服务中出现的常见问题及解决方法	167	论汽车保险理赔存在的问题
155	汽车保险理赔的现状分析	168	浅谈汽车售后服务成本管理

三、开题报告

开题报告是指开题者对科研课题的一种文字说明材料。这是一种新的应用文体,这种文字体裁是随着现代科学研究活动计划性的增强和科研选题程序化管理的需要应运而生的。开题报告一般为表格式,它把要报告的每一项内容转换成相应的栏目,这样做,既便于开题报告按目填写,避免遗漏;又便于评审者一目了然,把握要点。

撰写开题报告,作为多层次科研工作的第一个写作环节,非常重要,这是因为:

(1)通过它,开题者可以把自己对课题的认识理解程度和准备工作情况加以整理、概括,以便使具体的研究目标、步骤、方法、措施、进度、条件等得到更明确的表达。

(2)通过它,开题者可以为评审者提供一种较为确定的开题依据。"言而无文,其行不远",以书面开题报告取代昔日广为运用的口头开题报告形式,无疑要切实可靠得多。

(3)如果开题一旦被批准,课题得以正式确立,则还可以通过它,对立题后的研究工作发生直接的影响:或者作为课题研究工作展开时的一种暂时性指导;或者作为课题修正时的重要依据等。

开题报告的内容:

(1)课题来源及研究的目的和意义。

(2)国内外在该方向的研究现状及分析。

(3)主要研究内容及创新点。

(4)研究方案及进度安排,预期达到的目标。
(5)为完成课题已具备和所需的条件和经费。
(6)预计研究过程中可能遇到的困难和问题有及解决的措施。
(7)主要参考文献。

四、毕业论文格式

按国家标准规定,论文的编写格式由四大部分组成:前置部分、主体部分、附录部分和结尾部分。

(一)摘要

摘要也称文摘。国家标准(GB 7713—1987)规定:"摘要是报告、论文的内容不加注释和评论的简短陈述。"这说明:摘要的对象主要是报告、学术论文和学位论文的内容,一般应该说明研究工作目的、实验方法、结果和最终结论,而重点是结果和结论。

摘要是对报告、论文内容的客观反映,不应添加注释,也要避免作出评论;摘要的撰写应简短、明晰。

1. 摘要的作用
(1)读者通过摘要,能够决定是否有必要进一步阅读全文。
(2)读者不阅读全文也可以获得必要的信息。
(3)摘要可以引用,可以用于公益推广;作为情报资料,可供文摘等二次文献采用。
因此,摘要应具有独立性,是一篇内容要素完整的短文,可以独立使用。

2. 摘要的主要内容
(1)背景与目的。阐明该项研究工作的主旨、目的、范围及其重要性。
(2)内容与方法。交代该项研究工作的对象,描述所使用的实验方法和过程。
(3)研究结果。总结研究成果,突出观察到的新现象和新见解。
(4)研究结论。阐明研究结论,介绍其价值和意义(应客观介绍,不得随意拔高、夸大其词,更不得自吹自擂)。

3. 摘要的写法诀窍
写好一份摘要,其诀窍是突出新贡献,并使之醒目,即采用精辟语句使新东西出现在摘要的突出位置。所谓"新贡献",包括新技术、新理论、新方法、新观点、新规律、纠正前人错误、解决争议、补充和发展前人成果等多种情形。撰写摘要的时候,务必要在摘要中体现重要的研究成果,而不是放在论文的后部分予以指明,否则,摘要便难以达到要求,从而失去撰写意义。

醒目地展示新贡献,即明显区别别人工作和自己新贡献的不同之处,并将二者分离开来,让自己的新东西引人注目。对新贡献不必着墨过多,而应力求精辟。同时,语言不能模棱两可,而要明确、清晰,直接将自己的新贡献指出来,让读者能够轻易看到,设法避免让读者亲自分析作者的贡献"新"在何处。

(二)关键词

关键词是毕业论文和学术论文的独立项目,位于摘要的左下方。何谓关键词呢?国家标准(GB 7713—1987)规定:"关键词是为了文献标引工作从报告、论文中选取出来,用以表示全文主题内容信息款目的单词或术语"。

就论文关键词的提取,国家标准(GB 7713—1987)也提出了一些注意事项:"每篇报告、论文选取 3~8 个词作为关键词,以显著的字符另起一行,排在摘要的左下方。如有可能,尽量用《汉语主题词表》等词表提供的规范词。"

关键词是论文信息的高度概括,是论文主题的集中反映。论文作者在论文写作完成后,应该将对论文起到关键作用、最能说明问题、代表论文内容特征、通用性强、为同行所熟知而且最有意义的词语选出来,作为文章的关键词。因此,关键词一般可以直接从论文题目、摘要、层次标题中提取;如果从这些项目无法提取到关键词,也可以从全文提取。选择的关键词并不组成完整的句子,不必考虑语法结构,也不一定表达一种完整的意思,只需要将几个能反映该篇文章主题概念的词语或词组简单地组合在一起。

此外,关键词也可以从《汉语主题词表》选取。甚至未被《汉语主题词表》收录的新学科、新技术中的重要名词术语,也可以选作关键词。

例如,有一篇题为《资料管理在建筑工程项目管理中的作用》的毕业文章,作者选用了"建筑工程;项目管理;资料管理"这 3 个词作为关键词,直接取自论文题名。而题为《水稻抗稻瘟病鉴定几个相关问题的探讨》的学术论文,作者选取了"稻瘟病;抗性鉴定;近等基因系;氮肥"这 4 个词为关键词,大都是从全文提取出来的。

(三) 绪论

绪论又称引言、前言、序言,写在正文之前。这是毕业论文和学术论文的开场白,由其引出文章,因此,在整篇论文中起到铺垫、过渡和引导的作用。它也是论文的"窗口",通过阅读绪论,读者即可大致了解论文研究的背景、目的、重点、范围及过程等。国家标准(GB 7713—1987)规定:"引言(或绪论)简要说明研究工作的目的、范围、相关领域的前人工作和知识空白、理论基础和分析、研究设想、研究方法和实验设计、预期结果和意义等"。

1. 绪论的作用

绪论是论文编写格式的一个组成部分。其作用有如下两点。

首先,绪论是正文内容的先导。用于阐述作者写作的意图、动机或目的,让读者了解该篇论文能让自己获得什么或为自己解决什么问题。高水平的绪论往往能在阐述写作目的的同时,引起读者阅读正文的兴趣,激发读者追求知识的愿望。

其次,绪论是思维活动的起点。根据思维发展、演变的规律,人们认识事物、研究问题都有具体的思维活动过程。这个过程一般是从具体到综合,从形象到抽象。一篇毕业论文和学术论文如果没有绪论部分,就如同跳过了形象思维而直接进入抽象思维,并不符合思维活动规律。有了绪论部分,则思维活动可以渐次展开,避免给人以跳跃和突兀之感。

2. 绪论的主要内容

(1)背景与目的。简要说明研究工作的背景、目的、范围,即为什么写这篇论文、写到何种程度和要解决什么问题。

(2)问题与发展。简要回顾前人研究工作的历史,即扼要介绍前人在本课题相关领域所做的工作和尚存的知识空间,使读者对该领域的概况一目了然,同时显示论文的价值及地位。

(3)思路与工作。扼要介绍论文的理论依据、研究方法和手段,提纲挈领地总结毕业论文主要工作内容与相关结果。

3. 绪论的写作要求

(1)简单明了,自成一体。高职毕业论文的绪论应避免与摘要雷同,不要写成摘要的注释和说明,而是自有完整内容。但是,毕业论文的绪论部分需要对本领域内前人研究历史和现状作出详细回顾,此为着墨重点。

(2)言简意赅,突出重点。绪论文字不可冗长,高职毕业论文绪论的篇幅一般不超过1500字,应尽量对读者产生吸引力。业内熟知的内容与教科书中的常识内容不必赘述。确有必要提及他人的研究成果和基本原理时,只需以参考引义的形式标出即可。

(3)措辞有度,中肯客观。在论述这篇论文的研究意义时,应注意分寸,既要避免自我吹嘘,最好不要使用"有很高的学术价值"、"填补了国内外空白""首次发现""在这方面很少报道""尚未见报道"等话语,对这些话语一定要慎重,以免造成将来被动;也要注意忌用套话,如"才疏学浅""水平有限""恳求指教""抛砖引玉"等语言,"大家知道""众所周知"等句子。

(4)首尾呼应,避免雷同。绪论一般应与结论相呼应,在绪论中提出的问题,在结论部分应有解答,但也应避免与结论的文字雷同。

(5)人称中立,回避自身。文中应尽可能回避用第一人称。不得不使用第一人称时,可以使用"本课题"或"本次工作"等代替。

(6)合理分节,避免连写。毕业论文的绪论一般应编层次序号,分节、分段论述,因此,应当尽量合理分节,避免连写。

4. 绪论的写作方法

无论是正文内容的先导还是思维活动的起点,毕业论文绪论的写作目的就是提示内容、启发思路、酝酿情绪。根据绪论的这些作用,可以从3方面把握其写作方法。

(1)思路完整,要素齐备。按照国家标准(GB 7713—1987)规定,绪论的内容主要是提示性的。所以,绪论的写作必须提示写作意图、论题的中心或带有结论性的观点等,告诉读者这篇论文的写作目的、作者的论题以及其基本观点。

(2)予人启迪,开拓思路。绪论的写作应具有一定的启发性,以开拓读者的思路。为此,高职学生应该重视语言的运用,包括语法、修辞等的运用。

(3)吸引读者,激发兴趣。毕业论文不仅为了满足高职学生毕业的要求,也应产生社会效益,为读者带去帮助。为此,高职学生应从绪论入手,巧用文字,酝酿读者情绪,将读者吸引到论文中来,提高其阅读兴趣。

(四)正文

关于论文正文内容,国家标准(GB 7713—1987)规定:"可以包括:调查对象、实验和观测方法、仪器设备、材料原料、实验和观测结果、计算方法和编程原理、数据资料、经过加工整理的图表、形成的论点和导出的结论等。""由于研究工作涉及的学科、选题、研究方法、工作进程、结果表达方式等有很大的差异,对正文内容不能作统一的规定。但是,必须实事求是,客观真切;准确完备,合乎逻辑;层次分明,简练可读。"另外,明确规定了图、表的绘制要求以及数学、物理和化学式、计量单位、符号和缩略词等在使用时应注意的一些事项。

高职毕业论文与学术论文的正文,有的分为四大部分,即材料和方法,结果与分析,讨论,结论;有的分为三大部分,即材料和方法,结果与分析,讨论。分为三大部分中的"讨论",其实就是结论,它既是结论,又同人讨论。

1. 正文的内容

不同类型的毕业论文与学术论文，正文的写作内容不尽相同。常见的论文有 i 种类型，其内容结构分别如下。

(1) 理论型论文。此型论文以理论探讨、理论分析为主，从追溯理论发展过程开始，到形成新理论为止。追溯理论发展过程是为了提炼其理论框架。作者通常会对已有的理论进行分析，指出其不足之处，比较说明各种理论的优劣，并提出新的理论。作者也会考查一种理论的内部和外部一致性，分析理论本身是否自相矛盾，以及理论与实验观察结果之间是否矛盾。

(2) 理论、实验结合型论文。理论、实验结合型论文既有理论探讨，也有实验分析，从理论分析入手，提出实验方案，并按照方案开展实验、采集数据并分析数据，利用分析结果验证实验结果与理论阐述的一致性。因此，该型论文以理论指导实验，以实验验证理论。

(3) 技术型论文。技术型论文是高职学生根据顶岗实习过程中开展的工程建设实践，通过对工程建设实践过程中产生的现象或问题进行专题研究、分析和阐述，并揭示这些现象的本质、规律或问题解决的方法撰写而成的毕业论文。此型论文的内容从发现问题开始，提出技术改进或实验方法的设想，设计方案并开展实验，最后根据实验数据和结论对设想进行验证。

2. 正文的写作方法

由于不同学科有不同的研究方法，所以，毕业论文的写作方法没有绝对统一的规定。高职学生的思维方式、方法的不同，也导致正文的写作"各有千秋"。但是，无论各种毕业论文有多少差异，毕竟都是毕业论文，因此，其写作方法必然具有共性，都能从思维、逻辑、语言等 3 方面加以规范。毕业论文正文的撰写与思维、逻辑和语言这三者都存在密切的关系。

1) 撰写正文与思维的关系

思维是人脑的高级活动形式，是人脑对客观事物间接的和概括的反映。思维若作为理性认识，即思想；若指理性认识的过程，即思考。

思维实际上包括 3 方面内容，即思维方法、思维形式和思维方式。思维方法是指一个人按照确定的思路、过程、逻辑程序进行观察和处理客观事物。思维形式是指一个人在实践基础上形成的概念、判断、推理等抽象思维、形象思维和灵感思维。思维方式则是指一个人的思维方法和思维形式已经形成的比较稳定的思维模式。

毕业论文正文写作需要提前构思。所谓构思，主要是指思维方式和思维方法。思维方法与思维方式往往表现为理性认识，因而又与个人对事物认识的观点、思路具有密切的关系。

在撰写毕业论文或学术论文时，作者应重视改变心理定式的影响，勇于创新。思维方法与思维方式的创新反映在写作方法上，就是要根据不同的内容采用不同的方法，避免运用同一种写作方法去撰写不同内容的论文。所以，毕业论文正文的写作应重视思维素质的培养，重视思维方法、方式的训练。

2) 撰写正文与逻辑的关系

逻辑一般是指思维形式。逻辑作为一门独立学科，又是思维科学的重要组成部分。

逻辑可以分为形式逻辑、辩证逻辑、数理逻辑等。其中，形式逻辑在写作中的作用较大，高职学生毕业论文写作实践中也大量存在形式逻辑方面的问题。

形式逻辑有三种思维形式，即概念、判断和推理。在正文写作中，需要大量运用思维形式。形式逻辑在毕业论文正文写作中的运用，有助于增强毕业论文内容的创新性、论证性、论争性、科学性和可读性。

形式逻辑在毕业论文正文写作中,主要体现在以下几方面。

(1)逻辑组织的升华作用。

论文的内容重在"创新"。"新"的来源有两个:一是在已有的科研成果基础上进一步提高、改进;二是在尚待发掘的领域探讨研究,通过分析、总结开拓新的科学技术领域。

逻辑学所研究的推理,就是根据一个或几个已知判断得出另一个新的判断的思维形式,即从已知的知识推导出新的知识。撰写毕业论文和学术论文的目的有多个,其中就包括从已知的原理推导出新的理论,在已有的科学技术基础上建立新的科学技术。

例如:逻辑学中研究的推理方法,如演绎推理、归纳推理、类比推理等都是撰写论文必须运用的推理方法。尤其是归纳推理、类比推理,更是撰写论文时普通运用的推理方法。换句话说,只有在归纳推理、类比推理的基础上,才能确定前提;有了前提才能导出结论,即最后运用演绎推理的方法,导出正确的、新的判断。

在撰写论文的过程中,总是要通过推理得出结论,也就是先有推理、后有结论。一般的论文所运用的撰写形式,主要有如下两种。

一是通过特殊的或个别已知的知识,推出一般性的结论。比如:列举一系列数据、试验结果、科技成就、中外科技史上的科研现状、自然界和社会上的各种现象等,逐一进行分析,再提高到理论层面加以印证,然后得出新的结论。这就是归纳推理。

二是分析各个研究对象之间已知的相同或相似之点,并在此基础上得出对象之间未知的相同或相似之点,进一步推出新的结论。这就是逻辑学所谓的类比推理方法。比如,鲁班发明锯子就是运用了类比推理的思维形式。而近代新兴科学仿生学,正是类比推理思维的结晶。近几年,交叉学科的发展有了新的突破,而类比推理在产生学科之间交叉效应方面起到了关键性的作用。尤其是在迅速转移交叉学科新成果方面,在迅速转移相关的多学科综合研究方面,在迅速转移横断学科方法论研究方面,类比推理成为交叉科学研究的基本方法。

在科学研究中需要培养运用类比推理的思维形式,在毕业论文写作中也需要恰当地、熟练地运用类比推理,使内容达到创新的目的。

值得重视的问题是:归纳推理和类比推理运用于前提与结论之间没有必然联系的情形。若要让前提与结论发生必然联系,除了两者之间必须有相同或相似之点,还要进行理论与实践方面的探讨、实验与研究,否则容易得出不可靠的或错误的结论。

因此,在撰写毕业论文时,必须依靠逻辑思维形式,将所占有的材料围绕论题合理地组织起来。同时,也只有运用逻辑推理的形式,才能让已有的科技成就或已知的知识升华,达到创新的目的。

(2)逻辑的鉴别辨析作用。

撰写论文时,从命题(题名)到整个论证推理过程,直至最后的结论,总是涉及对一系列客观事物的属性认识和事物之间关系的判断,这就需要作者具有较好的鉴别、辨析能力。不论是客观世界上的任何事物,或者是事物之间的何种关系,总是在认识上存在真伪之分和正误之别,这就需要进行判断。逻辑学所研究的判断就是对客观事物有所肯定或否定。判断在论文写作中具有特殊意义,它具有如下三个特点。

①真理性。科学技术应该反映客观事物的内在本质和规律,否则就不是科学。判断的作

用就在于必须对客观事物进行真与伪、正与误的区分,以反映客观事物的真实属性。这就要求判断必须具有真理性。

针对某一科技理论、科技现象,在某一阶段,真理有一定绝对性。比如,凡是金属均可导电,还有许多著名的定理、定律等。但是,由于科学理论的不断充实,技术的持续发展,人们对客观世界的认识能力也在不断加强,过去认为是真理的理论,今天又发生了新变化,出现了新的判断。例如:长期以来,逻辑等于理性,非逻辑等于非理性的公式成了不证自明的公理。但是,这其实并不成立,因为我们不能将非逻辑的直觉、灵感、幻想等排除在理性之外。

现在,由于科学技术迅速发展,人的思维能力空前活跃,对一些科技现象提出了许多新理论和新观点。对这些新理论、新观点进行解释时,必须运用严格的判断,反映其真理性。当然,由于各种条件限制,目前还有许多缺乏真理性的判断,或者一时尚不能被承认具有真理性的判断。

② 时间性。客观事物错综复杂,人们认识客观事物的本质和规律总是有个过程,这个过程就反映为时间性问题。科学史上不断发现这种现象,如亚里士多德对物体运动曾做过这样的判断:"推一个物体的力撤销时,原来运动的物体便归于静止",这一错误判断曾统治历史2000年,被认为是真理,直到伽利略对其作出纠正。

对传统的学说、理论、观点提出质疑是人类认识客观世界、认识历史的必然现象。客观世界扑朔迷离,其实质往往被长期掩盖,因而发现新的理论都需要一些时间。比如:公元17世纪以前,医学界一直认为人的血液产生于肝脏,存在于静脉中,进入右心室后渗入室壁沉入左心室,经过动脉遍布全身就消耗干净。这种错误判断一直持续了1000多年,并享有绝对科学权威。直到17世纪提出血液循环说,才纠正了这种错误判断。

科学技术的进步是随着时间转移而延伸的,科学技术领域的许多判断也必然随时间的转移而发生巨大变化。

③ 确认性。判断的确认性反映在两方面:一是理论确认;二是社会实践确认。一般来说,通过推理、综合判断而形成的理论无懈可击,在客观上即被确认,如超导理论。通过实践,若判断是正确,即会得到社会确认。

为了让判断符合上述三个特点,撰写毕业论文正文时必须注意:凡是涉及判断,一定要重视理论上的可靠性和严密性,能经得起推敲和反驳,要遣词造句,尤其是带有观点性的文字要反复研究,以正确发挥判断的鉴别与辨析作用。

(3) 逻辑的概括限制作用。

撰写各学科毕业论文,其基本"建筑材料"是语言。论文写作除了必须运用文学语言,其特殊的语言形式是科技语言。科技语言包括专业语言、术语、定义、图表符号。一般地说,文学语言有三性,即准确性、鲜明性、生动性,而科技语言(主要指专业语言和术语)也有三性,即单义性(准确)、概括性(抽象)、普遍性(国际交流)。无论是文学语言还是科技语言,以逻辑学的要求必须反映一定的概念。逻辑学认为,所谓概念,就是反映事物特有属性的思维形式。概念的表征是语言,语言必须反映一定的概念。在论文写作中,这种概念的特殊意义,就是起到概括和限制作用。

概念的概括作用,体现为一个词语可以用最少量的字,准确地包容较多的含义。概念的限制作用,体现为科技语言所反映的概念有一定的专业领域或反映一定的科学技术内容。如:"相干辐射"是物理学中的专用术语,"相干参考"是电子学中的专用术语,而"相干系统"则为通信技术中的专业术语。

因此,在阅读论文时,一般从论文所使用的语言,尤其是术语,即可以了解论文所阐述的学科领域。又如在阅读论文时,有的论文给读者留下通畅、明白、生动的印象(概念),有的则给人留下别扭、生硬、梗阻的感觉,这些都与概念表述有关。

由于交叉学科的发展,综合性学科领域的扩大,许多新的专业语言、术语不断涌现,在撰写论文时,尤其需要注意每个术语或专业语言的基本概念,如"情报"与"信息","信息论"与"信息技术","知识网络"与"知识化"等,它们所反映的基本概念都是不相同的。

某种程度上,可以认为科技语言,即语言所反映的概念,应该像法律条文那样严密、明晰。

总之,论文写作格式标准化是指写作形式,论文内容必须符合于逻辑,否则内容杂乱无章、思路紊乱、语言模糊,就不能符合论文写作要求。

3)撰写正文与科技语言的标准化

毕业论文和学术论文所使用的语言除了文学语言,还要求使用大量的科技语言。科技语言包括专业语言、术语、定义、图表。科技语言的特点有三性,即术语性、单一性、符号性。科技语言的不同类型与特点如下。

(1)术语与专业语言。

一般地说,术语是诞生于专门语言所必须要求的精确和清晰的基础上。专业语言的特点是简明性、精确性和客观性,而术语的特点则要求体现单义性、概括性、普遍性和专业性。

术语与专业语言的另外一个重要区别在于,术语反映的概念是逻辑学所要求的概念,其内涵与外延必须明确,而专业语言所反映的概念,则恰如汉语语法中的固有名词,它只反映一般的专业概念。

在科技论文写作过程中,作者应重视术语与专业语言的正确运用。

(2)术语的定义。

科技术语的定义形式应包括三部分:被定义项(被定义的概念)、联结项和定义概念。关于为术语下定义的方法,可根据不同的读者对象、文章的思路以及不同需要采取不同的方法。定义可长可短,可以用一个词、一句话解决,也可以用整段甚至整本书完成。

在正文写作中,术语的定义位置亦可视具体情况而定,如:可在文章正文中,可在脚注里,有时亦可置于结尾的术语汇编或附录。

(3)图、表。

图、表是科技语言中的一种形象语言。其作用可归纳为四点:①辅助文字表达;②代替文字难以表述的思维、叙述、说明;③节省文字;④便于交流(不同语言可共用)。

一篇论文应以文字描述为主,图、表为辅。在毕业论文和学术论文中,文字与图、表的关系甚为密切,尤其是在技术性较强的论文中,图、表的作用尤为显著。文字叙述的同时,配以适当的图、表,既能增强读者的阅读兴趣,也不易产生心理疲劳感,还有利于智力开发。

使用图、表时,要求图、表应具有清楚、简要、形象的特点,也应该力求达到科学与哲学(逻辑学)、文学与美学的结合。所以,无论绘图还是制表,都必须精心构思,运用各种知识,以发挥图、表在科技论文写作中的应有作用。

国家标准(GB 7713—1987)对图、表的绘制作了必要的规定,如:图、表均应编排序号;图的序号与题名应置于图下,而表的序号与题名应置于表上;每一个图、表还应有简短确切的题名。

应该再说明的是:图、表序号标明"图 1-1"、"图 1-2"和"表 1-1",其序号中前一个"1"表明为第 1 章,后一个序号"1"表明为第 1 章中的第 1 图或第 1 表。表的长宽比例,图的大小,可视版面尺寸、排版格式而定,作者应根据上述情况慎重考虑。另外,图、表的绘制贵在少而精。关于绘图、制表的有关细节,可遵照有关国家标准的规定执行。

科技术语除了上述主要内容外,还涉及符号、缩略词、公式、计量单位等,可遵照国家标准的规定执行。

(五) 结论

报告、论文的结论是最终的、总体的结论,不是正文中各段小结的简单重复。结论应该准确、完整、明确、精练。

1. 对"结论"的理解

论文的结论应该是全文的精华部分。所谓结论,即在全义论述的基础上,从总体上予以概括,以突出其主要的理论或观点。因此,高职学生必须重视毕业论文结论的写作。许多有较高造诣的学者,往往会为写好结论付出相当的时间,花费一定的精力,认真构思,字字推敲,不仅重视概念,而且注意表述方法。

结论的写作应努力做到以下 3 点。

首先,结论应该是思维的聚光。结论应该是全文内容的高度浓缩。理想的结论是哲理性与科学性的有机结合,给人以启发,并激发读者继续不断地思考。

其次,结论应该是知识的曝光。撰写论文的过程,是作者对科技领域某一点、某一方面知识的集中表述,其中既有科学理论的阐发,也有作者观点的申述,行文过程就是阐发与申述过程。结论则是这个过程的终结,它应该像百米竞赛中最后的冲刺,是精神与力量的集中反映,所以,是写作过程中的知识曝光。

最后,结论应该是语言的闪光。作者的思维和知识是通过语言表达的,结论的语言不仅反映作者的语言修养水平,更反映作者的思维与知识的素质。国家标准对结论的写作要求提出 8 个字(准确、完整、明确、精练),其中"准确"、"精练"就是针对语言运用的。结论语言的准确性主要指用词和判断。语言的精练,还包括语言的逻辑性和形象性。一段好的结论,通过准确、精练而形成闪光的语言,会给读者留下理性的思考,感情的融合。

2. 结论的写作方法

(1) 分析综合。即对正文重点内容进行分析、概括,突出作者的观点。

(2) 展望。即在正文论证的理论、观点基础上,对其理论与观点的价值、意义、作用等推导至未来,预见其生命力。

(3) 对比。即对正文阐述的理论、观点,最后以事实做比较,形成结论。

(4) 解释。即对正文所阐述的理论与观点进一步予以说明,使作者阐发的理论和观点更加明朗。

高职毕业论文的作者应以知识为基础,充分发挥思维与语言的作用,认真地写好结论。

(六) 致谢

"致谢"也称"谢辞",一般出现于字数过万的硕士、博士毕业论文中。如今,本科毕业论文和高职专科毕业论文也普遍要求撰写"致谢"。

1. 致谢的意义

毕业论文"致谢"置于正文之后,在参考文献之前。其主要作用是向指导教师或者辅助、指导论文写作的人员表达谢意。因此,致谢既是对论文指导者或者合作者劳动的尊重与肯定,也有利于促进形成互帮互助的学术和社会风气,有效展示团队合作的价值所在。

2. 致谢的作用

致谢提供了简略的论文写作背景和写作过程信息,提供的信息对读者研判论文的写作过程和价值具有一定的参考作用。

3. 致谢的格式

高职毕业论文致谢的篇幅一般为500~800字,大多分为三段。首段表达对论文指导老师的谢意,内容一般为导师对本论文的贡献及对论文作者的教导、影响;中段向在论文写作过程中提供帮助的老师致谢,内容一般为该老师对本论文的实验部分提供的帮助及指导,对论文实验部分出现问题的解决等;末段对帮助自己做试验或者查资料的师兄、师姐、同学、师弟、师妹、朋友及家人表达谢意,内容既可具体也可笼统。

4. 致谢的写作要求

致谢的写作应该认真对待,不能马虎了事。首先态度要端正,其次措辞要恰当,另外遵循严格规范的格式。

(七) 参考文献

科学发展史表明:科学的新发现离不开前人的创造和前人所创造的丰富知识。没有前人的幻想,就不可能产生今天许多重要的科学成就;没有前人对已形成的科学认识的质疑,就不能产生正确的科学理论;没有前人建造起来的科学堡垒,就没有今天新学科的诞生。

所以,无论是开展科学研究,还是撰写毕业论文和学术论文,总要根据前人的研究基础,针对前人总结的理论、观点,进行必要的创新,"研究—继承—发展",如此循环不已,才能推动科学永无止境地更新、发展、进步。正是由于这一科学发展规律,在毕业论文写作过程中必须查阅资料、翻阅文献,以验证自己的理论、观点,论证并发展前人的理论和观点。引用、借鉴或受到他人文献的启发,应该在论文适当的位置标注出来。这就是参考文献的由来。

1. 著录参考文献的意义

第一,反映真实的科学依据。在毕业论文行文论证过程中,需要借鉴史实、史料、名家名言等内容做论据,以增强论文的说服力,提出科学的依据进而印证作者个人所提出的理论或观点的正确性。

第二,反映作者的严肃科学态度。一般而言,凡引用的参考文献都要注明:引文或引证的材料一般都要加引号以示区别,还要予以著录。因为著录不仅可供读者阅读查找引文或引证材料的原文,也证明作者对引文的负责精神。

有的作者只将引文或引证资料加以引用,这是不完全符合要求的。

第三,表示作者对前人(或他人)科研成果的尊重。对引文或引证的资料,既不加引号又不著录者,当有剽窃他人成果之嫌。

所以,对毕业论文作者来说,著录参考文献是其科学精神与治学精神以及科学道德的具体表现。

著录参考文献时,应注意:著录的文献一定是作者亲自阅读过的,是最主要、最新和关键的文献。一般性的可不必著录。

2. 参考文献的著录格式

国家标准 GB/T 7714—2015《信息与文献参考文献著录规则》规定,需要著录的参考文献有:专著、专著中析出的文献、连续出版物、连续出版物中析出的文献、专利文献和电子文献。

著录参考文献时,应注意如下几点:

(1)著录的顺序不宜随便更动。

(2)应按照规定,正确使用标点符号。

(3)国家标准规定著录所用的标点符号,没有我国传统使用的书名号。

(4)严格按照著录格式著录。

3. 引用参考文献的标准方法

国家标准(GB/T 7714—2015)规定:专著正文部分引用的文献标准方法可以采用顺序编码制,也可以采用"著者—出版年"制。

顺序编码制是按文章正文部分引用文献出现的先后顺序连续编号,并将序号置于方括号中(方括号位于标准文献的上角)。

专著正文部分引用的文献采用"著者—出版年"制,即各篇文献的标注内容由著者姓名与出版年构成。

国家标准就学术论文(科技论文)编写格式主要项目做了规定,这些规定也适用于毕业论文的撰写,但还有几项应该说明。

(1)关于章、节的划分,编号和排列格式。国家标准(GB/T 7714—2015)规定:报告、论文章、条、款、项的编号参照国家标准 GB 1.1—1981《标准化工作导则编写标准的一般规定》的有关规范,采用阿拉伯数字分级编号。

(2)关于封面。国家标准规定:封面是报告、论文的外表面,提供应有的信息,并起保护作用。

封面不是必不可少的。国家标准 GB/T 7713.1—2006《学位论文编写规则》规定:"学位论文可有封面。"此项规定并非强制性规定,因此,毕业论文、学位论文也可以没有封面。

如果使用封面,"封面应包括题名页的主要信息,如论文题名、论文作者等。其他信息可由学位授予机构自行规定。"根据此项规定,一般高校都规定了如下封面著录项:题名,论文作者,作者专业,毕业高校,指导教师,答辩日期等。高职院校学生毕业论文封面著录项目的设置,可以参考本科或研究生毕业论文封面的有关规定。

(3)关于数学、物理和化学式的书写格式和要求,关于计量单位、符号和缩略词等,有关这些方面的规定,应参阅相应的国家标准。

五、毕业论文的写作过程

撰写毕业论文必须力求认真,追求优质。因此,毕业论文撰写过程一般要经过论文构思、提纲拟定、初稿起草、论文修改4个阶段。

(一)论文构思

写作构思是毕业论文写作的先声,也是必不可少的步骤,它确定了论文的框架和蓝图。其主要任务是进行内容和方法的构思。作者应反复推敲、仔细琢磨、再三斟酌,让论文轮廓由远而近、由简到详,达到全局在胸、思路清晰的地步。

1. 内容构思

内容构思应从以下几个方面思考:研究对象、思路、层次、顺序、段落、层次间的过渡、开头和结尾的呼应等。考虑论文主题时,中心要明确,各部分的中心、各段落层次的中心都应清楚。在这个基础上,精选材料,组织论据,严密论证,做到全文结构完美统一。

如果一篇毕业论文包括多个部分或多个论题,应分清主次,采取逐步递增进入高潮的顺序;或是采取相反顺序先写重点,渐及其他。

构思直接关系到论文的全貌,决定了论文水平。因此,作者必须具备一定的逻辑、语法和修辞能力。而这种能力取决于平日在工作实践、科学实验、调查研究和学习过程中的观察、揣摩、周密思考、善于发现、勤于阅读、勇于探索,不可能一蹴而就。

2. 方法构思

构思是作者的逻辑思维能力在写作实践中的具体体现。但是只具备逻辑思维能力,不懂构思方法也是不够的。常用的构思方法包括如下几种。

(1) 纵递式。纵递式是毕业论文写作常用的结构方式,在围绕中心论述时,采用由表及里、由浅入深、层层递进、步步深入的方法,进而得出结论;或者先论述分论点,使分论点逐渐逼近、靠拢总论点,最后水到渠成,得出结论。这种以纵向为线,按从属关系为序安排组合,由低层次到高层次,顺应事理的内在联系,显得层次分明,条理清晰。

(2) 横列式。横列式,又称拼盘式。这种结构方式是以横向为线,以材料的性质来分类并安排层次,各层次之间是平行、并列的关系。全文围绕中心,从不同的力度提出问题,分别加以论述。毕业论文各个层次既是相对独立的,又是相互联系的。各个层次从不同角度、不向方面论述总论点,有主有次,重点突出。

(3) 纵横交叉式。纵横交叉式是指以纵或横这两者之一为主线,要么纵中有横,要么横中有纵,纵横文错,最后综合得出结论。这样构思,可以做到繁而不杂、活而不乱。

(4) 因果式。因果式的结构,是指前后部分之间形成因果关系,有的先因后果,也有的先果后因。这种结构方式,引人注目,容易理解,符合读者的阅读习惯。

(5) 时空顺序式。时空顺序式是指以纵向时间的推移或以横向空间方位的变换为顺序划分论文层次的结构方式。它常常根据工作进行的步骤或事情发生的空间位置,由近及远、由前到后、由上到下、由内到外,逐步阐述。这种表达方式,一般用于科技论文中的记叙类文体、说明类文体等,毕业论文较少采用。

以上介绍的是比较常用的结构方式,但这些结构方式都不是单一的,也不是一成不变的。具体写作时,应根据情况恰当地运用,切莫生搬硬套,要自觉地养成观察与分析的习惯。要运用得当,首先需要认真观察客观事物。其次,要善于分析问题,不仅要看到问题的正面,而且要看到问题的反面;不仅要看到问题的有利因素,而且要看到不利因素。

(二) 提纲拟定

拟写论文提纲是进入写作计划的一部分。在确定了有写作价值、有研究基础的毕业论文题目,充分搜集并认真阅读参考资料,而且酝酿形成论证角度和基本论点以后,可以开始论文提纲的拟定工作。

1. 拟定提纲的意义

论文提纲是一个反映论文基本观点、佐证材料、论证角度和步骤,依照逻辑关系层层展开的纲目体系。它是一篇论文的骨架和纲领,也是一篇论文的雏形和缩影。撰写毕业论文时,一定要先拟好提纲,否则很难写出质量较高的论文c

拟写提纲具有以下4方面作用。

(1) 有利于理清思路,突出重点,探求最佳的论证角度,层层展开讨论。

(2) 有利于建立框架,勾出论文雏形,组织剪裁材料。

(3) 有利于根据纲目结构,科学安排时间,分段写作论文。

(4) 有利于指导老师提出修改意见,按时做出修改、调整。

2. 拟定提纲的原则

由于论文是以纲目和纲目结构的形式表现出来的,因此,拟写论文提纲应该遵循以下基本原则。

(1) 纲目要紧贴主题和论点。在撰写提纲时,要确定选题和论点,确定从何种角度、以何种方式立论,以及中心论点之间有哪些次要论点。文章的内容和结构要服从论文的立论,各级纲目都要围绕主要论点拟定,并从主要论点区分出来的次要论点展开,做到主次分明、从容有序,为全文的写作打好基础。

(2) 纲目结构要有逻辑性。由于毕业论文研究的对象都具有自身的规律性,要揭示反映这种规律性及相关多个现象之间的联系,毕业论文的纲目结构必须具有严密的逻辑性。论文的逻辑性主要表现在论文结构、论证、论述过程等各个方面,既在左、右平行的纲目之间,又在上、下层次的纲目之间,也在它们自身和它们所包含的内容之间。

(3) 纲目结构要完整齐备。由于毕业论文内容反映的是相对完整的研究过程,必须使用完整的结构进行表达。完整的论文结构必须具有合理的布局,将文章各部分有机地组织在一起,让整篇论文层次清楚、前后呼应、材料充实,文字疏密得当。这就要求论文纲目必须完整。

3. 理顺提纲的格式

论文提纲通常包括以下项目:标题、基本论点、论证方法和目次纲要。目次纲要由并列的二级标题组成,二级标题下面再列出子目(三级)和纲目(四级)。四级以上的标题在国家标准《科学技术报告、学位论文和学术论文的编写格式》(GB 7713—1987)中分别称作章、节、款、项。论文提纲可简、可详:可以简单地写,列出章、条、款、项组成的目录;也可以写得比较详细,不仅列出章、条、款、项,在章、条、款、项等提纲之下,用句子或段落写出每一级提纲下面的内容,必要时也可写出第一级目次下面的论点与方法。论文提纲的目次纲要,是由章、节、条目、子目组成的一个逻辑图表。

(三) 初稿起草

拟定论文提纲之后即可起草论文初稿。但是,在正式起草初稿之前,必须检查基础工作和由此产生的工作条件,并对执笔顺序和写作方法做出选择。如果条件不具备或不成熟,还不能仓促起草初稿。

1. 起草初稿的条件

(1) 选题已确定,并有足够的资料。

(2) 已经明确论文的立论和研究方法。

(3)通过对资料的分析,已经确定论文布局和结构的提纲。

一般而论,论文初稿就是论文提纲的细化和扩展。但在撰写初稿时,随着对提纲的细化和扩展,往往会产生更新颖的观点,这时可能需要重做局部甚至是全局的构思、修正,更改原先的提纲。

2. 修改提纲的方法

初稿的写作就是依据提纲,将毕业论文或毕业设计的结果形成的结论,按照毕业论文要求的规范表达出来。这是论文形成过程中最艰苦的工作阶段,目的是要把想写的内容全部表达出来,并对全部实验数据和资料进行详细的分析与归类。在初稿写作过程中,还可能及时发现论文或研究工作的不足或错误,而这也是研究工作的重要环节。初稿的写法主要有以下4种。

(1)严格顺序法。是毕业论文的常用写法,即作者按照研究课题内容结构,根据一定的顺序,比如论文的结构顺序、研究内容顺序等逐一论述,先提出问题,然后进行论证,最后给出结论。

(2)一气呵成法。是指作者依据拟好的提纲,照此方式起草初稿的撰写方法。作者沿着既定思路,没有中断,一鼓作气写下去。写作过程中,不为较小的疑难问题或措辞选择而发生停留,尽可能把头脑中涌现的词句写出来,疑难问题留待初稿完成后再去推敲、修改。这会使论文初稿衔接自然、结构完整,产生良好的影响;也会减少完成初稿花费的时间。对准备工作充分,拟定提纲后写作时间又比较集中的情况,通常可采用这种方式。

(3)重点写作法。是指从论文核心章节开始的写作方法。若作者对论文的主要论点及论据已经明确,但一气呵成的条件还不十分成熟,则可以采用重点写作法。这种写法不是按论文的自然顺序写,而是根据自己的构思,分解出主次,分别写作,最后组装成篇。

(4)分段写作法。是指作者从最先考虑成熟的内容开始动笔,完成此段内容的写作,其余内容则等待考虑成熟或进一步研究以后才写。待全文写完,再进行前后对照检查,使前后文风格保持一致;层次间衔接紧凑、自然,避免冗余。如果毕业论文主要论点已经形成,但论点的说明或阐述还需要分成若干段落与层次,就可以采取分段写作法形成初稿。用这种写法,每一次最好完成一个完整的部分,以便下次接着往下写时,只需大体考虑一遍已写过的内容,便可思路连贯地顺势写下去。

3. 起草初稿的禁忌

在起草论文初稿阶段,有许多问题还是需要注意的,否则,就会功亏一篑,前功尽弃。

(1)不要把初稿写成知识普及型的文章。实际写作时,有人会把毕业论文写成"教科书"或"科普读物"。这种情况主要表现在两方面:一是论证过程啰唆;二是选用材料不简略、不精练。

(2)不要过多引用材料。过多引用,却没有自己独到的见解和精辟的分析,论文便成了材料库。

(3)不能只提出问题而不分析问题。问题提出来却不分析、不解决,让文章失去研究性和学术性,也便不能成为毕业论文。

(四)论文修改

论文修改就是对论文初稿所写的内容不断加深认识,对论文表达形式不断优化选择、直到定稿的过程。毕业论文的修改,不仅是语言修辞等技巧的修改,更重要的是对全篇论文的论点及论据进行再次推敲,使论文更趋于完美。毕业论文的写作过程就是一个不断修改的过程。

1. 修改的范围

毕业论文修改的范围主要包括对论文内容和形式两个方面的修改。对论文内容的修改,主要是指对论文的观点、方法和材料的修改。对论文形式的修改,主要是指对论文结构、格式、体例、语言及其表达方式的修改。具体包括以下6条内容。

1)修改观点

观点体现论文的价值,是修改论文时首先要注意的事项。修改观点应从两方面着手:一是观点的修正。检查全文的论点以及由该论点说明的若干问题是否带有片面性,表达是否准确,并反复推敲。若发现新问题,应重新查阅资料,对实验方法及数据给予增补和改换。二是观点的修改。应检查自己的论点是否与别人的雷同,有无新意。若无新意,则应从新角度重新提炼观点,形成自己的见解。

2)修改材料

初稿中的材料一般只是按序罗列。修改材料就是通过对这些材料的增、删、改、换、调,使论文观点明确、逻辑清晰,达到论点和材料的和谐统一。

3)修改结构

结构是毕业论文表现的重要因素,结构的优劣直接关系到论文整体大局和内容的表现效果。初稿完成后,首先要检查论文结构是否符合主题要求,论点、论据、论证三个方面的要求是否全部具备,层次、主次是否清楚,论文各部分安排是否得当,开头、结尾、段落、层次、主次结构的各个环节是否合适。若存在不合适情况,则应对其进行修改。

4)修改语言

语言是毕业论文要求的重要方面。作者要把自己的工作成果恰如其分地描述出来,晓畅易懂,就必须在语言方面下功夫,要反复斟酌、反复修改,确保论文的观点能够准确表达论文的内容。毕业论文对语言的要求首先是准确,其次才是可读性。因此,语言表达均应实事求是,切忌牵强,避免自我评价。为了给人以客观、公正、中立的感受,论文一般不用第一、第二人称,统一使用第三人称。另外,图表也是毕业论文的特殊语言,进行语言修改时,要认真检查图表数据是否可靠,形式是否规范、是否符合要求,标点是否合理表达语意等。

5)修改标题

初稿修改完毕,还需要斟酌修改论文标题。虽然从总标题到子目标题和细标题,在撰写初稿时就已经拟订了,却不一定是最后确定的标题。各级标题对整篇论文及论文各章、条、款、项具有画龙点睛的作用,必须反复斟酌、推敲,直到找出最切题、最具概括性、最适合表达所述内容的文字表述。

6)修改格式

毕业论文的层次结构和逻辑关系,不仅需要由文字予以表述,也需要通过格式予以理顺。各所学校对毕业论文的格式,从标题到正文,都有一定的具体要求。相同级别的标题应该设置同样的字体、字号、位置等要求;相同功能的正文内容,包括物理量、单位、数字,参考文献的著录项目等,也有各自统一的规定,必须遵守。否则,一旦格式出现错误,会显著影响毕业论文观感和评价。因此,毕业论文修改到最后,必须认真修改和调整格式,做到逻辑清晰,层次分明,功能确定,表述合理。

2. 修改的方法

根据毕业论文的特点,一般有效的修改方法有以下几种。

(1)通篇考虑,整体着眼。这是指对论文初稿要反复阅读,考虑论文的基本观点、主要论据是否成立、全文布局是否合理、论据是否正确、结论是否自然、恰当,论证是否严密,全文各部分衔接搭配是否恰当等。

(2)逐步推敲,及时修改。初稿完成后,在对全文通读的基础上,可逐字、逐句、逐段审查,发现问题则及时解决。

(3)请教他人,帮助修改。由于初稿完成后,作者头脑已形成一个固定的思维框架,同时,对自己写的论文难以割舍部分内容,这就很难保证论文的质量。最好的办法是请别人帮忙,将稿件送给同学、同事或指导教师,请他们提出意见,然后分析意见,再做修改。事实证明,这种方法可以避免大的失误。

(4)暂时搁置,日后再改。论文初稿完成后,一般要间隔一段时间再修改,这样做是为了遗忘习惯思维模式,以新眼光、新视角重新审视论文,以便发现初稿中的失误,把初稿改得更好一些。当然,如果时间紧迫,立即动手修改也无妨,这时对初稿中存在的问题记忆犹新,改起来也自有便利之处。

至于论文修改究竟采用何种方式,常常取决于每个人的思维方式、动笔习惯,不可强求一致。

六、毕业论文的评审与答辩

毕业论文完成后,首先要由指导老师审查、评定,但它不是论文评判的唯一形式。论文答辩是论文评判的另一重要形式,它是论文写作的继续。

(一)毕业论文的评审

毕业论文是有特定要求和明确评定标准的,对论文的选题、论点、论述方法、论述依据、论文的框架结构、语言表述等都有明确的规定。毕业论文的陈述不要平铺直叙地介绍论文的内容,而应该着重介绍自己为什么要写这篇论文、自己的创新点和论文的不足等。由于撰写毕业论文的时间有限,加上种种客观条件限制,撰写的毕业论文不可能尽善尽美。因此,对于不同学生的完成情况,一般各所高校都制定了评价毕业设计和毕业论文水平的量化标准,通常按照论文的水平将其分为优秀、良好、中等、及格和不及格5个等级。

论文答辩记录和评委关于答辩质量的评议,加上论文指导老师对论文的评语,是毕业论文成绩计分的依据。通常,论文质量占总分值70%,答辩结果占30%,但必须论文和答辩成绩都及格,总成绩才能及格。一般地,论文成绩评定如前所述,分为五级:优(相当于百分制90分以上)、良(80~89分)、中等(70~79分)、及格(60~69分)、不及格(59分以下)。

根据有关规定,对毕业论文不及格者,不发毕业证书,也不授予学位,可按结业处理。但允许学生在工作以后的一年内再回学校补充毕业论文并参加答辩。学生在补做毕业论文及格并通过答辩后,应换发毕业证书,补发学位证书。

高职院校毕业论文教学行之有年,各所学校都有自己的毕业论文评分标准,但由于校情等不同,这些评分标准也不尽相同。

(二)论文答辩的意义

总体而论,毕业论文答辩是审核论文并考察论文作者对课题的掌握程度以及综合研究水平的重要方式,也是锻炼学生反应能力和独立处理问题能力的有效手段,同时又是对答辩人员心理素质的一次检测和考验,它有以下几方面意义。

1. 答辩是论文写作的继续

答辩是对问题的答复和辩解,由老师组成的评审组(或评委会)针对学生论文主题和内容提出质疑,由学生给予答复,最后由评审组给出答辩分数。

学生为了进行答辩,必须准备答辩过程。要求学生既要继续熟悉自己论文的内容,又要考虑到答辩提问的范围。因此,对论文观点的提炼和材料的运用等都要了然于胸,这正是毕业论文写作的继续。

不仅如此,答辩也是一种新的训练,一种对口才、辩才和应变能力的训练。这种训练超出了论文写作的范畴,从过程、内容、形式等方面都相当于演说、讲授、辩论的训练,完全可以看做教学内容的延伸。

另外,毕业答辩委员会一般由具有丰富实践经验和较高专业水平的教师和专家组成,他们在答辩会上提出的问题一般是本论文涉及的根本性问题,是论文作者应具有的基础知识,也是论文没有阐述周全、论述清楚、分析详尽的问题。

通过提问和指点,作者可以了解自己毕业论文中存在的薄弱环节和不足,作为今后研究其他问题时参考。而对自己还没有弄清楚的问题,通过答辩、讨论,评审组还可以直接传教,以使学生有更多的学习机会。

2. 答辩是对指导教师评审论文的必要补充

毕业论文是由指导老师进行评定,作为评定论文书面成绩的依据。然而,一个人由于学术观点、知识面等限制,观点往往带有片面性。而答辩时由许多人组成评审小组,比一个人的意见更公正、更全面,对评审标准的掌握也会较为一致,它恰恰补充了指导老师书面评定的不足。

3. 毕业论文答辩是展示毕业生能力的良机

在当今社会,能言善辩已成为人们必备的素质。而毕业论文答辩是大学毕业生学习、锻炼辩论艺术,全面展示自己的勇气、才能、智慧、风度和口才的一次机会。一个人如果掌握了较高的辩论技巧,在事业、人际交往中就会如鱼得水。毕业论文答辩是即将跨出校门的学生学习和提高辩论技巧、展示自己的良机。

4. 毕业论文答辩是倡导良好学风的保证

近些年,由于高等院校不断扩大招生规模,越来越多青年人进入高等院校学习。虽然这是社会的进步,但也不可避免地带来某些负面效应,个别人在论文写作过程中抄袭、剽窃等学术不端现象时有发生,而答辩无疑是有效制止这种不良风气的具体措施。

(三)论文答辩的准备

论文作者在提交了论文之后,应立即做好答辩准备。论文答辩准备一般分工作准备和论文报告提纲的准备。

1. 论文答辩的工作准备

(1)论文以外事项的准备。首先要明确答辩目的、过程和要求,熟读有关规定。若能事先参加别人的论文答辩,则可以帮助自己进行针对性的准备。

(2)论文本身情况的准备。要熟悉自己所写论文的全文,尤其要熟悉主体部分和结论部分的内容。

①编写论文报告提纲。

②准备其他辅助表达方式。例如,论文自述过程需要多媒体课件、图表、照片、挂图、幻灯、

样品以及现场演示的实验等,必须提前准备。

③默讲和试讲。最好模拟正式论文答辩进行试讲,以便在规定时间内重点突出、条理清楚、层次分明。试讲时,可以邀请自己的同学或老师担任模拟评委,从多方面向自己提问。

2.论文报告提纲的准备

写好论文答辩提纲是答辩成功的重要一环。答辩提纲一般包括以下内容。

(1)论文选题的意义。主要内容包括:选择这个题目的原因、价值和意义;课题研究的历史现状,前人做过哪些研究,取得哪些成果,有哪些问题还没有解决:自己有什么新的想法,提出并解决了哪些问题等。

(2)论文使用的研究方法。包括实验的设计、数据的获得。

(3)论文的重要成果。包括说明和解决了哪些问题、成果的创新点、有什么理论或应用价值等。另外,还要对评审组老师可能提出问题的回答要点加以准备。

论文报告提纲不同于论文写作提纲,它是一个讲稿提纲,因此,最好写成演讲语体。总字数不能过多,幻灯片应清晰、简洁,连续层次不能太多,最好写成标题或提纲的格式。

(四)毕业论文的答辩

1.答辩过程

(1)答辩开始。答辩开始时,首先由答辩委员会宣布答辩纪律及参加答辩人员名单,答辩次序及其他安排与要求等事项。

(2)应试人做答辩准备。学生按照报告提纲报告论文,必要时进行演示、板书等。大专生论文答辩时,本人陈述时间一般为5min左右,最多不超过10min。

(3)问题答辩。论文报告完毕,主答老师一般提出3个问题,可让学生准备数分钟后回答,也可连续回答。其他老师也可以提问,答辩时间一般为5~10min。

(4)结束答辩。学生答辩完成,按照答辩委员会主席的示意,礼貌地表示谢意后退场。答辩委员会集体根据论文质量和答辩情况,商定通过或不通过,并拟定成绩和评语。

2.注意事项

毕业论文及其答辩得分各占一定比例,且论文本身分数高于答辩分数。但是,答辩环节成绩具有一票否决权,即若答辩不及格,则论文分数再多也不能及格。因此,必须事先充分准备,掌握一定的答辩技巧。要求学生做到以下几点。

(1)临场整理资料。重新整理已经用过的资料,以便更加熟悉、全面掌握。

(2)携带资料进场。参加论文答辩会,要带上自己论文的底稿和重要资料,以备临时查阅。

(3)自如得体答辩。在答辩过程中,一定要做到态度从容、表达流畅、观点明确、语言简洁。在遇到自己无法回答的问题时,要实事求是地说明。

(4)虚心接受指正。在答辩过程中,对回答不出的问题不可狡辩。学生对于不懂的问题要如实说明情况,虚心请教,切忌不懂装懂,乱说一气。当答辩委员会老师提出的问题超过论文课题的研究范围,学生也可作必要的说明。如果答辩委员会有相反的观点,学生可以辩论,但一定要抱着谦虚的态度,勇于补充论文的不足,不要坚持自己的观点。

(5)真诚表达谢意。答辩结束时,主持答辩的老师通常会对答辩情况做出小结,对论文及其答辩会给以肯定、补充和纠正,答辩者应虚心听取。最后答辩者表示感谢后离席。

任务实施

文章分析,论文的题目、摘要、关键词,论文的撰写。

授课教师准备 2 篇高职学生毕业论文,其中 1 篇是用于此前教学使用的优秀毕业论文,另外 1 篇是与之同主题的高职学生毕业论文,但质量一般。再准备一个毕业论文课题。

1. 复习毕业论文结构体系

继续利用前面教学中使用的高职学生优秀毕业论文,再度浏览论文全文,深入理解毕业论文的结构体系。

2. 拟制毕业论文撰写方案

根据毕业论文的结构体系,分析毕业论文撰写工作,确定毕业论文撰写次序和轮次安排,拟制毕业论文撰写方案。

3. 分训毕业论文写作能力

将另外 1 篇毕业论文发给学生,围绕毕业论文课题,依次进行标题拟制、摘要撰写、关键词提炼、目次设计、绪论、总结与展望和致谢的撰写,参考文献著录、附件配置等训练,并按照有关要求调整格式;然后把撰写的分项内容交给教师,由教师逐项检查、指导和点评。

4. 合训毕业论文写作能力

教师将准备的毕业论文课题发给学生,由学生依次完成标题拟制、摘要撰写、关键词提炼、目次设计、绪论、总结与展望和致谢的撰写,参考文献著录、附件配置等,并调整格式;然后将完整的文案交给教师批阅、点评和指导。

5. 模拟论文答辩

××职业技术学院 学生毕业论文及过程资料 专　业:＿＿＿＿＿＿＿ 班　级:＿＿＿＿＿＿＿ 学　号:＿＿＿＿＿＿＿ 姓　名:＿＿＿＿＿＿＿ 汽车学院 20　　年　　月	毕业设计(论文)任务书 ＿＿＿＿＿＿同学: 经系(分院)毕业设计(论文)工作小组研究,现确定你的毕业(设计/论文)题目为＿＿＿＿＿＿。 其主要研究内容: 需要查阅的参考文献: 进度要求及工作内容: 资料查阅阶段: 开题报告阶段: 初稿阶段: 修改定稿阶段: 请你按《毕业设计(论文)教学工作规范》的要求,做好各项工作,确保任务的圆满完成。 指导教师(签名): ＿＿＿＿年＿＿月＿＿日

项目六 高职毕业论文写作

×× 职业技术学院

毕业设计（论文）开题报告

题　目：_____
系（分院）：汽车学院 专业：_____
指导教师：_____
报 告 人：_____

201 年 月 日

本课题研究的意义

本课题的基本内容、重点和难点，拟采用的研究手段（途径）

基本内容：

重点和难点：

重点是：

难点是：

本课题拟采用的研究手段：
(1) 收集和查阅相关资料；
(2) 查看实习单位的****手册；
(3) 咨询指导教师；
(4) 上网查找相关文献；
(5) 根据实习报告中具体的工作内容形成的体会。

课题进度计划

本课题计划按以下几个阶段完成：
(1) 20 年 月 日~20 年 月 日，根据我实习期间具体的工作岗位和指导老师下达的任务书，确定论文题目；
(2) 20 年 月 日~20 年 月 日，搜集资料，完成并提交开题报告；
(3) 20 年 月 日~20 年 月 日，形成毕业论文初稿；
(4) 20 年 月 日~20 年 月 日，根据指导教师的修改意见和实习期间的心得，完成毕业论文的第二稿；
(5) 20 年 月 日~20 年 月 日，在指导教师的审核下，完成终稿。

参考文献资料
[1]
[2]
[3]
[4]
[5]
[6]
[7]
[8]

指导教师意见（对本课题的深度、广度及工作量的意见）

指导教师（签名）：
　　　　　　　　　年 月 日

系（分院）毕业设计（论文）工作小组意见

组长（签章）：
　　　　　　　年 月 日

×× 职业技术学院

毕业设计（论文）

题　目：_____
系（分院）：_____ 专业：_____
姓　名：_____
指导教师：_____

年 月 日

论文题目（二号、黑体、居中）

（空一行）

摘要（三号字、黑体、居中）

（内容采用小四号宋体）

关键词：(宋体、小四号、顶格)（内容：小四号、宋体、各类关键词之间用分号隔开）

目　　录

（小二号、黑体、居中、目录两字空四格，与正文空一行）

1．（空两格）☆☆☆☆　（四号、黑体字）……………………1
1.1 ☆☆☆（小四号黑体）…………………………………………2
1.1.1 ☆☆☆（五号黑体）…………………………………………4
1.1.2 ☆☆☆ …………………………………………………………7
1.2 ☆☆☆ ……………………………………………………………9
1.2.1 ☆☆☆ …………………………………………………………15
1.2.2 ☆☆☆ …………………………………………………………24

论文题目（二号字，黑体，居中）

1（空两格）☆☆☆☆（小三号、黑体、单倍行距）
1.1 ☆☆☆（四号黑体、单倍行距）
　　（内容五号宋体、1.5倍行距）☆☆☆☆☆☆☆☆☆☆☆
1.2 ☆☆☆（四号黑体、单倍行距）
1.2.1 ☆☆☆（小四号黑体、1.5倍行距）
　　（内容五号宋体、1.5倍行距）☆☆☆☆☆☆☆☆☆☆☆

参考文献（四号、黑体、顶格）

[1]　（五号、宋体)王传昌. 高分子化工的研究对象. 天津大学学报, 1997, 53（3）: 1~7

致谢

　　本文是在指导老师***老师的悉心指导下完成的。在六个多月的毕业顶岗实习期间，汽车学院各位领导、老师的言传身教，丰富的技术经验、渊博的专业知识和严谨的工作态度，给了我很大的启迪和帮助。在此，谨向他们表示衷心的感谢！

***

20　年　月　日

附录（四号、黑体、顶格）
　　☆☆☆☆☆☆☆☆☆☆☆☆☆☆☆☆(小四、宋体)

综合训练　围绕一个研究课题(毕业专题)展开检索并形成开题报告

要求：

假定你即将开始做毕业专题，研究课题是"混合动力汽车控制策略研究"，在做实验之前，需要做大力的文献检索和阅读的工作，请你围绕这个研究课题，展开检索，并完成开题报告。

任务分析

为了完成一篇出色的开题报告，为后续的实验做理论指导，甚至激发出创新点，必须获得尽可能多的与课题相关的文献，包括中文文献、英文文献，文献类型包括期刊论文、学位论文、专利、标准、图书等。并对获得的文献分类，选择性的阅读，最终达到明确课题研究的目的与意义、国内外研究概况、拟研究解决的主要问题、论文拟撰写的主要内容(提纲)、论文计划进度的目的。

确定检索途径是关键词检索，初步确定检索词为"混合动力汽车"、"控制策略"。在检索过程中可以根据检索结果修改检索策略。

任务执行

一、期刊论文

1. 中国知网（CNKI）

操作步骤：打开中国知网网站（http://www.cnki.net/），进入高级检索界面，选择检索项，输入检索词，单击"检索"，得到检索结果，查看摘要，选择与课题相关性大的文献下载全文，并阅读，做好记录。检索结果如综图1所示。

根据上面的检索策略，检索出294篇文献，这对于完成一份开题报告，全面地了解该课题是比较充分，如果检索出来的文章比较少，为了提高查全率，获得更多资料，可以改变检索策略，减少检索词，这样会得到更多的文献数据，效果明显改善，如综图2所示。

根据论文题目初步判断这些文章对课题的相关性大小，是否对自己的研究有帮助，然后对选中的论文，单击题目，查看论文摘要，进一步判断是否有必要下载全文进行阅读，对于那些相关性大的文章一定要仔细阅读全文，对于相关性一般的文章只需阅读摘要、结论即可，这样可以节省时间，提高效率。如单击题目为"并联式混合动力汽车控制策略研究与仿真"，得到综图3所示的界面，在参考文献中有中文、英文文献，可以得到更多相关文献。

2. 其他期刊论文数据库

使用其他期刊论文的数据库(如维普资讯网等)的检索过程与上类似，这里不再赘述。

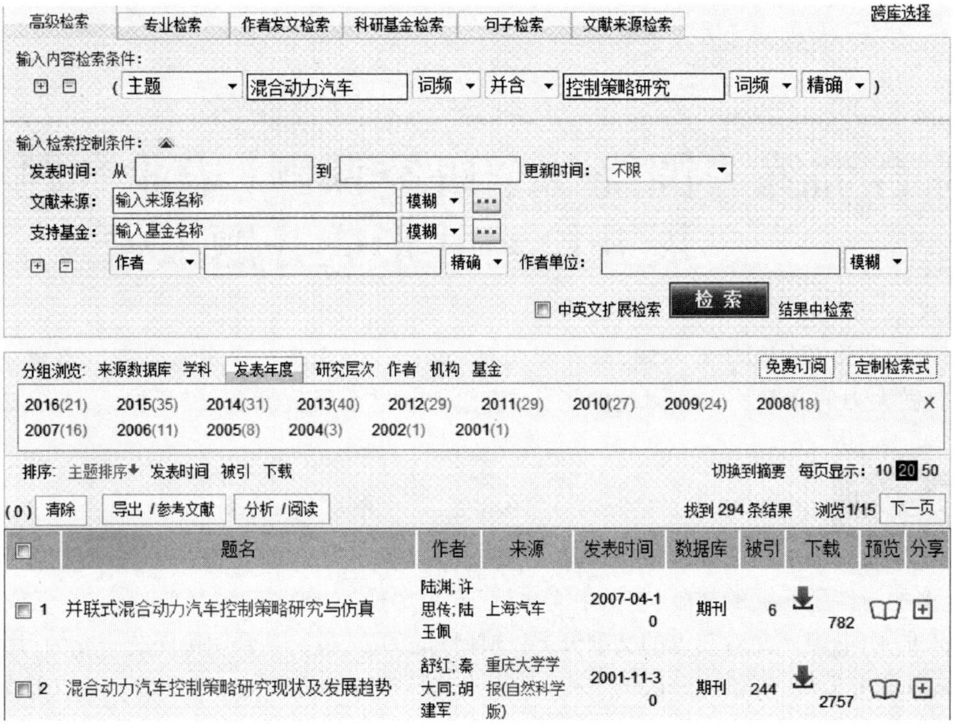

综图 1　CNKI 检索结果

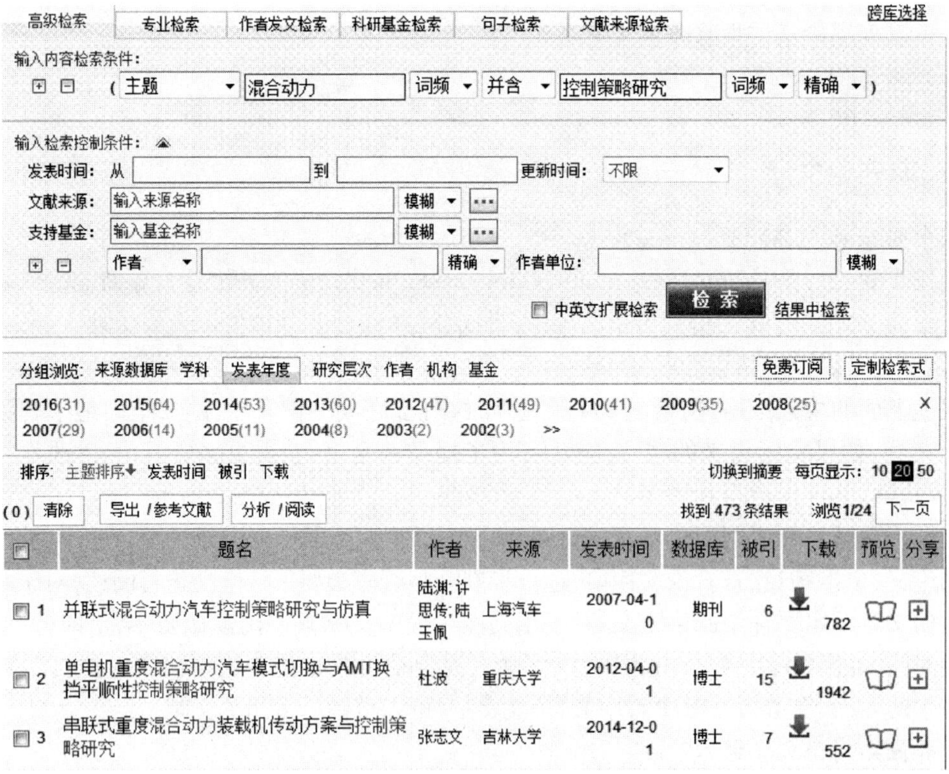

综图 2　修改检索策略后的检索结果

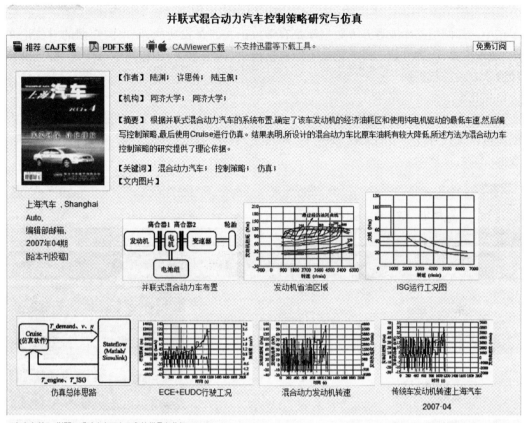

综图3　文献信息

二、学位论文

在中国知网数据库或者万方数据库都有学位论文的查找功能,而中国知网的学位论文是硕士、博士论文,而万方数据库的论文不但包括硕士、博士论文,还包括本科生论文,分别使用两种检索方式进行查询。

1. 查找中国知网数据库

操作步骤:打开中国知网数据库的首页(http://www.cnki.net/),如综图4所示,可以看到数据库可以查找各种类型的文献,如期刊、硕博士、会议、报纸、外文文献、年鉴、百科、词典、统计数据、专利、标准等。

综图4 中国知网数据库首页

在综图4界面中选择"硕博士",单击"高级检索",在页面检索项中选择"关键词",输入相应的检索词,单击检索,检索结果如综图5所示,共得到193篇硕博士论文,从页面中可以看到这些论文的作者、授予单位及学位类型、发表年份,另外还包括文章被引量和下载次数。单击论文题目可以得到更多信息,如作者、所在学校及摘要等,如综图6所示。

2. 查找万方数据库

操作步骤:打开万方数据库的主页(http:www.wanfangdata.com.cn/),如综图7所示,可以看到该数据库可以查询各种类型的文献,如学术论文、期刊论文、学位论文、外文文献、专利、标准等。

在综图7界面中选择"学位",单击"高级检索",在页面左侧的文献类型中选择"学位论文",检索项中选择"关键词",输入相应的关键词,单击检索,检索结果如综图8所示,共得到708篇学位论文,从页面中可以看到这些论文的学科类型、授予学位类型及发表的年份。单击论文题目可以得到更多信息,如论文的作者及所在的学校、摘要等。

综合训练　围绕一个研究课题(毕业专题)展开检索并形成开题报告

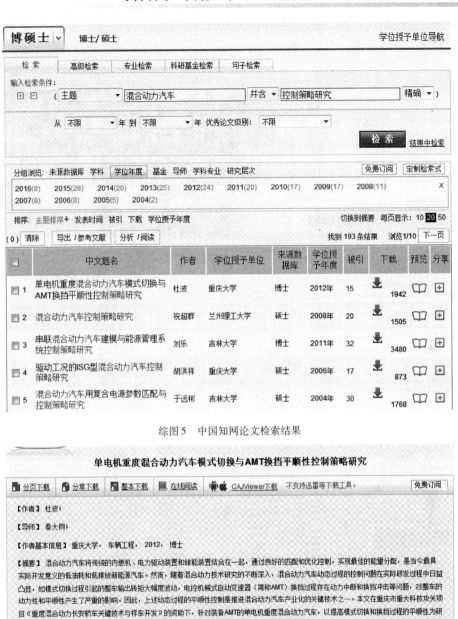

综图5　中国知网论文检索结果

综图6　论文信息

综图7　万方数据库主页

综图8　万方学位论文检索结果

三、专利

专利检索的网站有很多,这里以官方网站——中国知识产权局网站为例进行检索(http://www.sipo.gov.cn/),如综图9所示,单击该页面中的"专利检索"。出现综图10所示的界面,其中有可供选择的项:高级检索、常规检索、分析文献库等,每个系统的服务内容在页面中可以详细了解。

综合训练 围绕一个研究课题(毕业专题)展开检索并形成开题报告

综图9 中国知识产权局网站

综图10 专利检索与分析

单击"专利检索及分析",出现综图 11 所示的界面,在检索项"名称"中输入检索词,当输入"混合动力汽车",出现 2000 多篇专利,如综图 12 所示,通过单击专利题目,得到综图 13 所示的界面,可以查看摘要,或者单击"申请公开说明书"或"审定授权说明书",查阅全文。

综图 11　高级检索界面

综图 12　专利高级检索结果

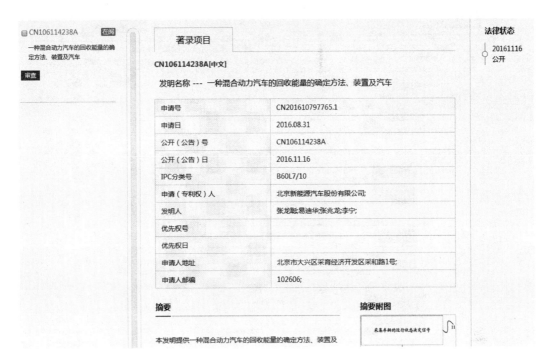

综图13　专利信息

四、图书

利用百度搜索引擎查询,在检索框中输入"混合动力汽车",可以查询到相关书籍《国际电气工程先进技术译丛:纯电动及混合动力汽车设计基础(第2版)》《新能源汽车研究与开发丛书:混合动力电动汽车技术》,如综图14所示。

五、英文文献

若想对某一课题进行研究,英文文献的阅读是必要的,因为很多有参考价值的文献都发表在Science、Nature等重要的英文期刊上。而英文文献的获取途径有很多,如SAE、Springer Link、Google scholar in English等。混合动力汽车(Hybrid Vehicle),如选用Springer Link数据库、检索词为"Hybrid Vehicle"进行检索。综图15所示为Springer Link的网站主页面,单击"Advanced Search",进入综图16所示的检索界面,在"with all of the word"(全部关键词)输入"Hybrid Vehicle",单击"Research",得到综图17所示的检索结果,符合要求的文献数量为50538,数量太多,可以增加检索词或者更换检索途径的方式提高查准率。

六、检索报告及开题报告

通过上面的检索操作,结合课题要求,最终选择性的对部分文献进行了精读,这些文献涉及期刊论文、学位论文、专利文献等多种类型,下面对这些文献分类汇总,详见综表1至综表4。

综图 14　百度搜索结果

综图 15　Springer Link 数据库主页面

综合训练　围绕一个研究课题(毕业专题)展开检索并形成开题报告

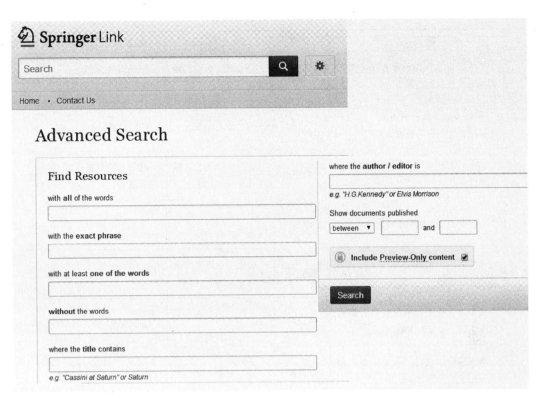

综图16　Springer Link 数据库高级检索界面

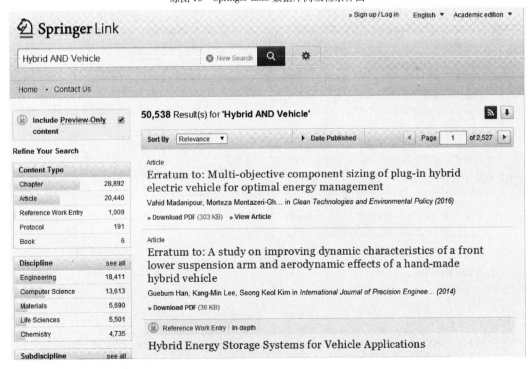

综图17　检索结果

期 刊 论 文 汇 总　　　　　　　　综表1

序号	题　名	作者	作者单位	文献来源	发表时间
1	插电式混合动力汽车控制策略的研究现状及发展趋势	庄伟超	南京理工大学机械工程学院	机械设计与制造工程	2016-06-15
2	基于LVQ工况识别的混合动力汽车自适应能量管理控制策略	邓涛	重庆交通大学	中国机械工程	2016-01-31
3	插电式混合动力汽车双模糊控制策略及其优化	王永宽	合肥工业大学机械与汽车工程学院	电子测量与仪器学报	2016-02-15
4	混合动力汽车模糊控制策略优化	李军	重庆交通大学机电与汽车工程学院	汽车工程	2016-01-25
5	插电式四驱混合动力汽车控制策略设计及优化	钱立军	合肥工业大学机械与汽车工程学院	西南交通大学学报	2015-12-15
6	计及温度效应的插电式混合动力汽车实时优化控制策略	曾育平	重庆大学	重庆大学	2015-09-01
7	基于预测的混合动力汽车最优动力分配控制策略	解振方	浙江工业大学	浙江工业大学	2015-04-27
8	混合动力汽车TCS控制策略的研究	周挺	重庆理工大学	重庆理工大学	2015-03-25
9	并联混合动力汽车能量控制策略仿真研究	张毅	重庆大学	重庆大学	2014-09-01
10	插电式混合动力汽车动力总成参数匹配及控制策略研究	于瀛霄	辽宁工业大学	辽宁工业大学	2014-03-01
11	一种混合动力汽车复合电源能量管理系统控制策略与优化设计方法研究	王琪	江苏大学电气学院	中国电机工程学报	2014-11-20
12	混合动力汽车的控制策略研究	马晨琦	上海海洋大学	上海海洋大学	2014-05-27
13	随机行驶工况下的并联混合动力汽车控制策略研究	郑雪	南京理工大学	南京理工大学	2013-03-01
14	混合动力汽车最小等效燃油消耗控制策略研究	王东升	大连理工大学	大连理工大学	2013-04-28
15	并联混合动力汽车能量控制策略研究	周文滨	吉林大学	吉林大学	2013-05-01

综合训练 围绕一个研究课题(毕业专题)展开检索并形成开题报告

学 位 论 文 汇 总　　　　　　　　　　　　　　　　　　　　综表2

序号	题 名	作者	授予单位	论文类型	发表时间(年份)
1	四轮驱动混合动力汽车控制策略仿真与测试	马东兵	上海交通大学	硕士论文	2013
2	ISG混合动力汽车能量优化管理策略研究	吴迪	合肥工业大学	博士论文	2013
3	混合动力汽车的控制策略研究	吕仁志	上海海洋大学	硕士论文	2014
4	基于预测的混合动力汽车最优动力分配控制策略	解振方	浙江工业大学	硕士论文	2015
5	混合动力汽车最小等效燃油消耗控制策略研究	王东升	大连理工大学	硕士论文	2013
6	混合动力汽车工作模式研究及分离离合器控制策略	罗欢	合肥工业大学	硕士论文	2015
7	外接充电式混合动力汽车能量控制策略的研究	刘红亮	合肥工业大学	硕士论文	2013
8	混合动力汽车TCS控制策略的研究	周挺	重庆理工大学	硕士论文	2015
9	混合动力汽车制动能量回收模糊控制策略的研究	殷桂华	重庆理工大学	硕士论文	2015
10	插电式混合动力汽车行星轮耦合动力系统设计与控制策略研究	高泽宇	江苏大学	硕士论文	2016
11	低温条件下Plug—in柴电混合动力汽车综合优化控制策略研究	刘小飞	重庆交通大学	硕士论文	2016
12	并联式混合动力汽车节能减排性能提升的控制策略研究	余借光	大连理工大学	硕士论文	2016
13	混合动力汽车自适应控制策略研究	李安邦	大连理工大学	硕士论文	2016
14	混合动力汽车的控制策略研究	马晨琦	上海海洋大学	硕士论文	2014
15	插电式混合动力汽车CVT速比匹配及控制	李明	重庆大学	硕士论文	2014

专利文献汇总

序号	申请号	专利名称	发明人	申请人
1	CN201610841466.3	一种双向行驶救援车底盘结构	孙营	芜湖联合新能源重卡产业技术研究院有限公司
2	CN201610841477.1	一种混合动力救援车结构	李磊	芜湖联合新能源重卡产业技术研究院有限公司
3	CN201610838062.9	一种有用于混合动力汽车的传动系统	黄东	奇瑞汽车股份有限公司
4	CN201610803130.8	一种双离合器行星式混合动力汽车48V电驱动系统	曾小华	吉林大学
5	CN201610797765.1	一种混合动力汽车的回收能量的确定方法、装置及汽车	张龙聪	北京新能源汽车股份有限公司
6	CN201610795164.7	一种轻度混合动力汽车供电控制方法	虞卫飞	安徽江淮汽车股份有限公司
7	CN201610777524.0	混合动力汽车高压系统漏电故障诊断装置及方法	张伟方	重庆长安汽车股份有限公司
8	CN201610760485.3	一种混合动力汽车驱动系统	毛江	重庆青山工业有限责任公司
9	CN201610760505.7	一种混合动力汽车变速器总成	都衡	重庆青山工业有限责任公司
10	CN201610728413.0	一种混合动力汽车的辅助电机系统	张晓佳	东南(福建)汽车工业有限公司

综合训练　围绕一个研究课题(毕业专题)展开检索并形成开题报告

英文文献(期刊论文)汇总　　　　　　　　　　　　　　　　　　　综表4

序号	题　目	作者	期刊来源	发表时间(年份)
1	The Design of a Hybrid Time-Share Drive Electric Vehicle on a High Mobility Vechile	Yan Sun	Communications in Computer and Information Science	2012
2	Performance Simulation of Hybrid Power Tactical Vehicle Based on AMESim	Yan Sun	Advances in Intelligent and Soft Computing	2011
3	Rough set and teaching learning based optimization technique for optimal features selection	Suresh C. Satapathy	Central European Journal of Computer Science	2013
4	Hybridization of Rough Set and Differential Evolution Technique for Optimal Features Selection	Suresh Chandra Satapathy	Advances in Intelligent and Soft Computing	2012
5	An Approach to Model Complex Big Data Driven Cyber Physical Systems	Lichen Zhang	Lecture Notes in Computer Science	2014
6	A Survey of Fault Detection/Tolerance Strategies for AUVs and ROVs	Gianluca Antonelli	Springer Tracts in Advanced Robotics	2003
7	Data Distribution of Road-Side Information Station in Vehicular Ad Hoc Networks (VANETs)	Abhijit Saha	Lecture Notes in Computer Science	2009
8	Real-Time Emergency Response Fleet Deployment: Concepts, Systems, Simulation & Case Studies	Ali Haghani	Operations Research/Computer Science Interfaces Series	2007
9	RCare: Extending Secure Health Care to Rural Area Using VANETs	Mrinmoy Barua	Mobile Networks and Applications	2014
10	Automatic target recognition of moving target based on empirical mode decomposition and genetic algorithm support vector machine	Jun Zhang	Journal of Central South University	2015

综表1至综表4中汇总了部分经筛选的各种类型的文献,实际检索到的文献数量要远比这些多,我们要在茫茫文献中选择参考价值高的文献进行阅读,并且在阅读过程中要激发创新思维,切不可人云亦云,要带着科学的怀疑精神。检索文献并不是目的,阅读文献并最终明确课题研究的目的与意义、国内外研究概况、拟研究解决的主要问题、论文拟撰写的主要内容(提纲)、论文计划进度,这才是最重要的。

该课题的开题报告范例如下。

开题报告

一、课题研究的目的与意义

汽车工业可持续发展所面临的两大难题,一是环境污染,二是石油资源匮乏。经过对各种新燃料,新能源和新动力的探索,混合动力汽车成为最重要的选择之一。混合动力汽车(HEV, hybrid electric vehicle)采用内燃机和电动机作为动力源,已经成为国际公认的解决两大难题的有效方法。许多国家的政府部门、汽车公司和零部件厂商都投入巨资进行混合动力汽车的研制开发以及关键技术的研究,目前已有多种产品问世。

混合动力汽车既继承了纯电动汽车作为"绿色汽车"的节约能源和超低排放的优点,又弥补了纯电动汽车的续驶里程的不足。通过优化控制系统可使发动机、电动机与电池保持在最佳经济区运行,并实现再生制动能量回收,提高了整车的能量利用率,同时大幅度减少排放污染。根据统计资料,混合动力汽车的燃油消耗指标与装备同类型发动机的传统汽车相比平均降低30%~40%,尾气排放指标平均降低50%~60%。在配套设施方面,不需要像燃气汽车和电动汽车那样投入巨资进行加气站和充电站建设。因此,在电动汽车技术取得重大突破之前,混合动力汽车成了各国的主要选择。

动力总成参数的匹配以及控制策略的设计是影响混合动力汽车整车性能的重要因素。合理匹配总成参数,是最佳化系统配置、提高系统效率、充分发挥各总成作用的前提。而控制策略是协调各部件之间的工作,对能量进行有效的管理及对功率进行合理的分配,使动力系统各部件处于高效、可靠工作状态的基础。而这两项工作又是相互影响,相符相承的。没有合理的配置,很难实现一个好的控制,而没有一个优化的控制策略,也很难有一个最佳的配置。因此,动力总成参数匹配和控制策略的研究对于最佳化系统配置,提高混合动力汽车的动力性能、经济性具有非常重要的作用,是必不可少的。

目前混合动力汽车的参数匹配和控制策略方法还没有形成系统的理论,存在考虑因素单一、片面、实用性差等问题,本文试图能较为系统地研究这方面的问题。给出一套切实可行的,较为系统全面的匹配方法和控制策略。尤其对于实用模型建立方法、电动机和发动机动态效率问题,换挡问题,频繁切换模式对系统效率和部件寿命的影响等问题进行深入的研究。

二、国内外研究概况

20世纪70年代,国外就开始进行混合动力汽车的研究与开发,但由于HEV结构复杂,技术含量高，实现较为困难，直到 90 年代，各国才相继推出混合动力样车，并有小批量混合动力轿车产品上市和少量客车开始示范运行。国外 HEV 的研究主要集中在美国和日本。对于混合动力汽车的控制策略和控制算法，美国和日本开展了大量的研究工作，提出了多种控制策略方案。国内对于混合动力汽车的研究主要集中在几大汽车公司和部分高校。

1997 年底日本丰田公司推出了世界上首辆商品化混合动力轿车。目前，日本丰田和本田公司都已经开始批量生产混合动力轿车，截至 2008 年 4 月底，丰田公司宣布普锐斯（Prius）在全球的总销量已达到 102.8 万辆，突破 100 万辆大关。自第一辆丰田 Prius 上市到现在已经有 13 年了，丰田混合动力汽车在全世界的销量也已经超过了 200 万辆。2010 年丰田又推出第三代 Prius，进一步提升了整车动力性能、燃油经济性。日本本田自 1999 年 11 月推出搭载"Honda IMA（Integrated Motor Assist）系统"的家用混合动力轿车 Insight 后，又分别于 2001 年 12 月和 2004 年 12 月相继推出 CIVIC Hybrid 和 Accord Hybrid 混合动力轿车，到目前全球累计销量已突破 30 万辆。

三、拟研究解决的主要问题

本文以混合动力汽车为对象，主要围绕混合动力汽车动力总成参数匹配与整车控制策略展开研究。主要进行以下几个方面的研究：

（1）建立混合动力汽车离线仿真模型，应用该模型与具体行驶工况进行离线仿真，为 HEV 动力总成参数匹配与整车控制策略的研究提供平台。

（2）根据混合动力汽车整车性能指标与具体行驶工况，分析 HEV 动力总成参数匹配对整车动力性和燃油经济性的影响，针对混合动力汽车动力总成参数匹配的问题，提出动力总成参数匹配的原则和方法。

（3）研究混合动力汽车的工作模式及控制策略，分析各子系统的工作和效率特性，充分考虑电驱动系统效率，提出适用于在线控制的 HEV 控制策略。

（4）开发混合动力汽车整车控制系统，确定和实现整车控制器的控制策略，并进行混合动力样车的实验研究。

四、论文拟撰写的主要内容

第 1 章　绪论
1.1　混合动力汽车概述
1.2　混合动力汽车国内外的研究现状
1.3　混合动力汽车控制策略国内外研究现状
1.4　本论文拟解决的主要问题或技术难点
第 2 章　仿真或实验部分
2.1　混合动力系统的结构及模型建立
2.2　整车动力学模型建立
2.3　动力传动系统关键部位模型的建立
2.4　仿真模型的验证

第3章　混合动力系统总成参数匹配研究

3.1　整车动力性能对参数的匹配要求研究

3.2　动力系统总成参数匹配原则

第4章　混合动力汽车控制策略研究

4.1　混合动力汽车控制策略设计

4.2　混合动力汽车动力传动效率分析

4.3　动力性控制策略的研究

4.4　分析与讨论

参考文献

致谢

五、论文计划进度（略）

参考文献

[1] 肖亚明,尹志清.高职信息检索[M].天津:天津大学出版社,2014.
[2] 冷士良,阮浩.化工文献检索实用教程[M].2版.北京:化学工业出版社,2014.
[3] 韩志伟.信息素养与信息检索[M].北京:中国轻工业出版社,2013.
[4] 刘富霞.文献信息检索教程[M].2版.北京:机械工业出版社,2015.
[5] 周文荣.网信息资源检索与利用[M].北京:化学工业出版社,2016.
[6] 张俊慧.信息检索与利用[M].2版.北京:科学出版社,2017.
[7] 孙平,伊雪峰.科技写作与文献检索[M].2版.北京:清华大学出版社,2016.

人民交通出版社汽车类高职教材部分书目

1. 高职高专工学结合课程改革规划教材

书　号	书　名	作　者	定　价	出版时间	课　件
978-7-114-09233-6	机械制图	李永芳、叶　钢	36.00	2014.07	有
978-7-114-11239-3	●汽车实用英语（第二版）	马林才	38.00	2016.01	有
978-7-114-10595-1	汽车结构与拆装技术（上册）	崔选盟	55.00	2015.01	有
978-7-114-11712-1	汽车结构与拆装技术（下册）	周林福	59.00	2014.12	有
978-7-114-11741-1	汽车使用与维护	王福忠	38.00	2015.11	有
978-7-114-09499-6	汽车维修企业管理基础	刘　焰、田兴强	30.00	2015.07	有
978-7-114-09425-5	服务礼仪	刘建伟、郭　玲	21.00	2015.06	有
978-7-114-09368-5	发动机机械系统检测诊断与修复	吕　坚、陈文华	26.00	2013.12	有
978-7-114-10301-8	汽油发动机电控系统检测诊断与修复	陈文华、吕　坚	20.00	2013.04	有
978-7-114-10055-0	柴油发动机电控系统检测诊断与修复	杨宏进、韦　峰	24.00	2012.12	有
978-7-114-09588-7	汽车传动系统检测诊断与修复	秦兴顺、刘　成	28.00	2016.07	有
978-7-114-09497-2	汽车行驶、转向和制动系统检测诊断与修复	宋保林	23.00	2016.01	有
978-7-114-09385-2	汽车电路和电子系统检测诊断与修复	彭小红、陈　清	29.00	2014.12	有
978-7-114-09245-9	汽车保险与理赔	陈文均、刘资媛	23.00	2014.01	有
978-7-114-09887-1	汽车维修服务接待	王彦峰、杨柳青	25.00	2016.02	有
978-7-114-09745-4	客户沟通技巧与投诉处理	韦　峰、罗双	24.00	2016.05	有
978-7-114-09225-1	汽车维修服务企业管理软件使用	阳小良、廖明	30.00	2011.07	有
978-7-114-09603-7	汽车车身构造与修复	李远军、陈建宏	38.00	2013.09	有
978-7-114-09613-6	事故汽车核损与理赔	荆叶平	35.00	2012.03	有
978-7-114-09259-6	保险法律法规与保险条款	曹云刚、彭朝晖	30.00	2016.07	有
978-7-114-11150-1	道路交通事故现场查勘与定损	侯晓民、彭晓艳	26.00	2014.04	有
978-7-114-09254-1	机动车保险专用软件使用	彭晓艳、廖　明	40.00	2011.08	有

2. 高等职业教育"十二五"规划教材

书　号	书　名	作　者	定　价	出版时间	课　件
978-7-114-10280-6	汽车零部件识图	易　波	42.00	2014.1	有
978-7-114-09635-8	汽车电工电子	李　明、周春荣	39.00	2012.07	有
978-7-114-10216-5	汽油发动机构造与维修	刘　锐	49.00	2016.08	有
978-7-114-09356-2	汽车底盘构造与维修	曲英凯、刘利胜	48.00	2015.07	有
978-7-114-09988-5	汽车维护（第二版）	郭远辉	30.00	2014.12	有
978-7-114-11240-9	●车载网络系统检修（第三版）	廖向阳	35.00	2016.02	有
978-7-114-10044-4	汽车车身修复技术	李大光	24.00	2016.01	有
978-7-114-12552-2	汽车故障诊断技术	马金刚、王秀贞	39.00	2015.12	有
978-7-114-09601-3	汽车营销实务	史　婷、张宏祥	26.00	2016.05	有
978-7-114-13679-5	新能源汽车技术（第二版）	赵振宁	38.00	2017.03	有
978-7-114-08939-8	AutoCAD 辅助设计	沈　凌	25.00	2011.04	有
978-7-114-13068-7	汽车底盘电控系统检修	蔺宏良、张光磊	38.00	2016.08	有
978-7-114-13307-7	汽车发动机电控系统检修	彭小红、官海兵	35.00	2016.1	有

●为"十二五"职业教育国家规划教材
咨询电话：010-85285962；010-85285977．咨询QQ：616507284；99735898